21世纪创业教育系列精品教材

创业投资学

阎 敏 ◎ 主 编

王文良　岳福琴
朱连周　王景红 ◎ 参　编
杨曼利

清华大学出版社
北京

本书封面贴有清华大学出版社防伪标签，无标签者不得销售。

版权所有，侵权必究。举报：010-62782989，beiqinquan@tup.tsinghua.edu.cn。

图书在版编目（CIP）数据

创业投资学/阎敏主编．— 北京：清华大学出版社，2019（2025.1重印）
（21世纪创业教育系列精品教材）
ISBN 978-7-302-51494-7

Ⅰ．①创… Ⅱ．①阎… Ⅲ．①创业投资—教材 Ⅳ．①F830.59

中国版本图书馆CIP数据核字（2018）第244224号

责任编辑：吴　雷
封面设计：汉风唐韵
版式设计：方加青
责任校对：王荣静
责任印制：沈　露

出版发行：清华大学出版社
　　　　　网　　址：https://www.tup.com.cn，https://www.wqxuetang.com
　　　　　地　　址：北京清华大学学研大厦A座　　　邮　　编：100084
　　　　　社 总 机：010-83470000　　　　　　　　　邮　　购：010-62786544
　　　　　投稿与读者服务：010-62776969，c-service@tup.tsinghua.edu.cn
　　　　　质 量 反 馈：010-62772015，zhiliang@tup.tsinghua.edu.cn
印 装 者：三河市人民印务有限公司
经　　销：全国新华书店
开　　本：185mm×260mm　　　印　　张：16.75　　　字　　数：373千字
版　　次：2019年1月第1版　　　印　　次：2025年1月第6次印刷
定　　价：49.00元

产品编号：077603-01

序 言

《国家中长期教育改革和发展规划纲要（2010—2020年）》明确提出，要大力推进高等学校创业教育工作。随着国内各高校纷纷成立创业学院并开设创业教学课程，为推进应用型人才的培养创造了条件。然而，迄今为止多数高校在创业教育教学的课程设置及教材建设方面的进展相对滞后。据调研了解，目前全国高校创业投资教育和教学所使用的统编性教材并不多，2017年以前仅发现了2014—2016年出版的两个版本：一是东华大学管理学院田增瑞的《创业投资学》；二是山东政治大学于春明的《创业投资理论与实务》，这两本教材的内容大同小异。

西安外事学院是一所以创业教育见长的民办高校。该校2009年创立了创业学院，并设立了相关专业课程；2010年该校首次统编了《创新创业基础教程》，以供全校学生开设创业通识课教学使用。从2016年开始，西安外事学院进一步完善创业教育课程设置及教材体系建设，计划增设相关创业专业课，以供创业精英班及将要招收的研究生班开课使用。此本《创业投资学》教材因此应运而生。

本教材全面系统地介绍了创业投资的理论和实务，其内容包括创业投资的基本原理和方法、委托代理理论、组合投资理论及创业相关政策和法规；创业前期的市场调研、项目评估、企业筛选、交易谈判及投资对象的确定与投资准备；创业投资基金的设立、集资及其投资管理的相关实务；创业企业的资本融资及创业投资的资本运营与业务管理实务；创业投资市场退出和收益获取的渠道、方式、手段等具体实操规程，特别是创业投资全过程的风险防范及监控等管理技术、方法。学习和掌握上述专业理论和实务操作技巧，对于准备创业的高校毕业生提升创业信心和创业成功率无疑会有非常重要的帮助。

相比于其他同类教材，本教材具有以下特色：

（1）时效性极强。随着我国2015年"大众创业、万众创新"经济发展战略的实施，各高校的创业教育及应用型人才培养需求倍增。在这种时代背景下编写这本创业专业课教材，其市场需求潜力巨大，时效性极强。

（2）实务性极强。与教材的内容相对应，全书除三章理论知识外，其余大部分章节均为创业投融资及其风险管理的实务可操作性内容。因此，学习和掌握本书知识，对于高校毕业生和广大创业者提高创业技能具有重要作用。

（3）应用性极强。对教师而言，本教材内容精练，共十章三十五节，便于教学课时的安排；同时，实务性章节之后均有与本章内容相对应的案例分析，以教代练，学用结合，有利于提高应用型人才培养的效果。

本教材由阎敏提出编写大纲，由王景红、王文良、杨曼利、朱连周、岳福琴五位老师参与撰写，最后由阎敏总审定稿。本教材中的具体章节分工分别为：第1、6章，王景红；第2、7章，王文良；第3、9章，杨曼利；第4、10章，朱连周；第5、8章，岳福琴。另外，在本教材编写过程中，西安理工大学在读研究生袁想希参与了本教材相关章节的案例搜集和文稿校对工作；同时，西安外事学院董事长黄藤教授担任本教材主审，在本教材的编写和出版过程中也倾注了大量心血，在此一并表示衷心的感谢！

由于编者的水平有限，书中难免存在疏漏与不足。诚恳希望专家和读者不吝指教，以便于其后不断完善。

阎　敏

2018 年 8 月 30 日

目 录

第1章 创业投资概述 ... 1
    1.1 创业投资的概念及特征 ... 2
    1.2 创业投资的产生与发展 ... 12
    1.3 创业投资的要素构成 ... 27

第2章 创业投资理论 ... 35
    2.1 创业投资原理 ... 36
    2.2 创业投资效应理论 ... 40
    2.3 创业投资管理理论 ... 46
    2.4 创业投资委托代理理论 ... 52
    2.5 创业投资的组合投资理论 ... 59

第3章 创业投资环境 ... 65
    3.1 创业投资市场环境 ... 66
    3.2 创业投资政策环境 ... 73
    3.3 创业投资法规环境 ... 88
    案例分析 ... 96

第4章 创业投资决策 ... 97
    4.1 创业投资市场调查和预测 ... 98
    4.2 创业投资价值及风险评估 ... 106
    4.3 创业投资对象筛选与确定 ... 114
    案例分析 ... 119

第5章 创业投资基金 ... 121
    5.1 创业投资基金概述 ... 122
    5.2 创业投资基金设立 ... 126
    5.3 创业投资基金募集 ... 133

5.4 创业投资基金管理 ·· 136
5.5 创业投资引导基金 ·· 138
案例分析 ··· 143

第 6 章　创业融资 ··· 145
6.1 创业融资概述 ·· 146
6.2 创业融资方式 ·· 148
6.3 创业融资效率 ·· 168
案例分析 ··· 174

第 7 章　创业投资运营 ··· 175
7.1 创业投资运营资本 ·· 176
7.2 创业投资运营业务 ·· 180
7.3 创业投资运营转型 ·· 187
7.4 创业投资运营管理 ·· 193
案例分析 ··· 198

第 8 章　创业投资退出 ··· 199
8.1 创业投资退出时机选择 ·· 200
8.2 创业投资退出方式 ·· 209
8.3 创业投资退出实操 ·· 212
案例分析 ··· 222

第 9 章　创业投资财务核算及收益评价 ·· 223
9.1 创业投资的融资成本核算 ··· 224
9.2 创业投资的经营成本核算 ··· 227
9.3 创业投资的经营收益评价 ··· 231
案例分析 ··· 238

第 10 章　创业投资风险管理 ·· 239
10.1 创业投资风险管理概述 ·· 240
10.2 创业投资风险管理理论 ·· 246
10.3 创业投资风险管理实务 ·· 251
案例分析 ··· 259

参考文献 ··· 260

第1章

创业投资概述

1.1 创业投资的概念及特征

1.1.1 创业投资的概念

1. "创业投资"一词的来源

15世纪，英国、葡萄牙等国家的一些富商纷纷投资开拓与发现新殖民地和商业机会的远洋探险，首次出现"venture capital"；19世纪，美国一些商人投资油田开发、铁路建设等创业企业，"venture capital"一词广为流传；20世纪，美国一些富有家庭和个人投资者注资新创企业，一些大企业、大金融机构重点投资高新技术企业的产品研发，特别是20世纪70年代以来，创业投资在全球迅速发展，美国等发达国家通过创业投资促进高新技术产业的成功经验更是引人注目，许多机构和学者将"创业投资"等同于高新技术企业的投资。

20世纪80年代后期，"venture capital"在我国逐渐受到重视，"中国风险投资之父"成思危（1999）认为对高新技术企业的投资是风险投资，这种观点对学术界和政府部门产生了深刻影响，2000年以前"venture capital"大多被译为"风险投资"，特指风险投资公司对高新技术产业的投资。

2003年，刘健钧等学者认为"venture"的含义有"冒险、冒险事业（行动）、（商业）投机、投机物品（商船、船货等）、代销货物、创立新企业、委托品、赌注"等，"venture"在商业领域通常被解释为"承担风险以开创一个新的商业事业"。"venture capital"指人们对较有意义的冒险创新活动或冒险创新事业予以资本支持，故"venture capital"应译成"创业投资"。因为，支持创业是创业投资的本质属性，若将"venture"称为"风险"，容易使人们片面地强调创业投资的"风险"，而不是从"支持创业的投资制度创新"的角度理解其"与创业相适应的资本经营过程"这一本质。

于是，在一些文献、政府文件中采用了"风险投资"和"创业投资"两种说法，如国务院出台的文件用"风险投资"，国家发改委、科技部、商务部等发布的文件则用"创业投资"。但不久后这两种表述竟然演变到水火不相容的地步，甚至由此考虑的政策着眼点也大相径庭："风险投资"论者强调投资者的风险意识和投资冲动，"创业投资"论者强调被投资对象的创业特性。后经过多方查考，两种理解是站在不同角度和立场进行的表述，如房汉廷（2005）认为，"venture capital"一词从投资人角度可以视为"风险投资"，但站在被投资对象立场看，由于这些资本主要投资于种子期、初创期的企业，为创业者提供了迫切需要的权益资本融资，自然也可以视为"创业投资"。因此，"venture capital"应该包括"创业"和"风险"两层意思，似乎更应该翻译为"创业风险投资"。基于此，在国务院发布的《国家中长期科学和技术发展规划纲要（2006—2020年）》及配套政策中，第一次采用"创业风险投资"，由科技部、商务部和国家开发银行联合推出的大型调查报告也从2006年更名为《中国创业风险投资发展报告》。至此，官方的解释和表述口径才逐渐走向统一。而我国台湾、香港等地区的学者认为，"capital"的含义是资本，因而根据"venture capital"的英文语义、意境及其本质内涵，将"venture capital"翻译为"创业资本"或"创业投资"则较为妥帖。

2. "创业投资"与"风险投资"的区别

由于"venture capital"在种子期、初创期、成长期、扩张期、成熟期无不涉及相当高的风险，所以一些人将其称为"风险投资"。但在英文中指一般意义上的风险时多用"risk"，而且"risk capital"是随着股票市场和期货市场的发展，在各种投资工具层出不穷的基础上发展起来的，"risk"没有主动承担风险的意思，而"venture"表示行为人主动承担高风险。因此，从"venture capital"的英文语义与实践操作情况来看，"风险投资"并不能真实反映"创业投资"的实质内涵。

首先，创业投资以"创业"为基点，即不论是资金投入者还是知识投入者都以开发某种高新技术产品为开创事业的起点和事业发展的基本立足点；而风险投资强调"风险"，由于任何投资都存在风险，所以"风险投资"概念容易使投资者偏离"创业"的基点。

其次，创业投资强调股权性投资，即"不能拿他人的资金进行冒险"，对投资者是一个严格的财产约束；但风险投资的投资者可以利用借贷资金进行"投资"（例如，我国一些企业利用银行借款进行项目扩张），极易发生投资活动中的财产约束软化。

再次，创业投资强调投资回报主要靠股权转让（交易）来实现，因此，一方面要求投资者注意所创"事业"的质量和成熟度；另一方面，创业投资要求资本市场为股权转让（交易）提供必要的支持；但风险投资则仅强调承受"高风险"、获取"高收益"，容易使投资者忽视"事业"而注重"炒作"。

最后，"高风险—高收益"的关系在创业投资中是一种建立于"创业"基点上的客观联系，并非主观追求；但我国一些机构为获取高收益，假借风险投资的"名义"，利用他人资金进行运作，一旦发生亏损就用"高风险"来解释。因此，"高风险—高收益"在这类场合实质是由主观追求形成的。

至此，从理论上讲，在我国使用"创业投资"概念，有利于避免"风险投资"概念可能带来的上述种种误解。由于国外学术界认为"创业投资"（venture capital）特指投资于新创企业的资本形态，与"非创业投资"（non-venture capital，特指投资于相对成熟企业的资本形态）相对应；而"风险投资"（risk capital）则泛指所有未做留置或抵押担保的投资形态，与"安全投资"（security capital，特指已做留置或抵押担保的资本形态）相对应，从而有助于与国外学术界的交流与合作。

3. 创业投资的含义

起源于欧美国家的创业投资（venture capital，VC）是指投资极有可能血本无归的新创事业或高新技术行业，并希望新创事业成功或高新技术企业成长之后获得超额资本回报的投资行为。目前，虽然学术界并没有形成一个统一的、官方的精确含义，但国内外权威机构及学者所给出的定义仍然值得借鉴。

美国全美创业投资协会指出：创业投资是由职业投资家投入新兴的、迅速发展的和有着有巨大市场竞争力的企业中，并通过参与被投企业经营管理的权益性资本。美国《企业管理百科全书》认为：创业投资是对不能从股票市场、银行或银行相似的传统融资渠道获得资本的工商企业的投资行为。

欧洲投资银行认为：创业投资是为形成和建立专门从事某种新思想或新技术生产的小型公司而进行的股份形式承诺的投资；英国创业投资协会也认为凡是对未上市公司注入的权益资本，就可以称作创业资本。欧洲创业投资协会给出的定义是：创业投资是一种由专业的投资公司向具有巨大发展潜力的成长型、扩张型或重组型的未上市企业提供资金支持并辅之以管理的投资行为。

世界经合组织科技政策委员会于1996年发表了一份题为《风险投资与创新》的研究报告，该报告指出创业投资是一种向极具发展潜力的新建企业或中小企业提供股权资本的投资行为，其基本特征是：投资周期长，一般为3～7年；除资金投入之外，投资者还向投资对象提供企业管理等方面的咨询和帮助；投资者通过投资结束时的股权转让活动获取投资回报。

我国国家发改委等十部委2015年11月15日联合发布的《创业投资企业管理暂行办法》第二条中明确指出：创业投资"系指向创业企业进行股权投资，以期所投资创业企业发育成熟或相对成熟后主要通过股权转让获得资本增值收益的投资方式"，其中"创业企业指的是在中华人民共和国境内注册设立的处于创建或重建过程中的成长性企业，但不含已经在公开市场上市的企业"。

除了国际上有代表性的上述创业投资含义界定之外，我国国内的一些专家学者对创业投资的含义也做了较为详细的深层理解。从学术研究的层面仔细考量，均有其可借鉴之处。其中，万志勇认为：创业投资是指投资于创业企业，并通过资本经营服务，培育和辅导创业企业成长，以期分享其高成长带来的长期资本增值。它包含三层含义：投资对象是创业企业，以区别于对非创业企业的投资；不仅提供资本金支持，而且提供特有的资本经营等增值服务，以区别于单纯的投资行为；在企业完成创业使命后即退出投资，以实现自身的资本增值，进行新一轮的创业投资，以区别于那种长期持有所投资企业股权，以获取股息红利为主要收益来源的普通资本形态。

综上，创业投资是指向具有巨大发展潜力的成长型、扩张型或重组型的未上市高新技术创业企业提供资金，参与经营管理为其提供增值服务，数年后再通过上市、兼并或其他股权转让方式撤出投资，取得高额投资回报的一种投资方式。要精确理解其深度内涵，必须把握其三个基本点：一是创业投资的意义在于促进创业，在西方国家"venture capital"常常与创业（entreneurship）相联系；二是创业投资的对象是高新技术创业企业（如美国商务部统计，第二次世界大战以来95%的科技发明与创新都来自小型的新兴企业）；三是能增加就业的创业投资更有意义，创业投资作为企业成长和发展的催化剂，是劳动力的蓄水池，为整个社会提供了巨大的就业机会和空间。总之，当前"创业投资"在我国是推动"大众创业、万众创新"的重要资本力量，是技术、资本、人才、管理等创新要素与创业企业实现有效结合的投融资方式。

1.1.2 创业投资的类型

由于"capital"蕴含"融资"与"投资"两层意思，加之世界各地如火如荼的创业投资实践，尤其是我国国内几乎所有国际风险投资公司掌门人的骄人业绩和百度、新浪、搜狐、携程、如家等为代表的一批留学人员回国创业的融资经历，都表明创业投资是活跃在金融市场上的一种灵活的、全新的投融资方式。正如人的一只手有手心与手背之分，创业投资也可划分为两大类型。

1. 投资视角的创业投资类型

从投资角度看，创业投资是支持创新创业的一种"集合投资制度"，虽然创业投资界在实践中有投赛道和投赛手的分类，但从理论上讲，一般根据创业企业发展的五个时期：种子期、初创期、成长期、扩张期、成熟（获利）期，相应地把创业投资划分为五种类型，其中前三个阶段的投资称为早期投资，后两个阶段的投资称为晚期投资。

一是种子期投资。种子期（seed stage）又称为筹建期，企业尚未真正建立，基本处于技术、产品的研究与开发（research and development，R&D）阶段，只是实验室成果、样品和专利，这一阶段的投资通常是所谓的种子基金，投资方主要是政府、创业孵化园区或富有且敢于冒险的个人投资者（天使投资者，angel），种子基金主要用于帮助企业家研究其创意、编写商业经营计划、组建创业管理团队、进行创业市场调研等。

二是初创期投资。初创期又称为起步期或者导入期（star-up stage），创业企业已经注册设立并开始运营，拥有了一份初步的经营计划，管理团队逐步完善。投资方开始参与企业筹建或提供资金，以制订出新产品或劳务的正式设计书及经营计划。本阶段是最冒险和最困难的阶段，但已经能够对详细的技术和商业计划书进行评估，因此，创业投资机构通常在此阶段开始投资新创企业。

三是成长期或发展期（development stage）投资。成长期产品进入开发阶段，技术风险大大降低，并有数量有限的顾客试用，但仍没有销售收入。至此阶段末期，企业完成产品定型，着手开始其市场开拓计划。此时的企业资金需求增加，内源融资已远远不能适应，迫切需要外部股权性融资，创业资本一般在这一阶段大批进入新创企业。

四是产品销售或扩张期（shipping stage）投资。扩张期企业开始出售商品或者劳务，并拥有一定的销售量和利润，资产规模逐步扩大。但企业需要进一步提高生产能力、开拓产品市场，此时仍需大量资金，一般需要通过几个创业投资机构来共同投资。此时，原先已进入的创业投资机构会继续跟投，同时会有新的创业投资机构加入进来。

五是成熟期投资。成熟期又称为获利期（profitable stage），企业在本行业逐渐站稳了脚跟，开始由新创企业转变为成熟企业，此时私募股权投资机构也积极加入，企业如果接近或达到公开上市水平，创业投资机构和私募股权投资机构会帮助企业实现这一飞跃，以便获利退出；企业如果处于困境，或处于破产边缘，或资金周转不灵，私募股权投资机构还会通过并购和重组使其重获新生，然后在适当时候撤出，因而称之为重建期投资（re-build stage），通常以企业合并（consolidation）或杠杆收购（leverage buyout）两种方式进行，此时的创业资本称为重组基金（turn-aroud fund）。

2. 融资视角的创业投资类型

从融资角度看，一个刚起步的创业公司或创业团队的融资轮次分为种子轮、天使轮、preA轮、A轮、A+轮、B轮、C轮、BAT轮、preIPO、IPO等。这里的A、B、C轮指的是创业公司过了种子期，从发展早期开始的第一次、第二次、第三次融资，可能还会有D、E、F、G轮，但也可能只有A轮就上市了。其核心就是投资人的投资金额，越往后融到的钱也越多。

一是种子轮（融资）。此轮通常处于只有"idea"和团队，但没有具体产品的初始状态。投资人一般多是家人、亲朋好友，或创业者自掏腰包，也有政府或种子期投资人。一般项目融资金额都在100万元左右，根据不同赛道可能从几十万元到200万元不等。

二是天使轮（融资）。天使投资（angel investment，AI）是指发生在公司初创期，公司融资项目已经开始起步，产品初具模样，有种子数据或能显示出数据增长趋势的增长率、留存、复购等证明；同时创业团队也积累了一些核心用户，商业模式处于待验证的阶段。投资来源一般是天使投资人、天使投资机构，投资量级一般是300万元到500万元。

PreA轮（融资）。倘若项目前期整体数据或公司已经具有一定规模，只是还未占据市场前列，PreA轮是一个夹层轮，融资人可以根据自身项目的成熟度决定是否需要进行PreA轮融资。

三是A轮（融资）。此轮公司产品有了成熟模样，开始正常运作一段时间并有完整详细的商业及盈利模式，在行业内拥有一定地位和口碑，可能依旧处于亏损状态。资金来源一般是专业的创业投资机构（venture capital，VC），投资量级1 000万元到1亿元。

四是B轮（融资）。此轮公司商业模式与盈利模式均已得到很好验证，有的已开始盈利，此时需要推出新业务、拓展新领域。资金来源大多是上一轮的创业投资机构跟投、新的创投机构加入、私募股权投资机构（private equity，PE）加入，投资量级在2亿元以上。

五是C轮（融资）。此轮公司已开始盈利，居于行业前三。除了拓展新业务，这轮还要补全商业闭环、为上市做准备。资金来源主要是PE，还有一些VC也会选择跟投，投资量级10亿元以上。

D轮（融资）、E轮（融资）、F轮（融资）是C轮（融资）的升级版。一般C轮（融资）后就是上市了，开始向社会公众公开招股，即首次公开募股（Initial Public Offerings，IPO）。而"A+轮"是在A轮之后的融资，BAT轮即资金来源于"百度"（Baidu）、"阿里巴巴"（Alibaba）和"腾讯"（Tencent），preIPO即首次公开募股前的融资。

3. 我国和美国创业投资分类的区别

美国知名私募股权投资数据库及数据分析服务提供商"Pitchbook"将美国的创业投资（venture capital，VC）行业划分为天使和种子、早期VC、晚期VC三个阶段，并按以下标准定义。

天使与种子投资：要求公司没有VC或私募股权投资（PE）参与，或公司尚未对外宣布正在进行与VC或PE的合作。对于种子投资，除上述标准，还包括融资金额在50万美元以下，且首次披露融资信息。

早期投资：融资轮次在A、B轮的企业，如果融资信息无法获取，则通过公司成立时间、之前的融资历史、参与的投资者情况等信息进行判断。后期投资，是指C、D及以后轮次的企业。

中美两国对投资阶段的划分和统计范畴不同，特将中美投资业名词对照阐释如下：美国的"天使与种子投资"，对应到我国等同于种子投资、天使投资（个人行为）和早期投资（机构行为）；美国的"早期投资"（指A轮和B轮）及后期投资（指C轮、D轮及以后），对应到我国则合并为VC投资；我国的"中后期投资"，一般指PE阶段。

1.1.3 私募股权投资与投资银行

1. 创业投资与私募股权投资

与创业投资密切相关的一个概念是私募股权投资（PE），我国通常将创业投资（VC）和私募股权投资统称为产业投资基金。总体而言，创业投资与私募股权投资既有联系，又有差别。

（1）广义和狭义的创业投资。狭义的创业投资指专门投资高新技术创业企业处于初创期、成长期和扩展期等早期发展阶段的投资活动。在狭义框架下，种子阶段的投资称为天使投资，获利期和重建期的投资则称为私募股权投资。广义的创业投资是指对处于种子期到重建期所有阶段的创业企业的投资活动，包括了天使投资、狭义VC和国内通常所说的PE（狭义的PE）。

（2）广义和狭义的私募股权投资。中国风险投资研究院认为："PE是指通过定向私募的方式从机构投资者或富裕个人投资者手中筹集资本，将其主要用于对非上市企业进行的权益投资，并在整个交易的实施过程中，充分考虑到未来资本的退出方式，即可以通过公开上市、企业间并购或管理层回购等方式，出售所持有资产或股份以获取利润的行为。"从总体讲，私募股权投资具有如下特点：

一是PE资金募集和投资方式都以私募形式进行，即主要通过非公开方式向少数机构投资者或个人募集资金，其销售和赎回都是通过基金管理人私下与投资者协商，持币待投的投资者和需要投资的企业必须依靠个人关系、行业协会或中介机构来寻找对方；

二是PE多采取权益型投资方式，绝少涉及债权投资，和一般的证券类私募投资（基金）

相比，PE机构积极参与所投企业的重大战略决策和日常管理与经营，投资工具多采用普通股或可转让优先股、可转债；

三是PE一般投资于非上市公司，投资期限长达3至5年，投资回报高于公开市场的股票和债券的收益；

四是PE资金来源广泛，如富有的个人、风险基金、杠杆并购基金、养老基金、保险公司和战略投资者等；

五是PE投资退出渠道多样化，有首次公开发行股票（IPO）、兼并与收购（mergers and acquisitions，M&A）或管理层回购（management buy-outs，MBO）等。

可见，私募股权（PE）的融资模式不同于公司债券和股票，不能在证券市场自由交易，但与贷款（loan）相似；从法律角度讲，它不是债（debt）而是一种股权或权益（Equity），既能发挥融资功能，又能代表投资权益；既是一种金融工具，也是一种投融资后的权益表现形式。

广义的私募股权投资涵盖了企业首次公开发行前各阶段的权益投资，即对处于种子期、初创期、发展期、扩展期、成熟期和Pre-IPO各个时期企业所进行的投资，可分为创业投资（狭义的VC）、发展资本、并购基金、夹层资本、重振资本、Pre-IPO资本（如搭桥融资，bridge finance）以及其他上市后的私人投资、不良债权和不动产投资等。

狭义的PE通常是指投资于获利期和重建期已具备一定规模、产生稳定现金流的成熟企业，以并购基金和夹层资本为主。在我国，狭义PE以成长基金（growth capital）类别为主，并购基金（buyout fund）类很少，而夹层资金在资金规模上最大，我国的PE多指后者，所以我国媒体很自然地将PE局限在成长基金（growth capital）类别中。

（3）狭义PE与狭义VC的区别。狭义PE与狭义VC虽然都是投资未上市企业，但狭义VC投资于企业初创期，企业还不成熟，投10个可能成功1～2个；VC投资规模较小，一般需要5～8年才能完成退出，一般为股权投资，以参股为主；而狭义PE投资于企业成熟期，盈利模式较稳定，可以较快退出，只需2～3年，投资规模较大，Pre-IPO业务最多，不仅可以参股还可以控股，一般进行战略性投资或产业整合。

（4）广义PE与广义VC的联系。从总体上看，PE与VC都是通过私募形式对非上市企业进行的权益性投资，然后通过上市、并购或管理层回购等方式，出售持股获利。一般情况下，PE对处于种子期、初创期、发展期、扩展期、成熟期和Pre-IPO各个时期的企业进行投资，故广义上的PE包含狭义的VC。

目前，我国资本市场很多传统的VC机构也介入PE业务，而许多传统上被认为专做PE业务的机构也参与VC项目，比如著名的PE机构凯雷投资集团也涉及VC业务，如其投资的携程网、聚众传媒等。因此，从两者的投资方式——私募形式、投资对象——非上市企业、投资目的——套现退出、投资收益——资本利得等方面看，两者在实际业务中的界限越来越模糊。

在我国的一般机构调研报告中，都将这两个概念统一为风险投资的通用表述，简称则为PE、VC。PE、VC很多情况下只是概念上的一个区分，国内的一些研究机构与金融机构对两者并不做特别区分。本书所指的创业投资既是广义的 PE 又是广义的 VC，即广义的 PE、VC。

2. 创业投资与投资银行

与创业投资密切相关的另一个概念是投资银行，简称投行，如高盛、摩根大通等。投资银行的概念 20 世纪四五十年代出自美国，而在我国和日本普遍称之为券商。投行的本源业务一般分为项目承揽和项目承做两类，其中项目承揽是资本市场部，负责寻找项目和资金以及与项目方、资金方的沟通；项目承做有并购部门、首次公开上市（IPO）部门、研究部门等，主要负责把资本市场部拉来的项目完成。但现代美国的投行所经营的业务已经完全综合化了，大的投行其业务几乎无所不包，涵盖商业银行、保险公司、信托租赁及所有的金融机构业务领域，成为真正意义上的金融百货公司了。

但投行的实质是为企业、私募股权投资及创业投资服务的一种中介机构，PE 和 VC 都是投资者，而不是中介，这是与投行最大的分别。国际上一些大投行也设有自己的 PE 或者 VC，所以也可以把 PE 和 VC 看作广义的投行业务。

1.1.4 创业投资的特征

创业投资是以支持新创事业，并为未上市企业提供股权资本以获取股利与资本利得为目的投融资活动。作为一种投融资机制，它不同于一般的银行融资和证券市场的融资，也不同于一般的实体投资和股权投资，一般说来具有以下特征。

1. 投资对象偏好高新科技型创业企业

从企业生命周期角度看，处于种子期、初创期、成长期的创业企业往往由于成立时间短，收入、利润等指标难以达到上市标准等原因无法进行公开的直接融资。但创业企业的风险与其收益成正比，早期的不确定性使得创业企业在早期的估值很低，投资成本也最低，而所带来的投资回报率则最高，一大批投资者、专业的投资机构和创业投资基金正是看中了其超额投资回报。

作为逐利性强的创投机构，由于其商业嗅觉更为灵敏，以及高风险高收益的资本特性，一般传统行业创业企业很难满足它的收益需求，而一些拥有萌芽阶段的技术和前沿科技的高新科技型创业企业具有发展潜力大、增长速度快以及高额收益等特点，因而创业投资的投资对象主要是中小型高新技术企业或项目，这类企业或项目通常具有很大不确定性但成长性好，创投机构主要在该类企业成长的全过程进行投资。

2. 投入资金并提供增值服务

一般的银行贷款和股票等传统金融信贷只提供资金而不参与企业的管理，但创业投资由于没有任何抵押为担保，同时创业企业管理运作也并未达到制度化，在提供资金支持的同时，具备丰富的行业和管理经验的创投家们就会主动参与到所投企业的运作与管理中，在初创期会指导日常管理、团队组建、市场战略等，在成长期更加强调业务拓展，到扩张期提供更多的资金支持、进一步打开销售渠道为上市做准备,到后期提供国际战略合作、联合发展等相关的服务和指导。

对于创业企业来说,创业投资家不仅投入资金,还协助创业企业组建管理团队,进行项目筛选、尽职调查,提供财务和融资服务、信息支持服务、法律咨询服务和战略资源等,特别是创业投资家通过财务监管、高层内参、资源对接等形式提供投后管理,协助企业家制定发展规划、改善管理,甚至直接参与管理,起到了副驾驶的作用。

国内外著名创投机构在投资后的管理中发挥着不可代替的作用,其提供的多样化增值服务使所投企业快速发展和壮大,为创业投资成功地增值撤出创造条件。例如,IDG资本对投资组合中的每一家公司提供资金、经验、商务关系等强有力的支持;创新工场通过针对早期创业者需求的资金、商业、技术、市场、人力、法律、培训等提供一揽子服务,帮助早期阶段的创业公司顺利启动和快速成长,同时帮助创业者开创出一批最有市场价值和商业潜力的产品。

3. 投资方式为渐进式中长期股权投资

创业投资以"创业"为出发点,开发某高新技术产品或创新事业。一般来说,一项高新技术产品的产业化和市场化需要3~7年,高新技术中小企业成长的生命周期通常经历种子、初创、成长、扩张和成熟5个阶段。为避免大额债务融资,股权融资就成为首选,这包括上市前的天使投资、创业投资、私募投资和上市后的市场融资等。加之"创业"所需的资金应属资本性资金,只能通过投资关系确立。创业投资资金来自政府部门、国有企业、社会居民、非国有企业等投资者。

那些长期持有被投企业股权以获取股息的一般股权投资往往是一次性支付或时间确定的分期支付,而创业投资事先无法确定投资的总额和期限,大多采取股权认购持有的形式,持股期一般3~5年居多。通常创业投资者不要求掌握控股权,一般占比30%左右,这种股权也是创业投资者影响企业行为的重要手段和工具,而且创业资本最初投资额较少,随着创业企业逐步走上正轨不断地跟进投入,一旦发现问题就立即中止投资,而已经投入的资金只有在项目成熟后或被投资企业发育成长到相对成熟后才可能退出投资。

4. 投融资过程呈现出鲜明的阶段性与循环性

一项科技创新或项目成功是阶段性成功累积而成的,因此,从最初的创业者投资,再到天使投资、创业投资,直到首次公开上市(IPO)成功后的市场融资,高科技创业企业的融资是一个阶段性的融资过程。

而创业投资家根据项目(企业)的发展情况将资金分段投入,天使投资关注早期阶段,创业投资在发展阶段推进其继续运转,PE在晚期阶段,即在企业上市前6个月到1年的时间里注资解决股权重组、债务偿还等问题,从而使得创业企业的资本结构更加清晰透明,为顺利上市做准备。

不仅如此,一个成功的创业者常常是一个连续创业者,当一个项目的融资完成获得创业成功后,再选择新的项目开始新一轮的创业融资;创投家们也总是采取"投入—增值—

退出—再投入"的资本循环运作方式,创业资本完成5个阶段的周期循环后,一般通过上市或股权转让撤出,再选择新的项目开始新一轮的创业投资。如此循环往复,创业者成就创业梦想,创投家实现创业资本的快速扩张。

5. 运作流程是以融资为首的投资与融资相结合

创业投资的运作流程分为创业投资家融资、寻找和筛选项目、详细评估、谈判和交易设计、投资生效后的监管和退出,创业投资家的融资途径有政府资助、大公司的创业资本、政府担保的银行信贷或各类金融机构的贷款和民间资金等,天使投资人和创业投资机构与创业企业家共担风险、共享收益,创业投资在促进科技进步的同时也成为适合高新技术企业技术创新的一种融资方式。

除融资功能外,创业投资还能通过导入政府扶持资金、启动资本运作进行增资扩股,以及提供增值服务增加企业信贷可获性等渠道,以起到信号显示和导入资金的功能。特别是创业投资基金常常利用优先股、可转债以及创业股东回购等金融工具和投融资方式,既保证融资方对资金的需要,又尽可能地降低投资风险,成为一种向成长性创新企业提供资本支持和管理服务,并通过股权转让获得增值收益的一种新兴投资模式。

因此,作为一种新兴的金融运作模式,创业投资是"venture"而非"risk",是"capital"而非"investment",它不是单纯的借贷资金,而是一种权益资本。创业投资既包括投资的性质,也包括融资的性质。创业资本以资本的形式投入,以资本的形式退出并获得超额增值,在实务运作过程中是以融资为首的投资和融资的结合过程。

6. 盈利模式关键在于退出

创业投资的最终目的不是获得所投企业的所有权,"以退为进"是其业务模式和资本特性,通过从产业链的关键环节自上而下地梳理和筛选项目,在企业高速发展、急需资源和资金时(或企业再造时)通过阶段性的投资参股,分享企业的成长溢价,并通过二级市场、并购回购等方式实现资本的退出。

创投家和创投机构一般在投资项目之前都会梳理规划出项目的退出渠道,通常有首次公开上市(IPO)、企业兼并与收购、出售、回购、清算等。其中IPO是最理想的退出方式,上市不仅利润最高,还可以使基金经理的投资回报率得到量化,使创业企业提高企业知名度、扩充资金。因此,作为扶持创业投资的政策之一,我国开设了深圳证券交易所创业板(又称二板,即第二股票交易市场,2000年10月筹建,直到2009年10月23日正式上市)、中小企业板(2004年设立作为创业板的过渡,被视为中国未来的"纳斯达克")和新三板(2012年在北京设立的全国中小企业股份转让系统,继深、沪的第三家全国性证券交易场所)帮助中小高科技创业企业上市。

我国目前的退出渠道一般以IPO、并购、挂牌、转让、回购等方式为主,从退出渠道和金额来看,虽说IPO收益最高,但IPO概率最小,因为项目公司IPO审核慢,加之一些投资者对并购退出了解有限,相关的操作手段和回报都成为其退出道路上的障碍。相比之下,新三板和股权转让这两种退出方式更为经济、快捷,也成为天使投资退出的重要形式。据清科集团统计，2016年前11个月共发生218起退出案例，其中新三板退出92起，股权转让96起。

7. 投资策略有分段投资、组合投资和匹配投资

与一般股权投资不同，创业投资通常采取三种策略：一是分段投资（分轮次投资）策略，即根据创业投资基金融资方的发展情况，将资金分期投入，一旦发现问题立即中止投资，从而把投资风险降到最低；二是组合投资（联合投资），对于风险较大、投资额较高的项目创业投资基金往往联合其他投资者共同投资，牵头的投资人持有的股份最多，这对于创业企业来讲，也可以享有更多的投资者资源；三是匹配投资，是指创业投资基金在投资时，根据情况要求创业者或创业企业高管投入相应的资金。目前，有些创业基金的管理人资本开始从原来的1%提升到了20%以上。

8. 创业家和创投家都是一群高学历、高素质的复合型专业人才

由于创业和创业投资的失败率都很高，创业投资对创业投资家和创业企业家的素质要求都很高。而成功的创业者往往都是专业功底深厚、意志力顽强的高素质复合型人才，创业投资公司筹集的资金也都是敢于冒险的资金，风险投资的游戏规则之一就是专家理财、职业化投资，其运行机构采取有限合伙制，筛选最具有技术与市场前景的项目，较好地解决了委托代理带来的道德风险问题，最大限度地发挥了创业企业家的才能，而且采取组合投资尽可能化解非系统性风险，采取分段投资化解不对称信息的管理风险，能最大限度地识别与回避风险，从而形成有效的风险防范机制。

由此可见，创业和创业投资都是在高度专业化和程序化的基础上进行的，创业企业家和创业资本家本身都是一群高学历、高素质的复合型专业人才。特别是对于绝大多数创业投资机构而言，其行业眼光、专业资源和项目渠道往往依赖于合伙人的能力半径。例如，IDG资本的合伙人具有科技、医学、财经、管理等背景及丰富的管理、风险投资运作经验，凭借其出色的业绩及业内的美誉，赢得了创业者及投资者的信赖。

此外，创业投资是一种"选择性金融"制度，也是一种非公开权益资本，表现为一种新型的金融模式，包括天使投资、对冲基金、并购基金、其他PE基金等另类金融，构成了不同于传统的银行、保险、证券、信托等金融系统，形成了对传统金融体系的冲击。

1.2 创业投资的产生与发展

1.2.1 创业投资的起源

创业投资的出现最早可追溯到15世纪的英国、葡萄牙、西班牙等西欧岛国创建远洋贸易企业的时期和19世纪末的美国西部创业浪潮时期，当时的私人资本投资于远洋探险

和钢铁、石油、铁路等新创事业并获得了超额回报。

20世纪20至30年代，美国一些富有的家庭和个人投资者开始向一些新创办的公司投资。到20世纪40年代，美国大企业的投资重点开始倾向于高新技术产品的研制与开发。美国一些金融机构也开始向研制新科技产品的企业提供资金，形成了最初的创业投资（风险投资）雏形。

1945年，英国诞生了全欧洲第一家风险投资公司——工商金融公司。1946年，约翰·惠特尼（J.H.Whitey）成立了第一个私人风险公司——惠特尼公司。同年稍后，美国哈佛大学教授乔治·多威特（Georges Doriot）、波士顿美联储的拉福富兰德斯（Ralph Flanders）和一批新英格兰地区的企业家成立了第一家具有现代意义的风险投资公司——美国研究与发展公司（AR&D），开创了现代风险投资业的先河，它被公认为全球第一家以公司形式运作的创业投资基金。

1951年日本成立风险企业开发银行，向高技术风险企业提供低息贷款，从而揭开了日本创业投资业发展的序幕。法国的创业投资始于1979年创建了创业投资（风险投资）公共基金，新加坡的创业投资活动始于1983年第一家当地创业投资基金的成立。以色列创业投资萌芽于20世纪60年代，主要起源于银行对电子行业贴现利率政策。1985年，以色列成立了第一家创业投资基金公司Athena，这家以美国和以色列联合成立的有限合伙的基金公司的成立标志着以色列创业投资的诞生。

我国的创业投资起步于20世纪80年代中期，1986年1月11日，我国第一家专营新技术风险投资的全国性金融企业——中国新技术企业创业投资公司在北京成立，我国创投行业正式登上历史舞台。

1.2.2 创业投资在国外的发展

1. 创业投资在美国的发展

20世纪50至70年代，创业投资资金主要投向中小成长型企业。1958年，美国小企业管理局设立"小企业投资公司计划"（SBIC），以低息贷款和融资担保的形式鼓励成立小企业投资公司，通过小企业投资公司增加对小企业的股权投资。从此，美国的创业投资市场开始迅速发展。1971年，美国全国证券交易者协会有限公司创建纳斯达克市场，这是全球第一家电子化的证券自动报价市场，使已成熟的风险型高科技企业走向证券市场，美国最具成长性公司中90%以上都在该市场上市，使得风险资本顺利退出。

1972年，唐·瓦伦丁（Don Valentine）创办红杉资金（Sequoia）风险投资公司，迄今投资了超过350家新科技公司，并为投资机构管理超过7.5亿美元的资产，包括个人电脑革命者苹果公司、开创游戏机工业先河的雅达利（Atari）、最有名的数据库公司甲骨文（Oracle）、网络硬件巨人思科（Cisco）和网络传奇雅虎（Yahoo）。

1973年，随着大量小型合伙制风险投资公司的出现，全美风险投资协会（National

Venture Capital Association，NVCA）宣告成立，为美国风险投资业的蓬勃发展注入了新的活力，标志着创业投资在美国发展成为专门行业。

1978年美国劳工部的《雇员退休收入保障法》规定，允许养老基金有条件地介入创业投资事业；1979年进一步放宽了养老基金对风险投资的限制，1978年、1981年两次下调长期投资所得税，从49%降到了20%。这不仅使养老金成为风险投资的最大资金来源，也使整个风险投资的资金水平有了很大提高。

1982年，美国还制定了《中小企业技术革新促进法》，不仅规定政府按法定比例对高新技术企业提供资助和发展经费，支持高新技术企业的技术创新，资助具有技术专长和发明创新的科技人员创办高新技术企业，而且还规定了有关创业投资优惠政策，保证政策的稳定和贯彻实施，更大程度地吸引风险资本进入高新技术领域。

20世纪70年代以来，创业投资基金开始投资大型成熟企业的并购。1976年，克拉维斯（Henry Kravis）和表兄罗伯茨（George Roberts）以及他们的导师科尔伯格（Jerome Kohlberg）共同创建了三人姓氏首字母组成的KKR公司，KKR的投资者主要包括企业及公共养老金、金融机构、保险公司以及大学基金，是以收购、重整企业为主营业务的股权投资公司，尤其擅长管理层收购。从此，出现了专业化运作的并购投资基金，即狭义的私人股权投资基金。

特别是在20世纪80年代以来美国第四次并购浪潮中催生的黑石（1985年）、凯雷（1987年）和德泰投资（1992年）等著名并购基金管理机构的成立，极大地促进了并购投资基金的发展。根据美国风险投资的统计数据，1979年风险资本的规模为25亿美元，1985年达到115亿美元，到1990年翻了一番，达到330亿美元；2000年，达到688亿美元，占全球份额的72%。

2007年，KKR、黑石、凯雷、德泰投资等并购基金管理机构脱离了美国创业投资协会，发起设立了主要服务于并购基金的管理机构——美国私人股权投资协会。后来的并购投资基金管理机构也兼做创业投资、不动产投资基金等新的股权投资基金品种，因此私人股权投资基金的概念也从狭义发展到广义。

2017年美国风投公司总计向8 000多家公司投入了840亿美元资金，而上一次美国得到如此大规模的风投资金还是在2000年。美国2006年至2017年风险投资市场情况，如图1.1所示。

由图1.1可见，美国创业投资领域从2006年到2016年一直保持高速增长，尽管2017年不如2015年和2016年年初那样强劲，但仍然十分可观。其中，2017年天使轮和种子轮的创业公司受影响最大。对此，PitchBook创始人兼CEO约翰·加伯特（John Gabbert）在美国2017年第一季度报告中说："我们认为，这表明投资者和创业者开始回归更严格的投资模式。双方都开始在市场上采取更加谨慎的态度，并展开必要的尽职调查，从而签订对双方都公平的交易。"

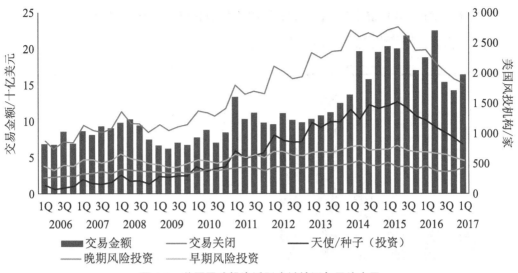

图 1.1 美国风险投资活跃度继续回归平均水平

资料来源：http://www.sohu.com/a/153514999_559195.

2. 创业投资在其他国家的发展

美国创业投资的成功经验被世界各国纷纷效仿，世界各国创业投资公司的数量和创业资本的总额迅速扩张。总体看来，从1981年起全球范围内风险投资的发展进入一个高潮期，荷兰（1981年）、丹麦（1982年）、澳大利亚（1984年）、新加坡（1986年）、印度（1986年）等国已经展开风险投资。

1992年，以色列政府设立了1亿美元的约兹玛创业基金（风险基金），成立了国有独资的约兹玛风险基金公司，由政府投资85%、创业投资孵化器投资15%，孵化器为创业企业提供商业模式、会计、法律方面的服务，创业企业提供技术和管理方面的两位专家，等创业企业成功上市后，政府资金原价退出，形成了以政府为中心引导创业投资发展、再适时退出的创业投资发展模式。

1993年5月，为促进新加坡创业投资事业的发展，新加坡创业投资协会（Singapore Venture Capital Association，SVCA）成立。1994年，英国的创业投资额为20.74亿英镑，占其国民总产值的0.73%，仅次于美国。

2000年，以色列筹资净额达三千多万美元，在美国纳斯达克上市的以色列企业达120家，仅次于美国和加拿大；欧洲创投资本筹资额和投资额创下历史最高水平，分别达到480亿欧元和350亿欧元。自2011年以来，欧洲"深科技"创业公司吸引的资本快速增长，到2015年年底，投资总额达到23亿美元，如图1.2所示。

欧洲"深科技"的并购也迅猛增长，2016年前三季度并购交易额约880亿美元，达到新的高峰，主要来自两起大额并购：软银以约320亿美元收购英国半导体芯片制造商ARM，高通以约470亿美元收购荷兰半导体开发商恩智浦，如图1.3所示。

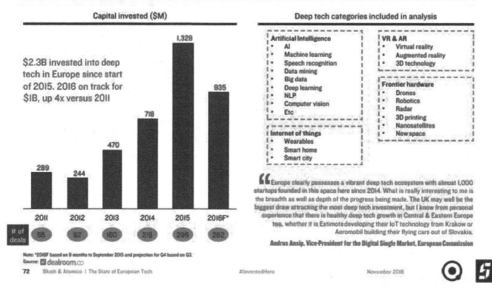

图 1.2 "深科技"创业公司吸引大量投资(单位:亿美元)

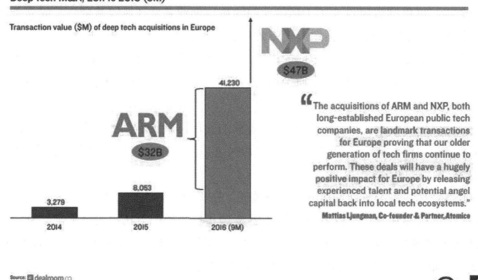

图 1.3 欧洲"深科技"并购统计(单位:亿美元)

2017年,偏重北美、欧洲的创业投资渐渐转向亚洲,东南亚创投形势持续向好。2017年东南亚的创业公司从投资者那里获得了78.6亿美元的投资,比2016年的25.2亿美元增长了三倍多,这是自 2013 年以来的最高增长。如图 1.4 所示。

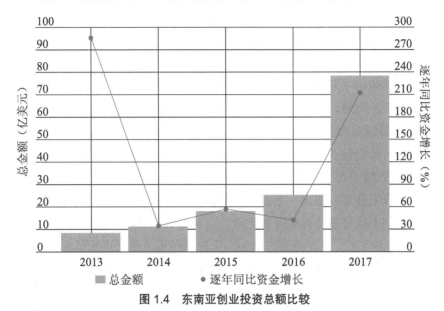

图 1.4　东南亚创业投资总额比较

1.2.3　创业投资在我国的发展

我国创业投资的发展规律和我国科技创业历史、资本市场发展进程密切相关,1998 年成思危提交了《关于尽快发展我国风险投资事业的提案》(又被称为"一号提案"),我国创业投资业才得到了实质性发展;同时大批海外基金和创业投资公司进入我国,为我国创业投资提供资金以及制度借鉴;2005 年《创业投资管理暂行办法》的出台为我国创业投资的稳步发展提供了制度支持,多层次资本市场初步建立;2006 年最后一天,渤海产业投资基金仓促挂牌,我国自有 PE 品牌开始涌动;2009 年创业板正式推出,本土创投退出渠道通畅,国内外创投同时高歌猛进,全民 PE 到来;2012 年新三板设立,2013 年天使投资成为"明星",2014 年新三板带动我国创投界空前火热,2016 年逐渐回归理性。

回望我国创投起伏之路,由政府资金作为引导,通过风险补助和投资保障方式带动银行、社会资本等多主体参与创业投资,创业投资越来越倾向于支持中小型高科技企业的初创期发展,创业资本的退出方式也日趋完善,退出效益不断提高,创业投资日趋成为高新技术产业发展的驱动器。依据政府创业投资引导基金、私募股权基金(PE)和创业投资基金(VC)、海归创投基金三个投资主体,可以梳理出我国创业投资发展的三条主线。

1. 政府引导创业投资市场

纵观世界各国创业投资实践,许多国家都设有政府创投项目引导创投市场,我国最初的创业投资也是从国家层面开始推动的,在国务院各有关部门和地方政府的推动下,政府创业投资引导基金的探索与发展经历了三个历史阶段。

第一阶段：探索与起步阶段（1985—2004 年）

我国政府引入国际先进经验，沿着两条主线探索一系列以促进科技进步为目的的新的创业投资政策，也推动了我国创业投资行业的初步发展。一是科技部门对创业投资基金的最早探索，1985 年 3 月原国家科委牵头有关部委草拟《中共中央关于科学技术体制改革的决定》首次明确指出"对于变化迅速、风险较大的高技术开发工作，可以设立创业投资给予支持"。随后，上海、江苏、浙江、广东、重庆等地设立了由地方政府出资以科技风险投资公司为名的创业投资机构。1997 年，国务院组织七部委成立了"国家创业投资机制研究"小组，从此将创业投资发展正式提升到国家战略层面。二是财经部门对产业投资基金的探索，鉴于 20 世纪 90 年代全球范围内"股权投资基金"概念还未流行，人们使用较多的是"创业投资基金"概念，创业投资基金与证券投资基金的显著区别是"证券投资基金投资证券，创业投资基金直接投资产业"，我国财经界将创业投资基金又称为"产业投资基金"。1993 年 8 月，为支持淄博作为全国农村经济改革试点示范区的乡镇企业改革，原国家体改委和人民银行支持原中国农村发展信托投资公司率先成立了淄博乡镇企业投资基金，并在上海证券交易所上市，这是我国第一只公司型创业投资基金。1996 年 6 月，原国家计委开始系统研究发展"产业投资基金"的有关问题，并推动有关制度建设。

紧接着各地科委和财政部门开启了共同组建政府背景的创业投资机构的浪潮，如深圳市政府设立的深圳创新投资集团公司和中科院牵头成立的上海联创、中科招商。当时我国创业投资还没有形成有限合伙人（limited parterner，LP）群体，创业投资的资金绝大部分来自政府和国有单位，主要是财政科技拨款。国内的资本市场同样处于起步阶段，1990 年"上交所"成立，1991 年"深交所"成立，即使是我国第一家证券公司——深圳特区证券也是 1992 年才成立，大家发现国外早已成熟的 IPO 以及并购退出方式在国内根本不适用。很快，由政府创办的这些投资机构发现钱投出去了，但由于缺乏退出途径无法获得投资回报。

为了持续运营，许多创业投资公司开始转向成熟企业和行业，有的甚至投向房地产和证券市场。1998 年 6 月中创公司终因大量地产项目的投资失败被终止创投业务，其他创投公司也在类似道路上夭亡。现在来看，当时这些创业投资公司的失败是必然的。但这些尝试是有价值的，基于此我国开始了解并认识了创业投资。

1999 年 8 月，上海市政府批准成立了上海创业投资有限公司，并在 2000 年至 2001 年间投资设立具有基金性质的机构，其设立与运作是我国政府出资引导创业投资的最早尝试。2002 年 1 月，中关村管委会出资设立的"中关村创业投资引导资金"，是我国第一只由政府出资设立的具有"引导"名义的创业投资引导基金。

据统计，1997 年我国创业投资机构仅有 51 家，2000 年达到 223 家，增幅达 396.08%；创业投资管理资本总额也从 1997 年的 101.2 亿元增到 2000 年的 512 亿元，增幅约 405.93%。同时，参与我国创业投资的资本属性也呈现多元化，有政府资本、民间资本和国际资本。1999 年至 2000 年，北京创业投资协会、深圳创业投资同业公会以及上海市创业投资企业协会相继成立,社会创业投资资本与政府创业投资资本之间的沟通平台已基本搭建成型。

2001年美国互联网泡沫破裂,导致我国资本市场各类股指拦腰折半。作为创业投资最佳退出途径的创业板市场,被再次推迟甚至变得遥遥无期。那些刚走出1997年亚洲金融危机的创业企业,其盈利能力显然没有完全恢复。我国创业投资也陷入低谷,期间大量创业投资公司因资本无法收回而纷纷破产。据统计,从2001年至2004年,我国创业投资公司从323家减少到304家,管理的创业投资资本也从619.3亿元下降至617.5亿元。

与此同时,我国政府在创业投资方面也进行了一些制度创新,最大的亮点就是2004年深交所中小企业板市场的推出。中小企业板主要服务于高成长性、高技术型中小企业,不仅为创业企业获取和整合资源提供平台,也为创业投资公司实现资本增值退出开辟了新渠道。

第二阶段:创业投资引导基金快速发展阶段(2005—2012年)

2005年是我国创业投资发展史上的分水岭,也是我国创业投资步入快速膨胀阶段的元年,主要表现为一系列制度建设为我国创业投资发展形成有效支撑。2005年11月,国家发改委等十部委共同颁布了《创业投资企业管理暂行办法》,允许政府设立创业投资引导基金。

2006年2月,国务院颁布《实施〈国家中长期科学和技术发展规划纲要(2006—2020年)〉的若干配套政策》,中国证监会允许中关村科技园区试点试行非上市公司股份代办转让系统,拓宽了创业投资资本的交易和退出渠道;同年3月,国家开发银行和中新创投共同组建"苏州工业园区创业投资引导基金",总规模10亿元。

2007年,财政部和科技部制定了《科技型中小企业创业投资引导基金管理暂行办法》,主要用于支持科技型中小企业的创业投资、规模为1亿元的第一支国家级创业引导基金宣告成立。

2008年7月正式启动北京市中小企业创业投资引导基金,同年10月随着《关于创业投资引导基金规范设立与运作的指导意见》的出台,各地创业引导基金的设立进入高潮,规模也呈现出逐年增长趋势,从2006年的25亿元增加到2008年的88.5亿元。

2009年9月,孕育十年的创业板市场在深交所正式推出,为创业企业发展和创业投资资本增值退出开辟了新路径。同年10月,国家发改委、财政部与七省市人民政府联合设立了20只创业投资基金。

2010年年初,由北京市中小企业创业投资引导基金与启迪创业投资有限公司合作设立的北京启迪明德创业投资有限公司(以下简称"启迪明德")向德鑫物联投资700万元。同年10月8日,德鑫物联成为物联网射频识别高端智能装备领域的首家挂牌企业在深交所新三板成功挂牌。

但是,2007年6月新的《中华人民共和国合伙企业法》(以下简称《合伙企业法》)开始实施,各级地方政府为鼓励设立合伙型股权投资基金,出台了种类繁多的财税优惠政策，此类"股权投资基金"迅速发展起来。以合伙型股权投资基金为名的非法集资案也自 2008 年开始在天津等地发生并蔓延，国家发改委于 2011 年 11 月发布了《关于促进股权投资企业规范发展的通知》。

2005—2012 年我国创业投资呈现三大特点。第一，创投公司数量及其管理资本总额规模不断扩大。据统计，2005—2011 年，创投公司由 319 家上升至 882 家，所管理资本总额由 631.6 亿元扩大至 3198 亿元。第二，创投资本来源趋于多元化。政府和国有独资公司所垄断的格局被打破，一些非国有企业、银行、外资以及个人资本逐步进入创投行业。第三，科技园区创业投资发展资金与创业投资资本相结合。受《创业投资企业管理暂行办法》第 22 条影响，京、沪、苏、津等地纷纷设立创业投资引导基金，以引导民间创业投资资本有效运作，从而大大提高了创业投资资本的使用效率。

第三阶段："井喷式"增长与"创投国家队"入场（2013—2017）

2012 年以前，政府引导基金呈现从无到有的温和增长态势。在一线城市的引导基金快速发展后，区域性引导基金也如雨后春笋般快速成长起来。具有代表性的北京市中小企业创业投资引导基金，截至 2012 年年底已与国内创投机构共同出资设立了 5 批 22 家参股创投企业，35 亿元的协议出资中引导基金约 9 亿元，合作创投机构 26 亿元，财政资金放大倍数近 4 倍；参股创投企业已对 63 家中小企业进行了股权投资，投资额约 8.93 亿元。其中投资于北京地区中小企业 59 家，占总投资项目比例的 93.65%。我国政府引导基金变动如 1.5 图所示。

图 1.5 2006—2016 年我国政府引导基金规模变动图（单位：亿元）

资料来源：田蕾. 我国政府引导基金运行问题研究 [J]. 理论探讨，2017（2）：112.

由图 1.5 可知，从 2014 年开始，我国的政府创投引导基金业快速增长，2015 年年初设立 400 亿元的国家新兴产业创业投资引导基金，到 600 亿元规模的国家中小企业发展基金，放大比例均超过 2.5 倍，2016 年达到 3.6 万亿元，为 2013 年的 117 倍多，呈"井喷式"增长状态。

政府引导基金迅猛的增长离不开政府政策的指引。2014年12月，地方政府将资金分配方式由"补贴投入"改为"股权投入"。2016年9月20日，国务院发布《关于促进创业投资持续健康发展的若干意见》，即"创投国十条"，其中两大亮点在于推动创投主体多元化和拓宽创投市场资金来源，这也意味着创投市场正式迎来"国家队"。

另有不少国字头的创投基金或母基金，以及地方政府的创业引导基金，扎堆式地在2016年成立。据清华科技研究中心发布的数据显示，2016年前三季度新募基金数量同比下降49.5%，新增可投资于我国大陆的资本量为8 296.91亿元，较2015年同期上升29.5%，新募基金数量下降但总规模上升的主要原因在于2016年7月和8月经国资委批准的中央企业煤炭资产管理平台公司、中国国有资本风险投资基金股份有限公司（以下简称"国有风投基金"）两只超千亿规模的国资基金相继成立。

"创投国家队"大举进入创投市场，既体现了国家的双创战略，也壮大了创业投资的资本力量。按照母基金的工作流程，这些"创投国家队"会花一年左右的时间完成团队搭建、募资、投资子基金、尽职调查等工作。国企、地方政府、高校及其注资的创客空间、孵化器等"创投国家队"的资金在2017年上半年逐步进入创投领域，帮助创业企业融资。

目前，除海南等个别省市外，我国几乎所有省市都已设立政府创投引导基金。其中，北京、上海等发展势头强劲，江苏、浙江地区设立密集。截至2016年年底，国家新兴产业创业投资引导基金募资规模达760亿元，已参股基金273支，国内政府引导基金共设立1013只，总目标规模5.33万亿元，已到位资金1.91万亿元，产业类政府引导基金占比超过50%，单只基金平均目标规模57.04亿元，投资领域主要在节能环保、集成电路、生物技术、文化旅游等战略新兴产业。

2. 私募股权基金（PE）和创业投资基金（VC）的逐步繁荣

我国政府创业投资活动从1986年出资设立中创公司至今已有三十多年，而国内的私募股权基金（PE）和创业投资基金（VC）从资金来源看既有国外资本又有国内资本，开始于1993年，只有二十多年的发展历程。自2006年《创业投资企业管理暂行办法》发布实施，特别是创业板和"新三板"推出以来，创投行业发展迅猛，短短几年时间就走过了美国50多年的发展历程，其数量和规模已远超发达国家最高水平。

（1）1993年：中国私募股权基金和创业投资基金的起始点。早在1985年，由彼得·彼得森和斯蒂芬·施瓦茨曼共同创建了黑石（Blackstone），依靠私募股权投资在短时间内快速成长为美国最知名的资产管理公司之一，世界私募股权行业在20世纪80年代已进入高速发展期。

20世纪90年代后大量海外私募股权投资基金和创业投资基金开始进入我国，有美国国际数据集团（International Data Group，IDG）、美国国际集团（AIG）、富达（Fidelity Ventures）、泛亚（Transpac）、新加坡政府投资公司（GIC）、保诚（PAMA）、高盛（Goldman Sachs）、摩根士丹利（Morgan Stanley）、兰馨亚洲（Orchard Asia）、宏碁技术投资（Acer

VC）、集富亚洲（JAFCO）、华登投资（Walden）等。

捷足先登者是IDG，熊晓鸽在IDG创始人及董事长麦戈文先生的支持下，1993年在我国设立了风险投资基金。作为最早进入中国市场的外资投资基金，IDG资本已成为中国风险投资行业的领先者，IDG集结了一批具有远见卓识的投资精英，也开启了至今为止长达二十多年的中国互联网企业的掘金之旅，已在我国投资了超过600多家公司，包括腾讯、百度、搜狐、搜房、宜信、小米、携程等，已有超过150家所投公司公开上市或并购。

1995年中金公司（全称中国国际金融股份有限公司）成立，总裁林重庚邀请吴尚志到中金公司筹备中的直接投资部工作。在吴尚志等人的率领下，中金公司直接投资部很快投资了中国移动、新浪网、鹰派陶瓷、南孚电池等项目，主导投资总额达2亿美元。

1996年，留美归国的张朝阳在《连线》杂志专栏作家尼葛洛庞蒂、创业投资家爱德华·罗伯特和邦德的22.5万美元投资支持下，成立了爱特信公司，这是我国首家以创业投资资金建立的互联网公司。1998年2月25日，正式推出搜狐网。同年4月获得第二笔创业投资，投资者包括英特尔公司、道琼斯、晨兴公司、IDG等，共220多万美元，同时更名为搜狐。

1998年，AIG基金以2.8亿美元投资了中海油，促成并且整体操盘这项投资的是时任AIG北亚和大中国区董事总经理的阎焱，这是当时单笔投资额最大的投资案例。3年后，中海油在纽交所成功上市，这笔投资为AIG获得了3倍回报。

1999年腾讯获得IDGVC、盈科联合投资220万美元，各占20%的股份，这是腾讯公司得以继续生存发展的最重要的一笔创业投资。同年年底，阿里巴巴获得了高盛500万美元的天使资金。

1999年，即将从清华毕业的倪正东和同学成立了清科公司，2001年筹备举办了只有150人参会的第一届中国创业投资论坛。但这次论坛几乎聚集了当时绝大部分活跃的VC、PE机构投资人，这150人中很多人成为日后中国创业投资以及私募股权投资界的翘楚，包括孙强、熊晓鸽、徐新、阎焱、吴尚志、汪潮涌等。

（2）2001—2002年：国内创投的第一个资本寒冬与萌芽。2000年纳斯达克指数下跌触发了互联网的第一个寒冬，也是我国创投的第一个寒冬。但一批新的本土创投公司初生萌芽，建成了最早的本土公司级风险投资CVC（Corporate VC），最有代表性的是红塔创投和联想创投。红塔创投成立于2000年6月，由红塔集团发起设立，主要关注信息产业、通信、生物制药、新型材料等高新技术领域。联想创投是联想控股旗下独立的专业风险投资公司，成立于2001年4月，核心业务定位于初创期风险投资和扩展期成长投资，目前所投企业超过300家，重点关注中国的创新与成长机会，也称为君联资本。2002年，成立的深创投（全称深圳市创新投资集团，前身是1998年成立的深圳市创新科技投资有限公司），成为我国本土创投界最好的机构之一。

（3）2003—2004年：美元创投回暖，上市带来新窗口。2003年携程上市，带动了我国互联网的新一轮高潮，也带动了其背后的VC新一轮高潮。携程上市形成了中概股在纳斯达克的第二波上市热潮，让以邓锋为代表的一批在硅谷成功创业的企业家回到国内进入创投界。邓锋创办的 NetScreen 以 40 亿美元卖出，他当时成为硅谷华人科技界最有钱的人，然后他跟着 NEA 回到国内创投界（注：NEA 是美国最赚钱 VC 机构之一，仅 Groupon 一个案例就让 NEA "一飞冲天"）。

2004 年盛大上市，造就了当年的中国首富陈天桥，同时也成就了中国创投教父阎焱，他是我国最早的 PE 代表。当初盛大网络由于游戏版权不在自己手里，阎焱团队内部争议很大，后来阎焱力排众议投资盛大。仅 18 个月后，盛大就成功赴美上市。

2004 年 5 月深圳中小企业板正式启动，为私募股权投资在国内资本市场提供了 IPO 的退出方式。同年 6 月，美国著名的新桥资本以 12.53 亿元从深圳政府收购深圳发展银行 17.89% 的控股股权，这也是国际并购基金在我国的第一个重大案例，同时也诞生了第一家有国际资本控股的中国商业银行。由此发端，PE 投资市场渐趋活跃。

（4）2005—2008 年：本土 PE 和 VC 逐步繁荣，美元基金进入辉煌时期。自 2005 年起，本土 PE 和 VC 逐步繁荣。2005 年 4 月 29 日中国证监会启动的股权分置改革很好地解决了 PE 所投企业的退出问题，同年 11 月国家发改委等十部委共同颁布了《创业投资企业管理暂行办法》，首次就创业投资公司的组建设立和投资运行进行了明确规定；2007 年、2008 年、2009 年先后出台了针对公司型创业投资（基金）企业的所得税优惠政策、《国务院办公厅关于促进创业投资引导基金规范设立与运作的指导意见》《创业投资企业管理暂行办法》及三大配套性政策措施的出台，极大地促进了本土 PE 和 VC 的发展。

2005 年，谷歌进入我国。接着，硅谷两家最老牌和最有名的投资机构红杉资本（Sequoia Capital）和凯鹏华盈创业投资有限公司（Kleiner Perkins Caufield & Byers，KPCB）因其历史上取得的骄人战绩而被称为全球创业投资界的双子星座也进入我国。KPCB 是在美国有"投资教父"之称的约翰·杜尔 1972 年创建，成立数十年来先后投资了 475 家创业企业，包括美国在线（AOL）、亚马逊、康柏、谷歌、莲花软件、太阳微系统（Sun Microsystems）等，其投资组合当中已有 150 多家公司成功上市。

2007 年，阿里巴巴在香港上市，雷军奋斗 8 年的金山上市，网龙、巨人也纷纷上市。同年 4 月，KPCB 公司在我国设立风投基金，并推出第一只海外基金凯鹏华盈中国基金，基金总额为 3.6 亿美元，为我国带来了一个强大的全球创投平台。

（5）2009—2010 年：本土创投春天来临，"全民 PE"。2009 年创业板终于成立，本土创投退出渠道通畅，我国本土基金真正大发展。前面所提到的那些 VC 全部是美元基金，到 2009 年之后，人民币基金出现。最早成立的深创投汇聚超群的资本实力——35 亿元人民币注册资本、高达 100 亿元人民币的可投资能力、管理着外部 100 亿元人民币的资本，造就了我国资本规模最大、投资能力最强的本土创业投资机制，成为我国新一轮基金的代表。2010 年，国内外的上市都在高歌猛进。深创投早期投资的 26 家企业 IPO 上市，至今这个记录仍没被打破。同时在美国，2010 年共有 43 家企业赴美 IPO 上市。

（6）2011—2013 年：投资阶段前移，天使投资抬头。2010 年微博开始盛行，让徐小平和李开复、薛蛮子等走入公众视野，他们引领了我国新一波天使投资。我国的天使投资可追溯到1993年田溯宁、丁健等留美学生在美国创建的亚信,田溯宁也是在硅谷接受了天使投资。2007年、2008年一批企业上市后出现了一批天使投资人,2009年致力于早期阶段投资的创新工场成立,李开复把青年俱乐部(youth club,YC)和孵化的概念再次引入中国。2011年徐小平和王强成立真格基金,天使投资热潮开始形成,也成就了一批中国非常优秀的超级天使。2008年创业邦推出的"年度天使投资人"奖,颁给了雷军,因为他投资了很多非常优秀的互联网公司。

(7)2014—2016年:过山车式的资本与全民创业。2014年,新三板全国扩容后首批近300家企业集体挂牌,新三板挂牌企业达到621家,超过创业板,与中小板企业数量旗鼓相当。A股由2013年的"熊冠全球"转变为"从熊到牛",从"疯牛"再到"慢牛"的逆袭。其中,新三板牛股频现,共有71股涨幅超十倍;2015年8月,以A股与美股为代表的全球市场暴跌,对中概股发展走势、私有化进展及国内创业公司和融资环境带来巨大冲击,并一直延续至2016年年初。

清科研究中心发布的中国私募股权投资市场数据的统计结果显示,2016年上半年共有1394家国内企业获得PE融资,其中披露融资额度的1243家企业共获得3540.96亿元资金,PE投资案例总数同比减少4.7%,投资总额同比大涨85.9%。在中早期投资领域,2016年上半年共有1264家企业获得VC投资,其中披露投资额度的1052家企业共得到584.95亿元资金,案例数量与投资金额双双同比下降33.3%与12.5%。天使投资领域同样也不乐观,2016年上半年披露的投资案例数量与投资金额同比分别下降34.92%与6.93%。

总体而言,进入21世纪以来,我国创业投资规模创历史新高,截至2016年年底,创业投资机构数量约3500家,管理资本量近2万亿元,总规模位居世界第二。总结其发展历程如图1.6所示。

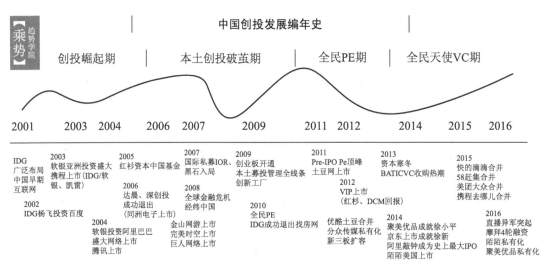

图1.6 2001—2016中国创投发展编年史

资料来源:http://news.pedaily.cn/201704/20170411411500.shtml.

对比我国的创业投资与早期投资加总数据（剔除 PE 投资），2009 年至今，整个行业的活跃度保持了上升态势，特别是对比 2016 年我国不同阶段风险投资的平均投资额，我国的创投事业生机勃勃。创投事业发展态势如图 1.7 和图 1.8 所示。

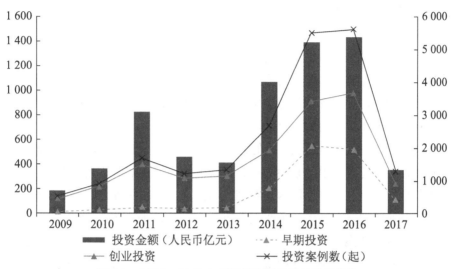

图 1.7　2009—2017 年风险投资行业保持增长趋势

资料来源：http://zdb.pedaily.cn/.

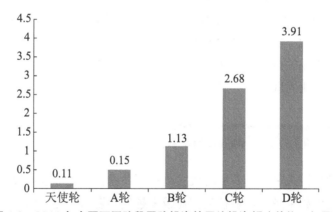

图 1.8　2016 年中国不同阶段风险投资的平均投资额（单位：亿元）

资料来源：http://zdb.pedaily.cn/.

3. 我国的海归创投

2000 年以来一枝独秀的中国经济，日益吸引留学海外的中国学子回国创业。为帮助众多留学人员企业创业发展，在团中央领导的鼓励与支持下，一批志同道合的留学人员很快达成共识，创建了一个专门为留学人员回国创业提供资金融通和孵化服务的"海外学人创业投资基金"。"海外学人创业投资基金"的运作，不同于一般的海外风险投资，也不同于政府管理的创业基金。它主要以归国留学人员作为主要服务对象，采用"风险投资＋孵化器管理"的运作模式，为海外学人企业和海外学人回国创业提供包括项目投资、专业培训等全方位的创业服务。其独特作用就是架设一座留学人员与高新技术园区、项目与资本以及人才与企事业单位之间的桥梁。

"海外学人创业投资基金"在国外的运作机构是海外创业投资顾问公司，直接参与被孵化企业的具体经营，以更加具体地评估项目前景，制订后续孵化计划；在国内的运作机构是设在北京中关村的海外学人创业投资中心。作为我国国内第一家以有限合伙为组织形式的风险投资企业，其先后为中关村科技园区、清华科技园、望京科技园和北京经济技术开发区等高新技术产业园区的留学人员企业和其他高新技术企业提供包括领导力、执行力、团队建设、市场营销、项目管理等各类中高级管理培训课程，帮助许多企业和个人走向成功之路，得到了园区和学员们的一致好评。

海外学人创业投资规模日益壮大，在纳斯达克上市的中国企业总市值达300多亿美元，高管大多有海外留学背景。以北京中关村科技园区为例，在纳斯达克上市的来自中关村科技园区的海归企业，正在由推动国内新经济、新技术、互联网等诸多领域的发展，扩展到推动中国传统产业的发展，创造了企业在中国发展、在海外融资的新模式。

总之，以百度、新浪、搜狐、携程、如家等为代表的一批留学人员回国创业企业给国内带回了大批风险投资，这种全新的融资方式促进了中小企业的成长。同时，国内几乎所有国际风险投资公司的掌门人大都是清一色的海归，IDG资深合伙人熊晓鸽、鼎晖国际创投基金董事长吴尚志、赛富亚洲投资基金首席合伙人阎焱、红杉基金中国合伙人沈南鹏、金沙江创业投资董事总经理丁健、美国中经合集团董事总经理张颖等10多位掌管各类风险投资基金的海归人士，大部分风险投资都是通过海归或海归工作的外企带进国内的。这些投资促进了国内创业的热情，推动了一大批海归企业和国内中小企业的发展，同时也带动了国内风险投资行业的进步。

1.2.4 全球创业投资行业的变化趋势

对于创业者和投资人来说，看准时代大趋势至关重要，全球创业投资行业的变化趋势有：早期投资的比例越来越大，科技类创业越来越受到资本重视，创业投资已涵盖一切针对私人控股公司的股权融资活动因而与投资银行业务更为接近，风险投资公司之间将发生激烈的兼并收购浪潮，创业资本来源多元化（包括公积金、银行资本、企业资金、私人资本、保险资金及大学科研机构），创业投资管理规范化、科学化（在项目筛选和评估程序化、投资组合分散化、从战略管理到重大问题决策等方面强调增值服务，帮助企业迅速成长）。

特别需要强调的是：政府出台促进创业投资发展的措施，各国为促进创业投资发展进一步放宽了税收制度和公司制度。例如，我国从中央到地方政府以及社会各界正日益认识到发展创业投资事业在国民经济中的重要地位，借鉴采取制定发展规划、培养创业投资主体、建立创业投资退出机制、建立健全鼓励和引导创业投资的政策和法规体系等手段，支持我国创业投资事业的规范、健康发展。

1.3 创业投资的要素构成

创业投资运行过程分为融、投、管、退，其运作要求一种制度性、系统性的支持，这个制度性、系统性的支持体系从动态角度来看就是创业投资的运行体系，包括创业投资基金、创业融资、创业投资决策、创业投资运营、创业投资退出、创业投资财务核算及收益评价、创业投资风险管理；从静态角度来看就是创业投资的要素构成，主要包括创业投资主体（主要指创业投资基金）、创业投资对象、创业投资退出渠道、创业投资服务组织、创业投资监管机构及创业投资环境。

1.3.1 创业投资主体

1. 创业投资主体的概念

创业投资主体即出资人与资本管理人，创业投资的出资人与资本管理人可以是同一个人（天使投资），但绝大多数情况下两者完全独立，出资人总是把资金委托给资本管理人。出资人为了参与创业投资、分享超额报酬，通常把自有闲散资金投入创投机构，委托创投机构代为管理，并以其投入资金承担投资风险。

出资人也称为投资者，其资金来源于个人或者机构，主要有高净值个人、政府引导基金、大学捐赠基金、社保基金、产业集团、上市公司等类型，因此，创业投资的出资人或投资者分为个人投资者和机构投资者，一般说来由富裕而且敢于冒险的个人、政府、国内外的金融机构、各种基金以及资金富裕的工商企业法人等组成，他们拥有闲置的社会资本，在创业投资市场运作中扮演资金供给者的角色。

资本管理人也称为创投机构、创业投资基金（venture capital fund，在我国也称为产业投资基金），是指由一群具有科技或财务专业知识和经验的人士操作、专门投资在具有发展潜力以及快速成长公司的基金，包括各种形式的创业投资公司、以高新技术型创业企业资本投入或此类企业证券投资为目的设立的基金及基金管理公司和专业财富管理公司等；其募资方式在国际市场上既有非公开方式募集（私募，如对冲基金）也有公开方式募集（公募，如共同基金），我国目前只能以非公开方式募集。

创业投资基金通常会聘请拥有丰富行业经验和金融市场知识的人来担任经理人，成为资本在产业界和金融市场的纽带，是连接投资者和创业企业的媒介。他们通过组合投资，帮助投资者筛选项目、甄别风险，为创业企业筹集发展资金，并以其丰富的知识和经验帮助创业企业更快成长，在创业投资运作中发挥着十分重要的作用，是创业投资的一个核心构成要素。

2. 创业投资主体的机构类型

一是根据组织形式，创业投资机构分为公司型和契约型两类。所谓创业投资公司，是指以创业投资业务、代理其他创业投资企业等机构或个人的创业投资业务、创业投资咨询业务，为创业企业提供创业管理服务业务、参与设立创业投资企业与创业投资管理顾问机构的公司，包括本土创投公司和外资创投公司。本土创投公司，如北极光、创新工场、达晨创投、君联资本等，外资创投公司如红杉、软银、赛伯乐等。而契约型创业投资机构也称信托型创业投资基金，是由基金发起人和基金管理人、基金托管人订立基金契约而组建的创投机构。

二是依据资金来源，创业投资机构可分为政府出资并委派管理人员、政府出资但委派民间机构管理、民间创业投资基金、外资创投基金、依附于高新技术开发区或创业园的创投基金、上市公司或大公司的创投基金、证券机构的创业投资部和专业性投资机构的创业投资部等。

例如，联想控股下的创业投资基金既有美元也有人民币。再如，我国目前的创业投资公司主要分为四种：第一类是国有独资的创业投资公司，其资金基本上由地方财政直接提供或由国有独资公司安排；第二类是政府参股的创业投资公司，其资金一部分由地方财政直接提供或由国有独资公司安排，另一部分由国内其他机构、自然人提供；第三类是国内企业设立的创业投资企业（简称非政府机构），其资金全部由国内企业（国有独资公司除外）、金融机构和国内其他机构和自然人提供；第四类是外国独资或合资创业投资企业，这部分机构中包含了在境外注册、在境内开展业务的机构。

三是依据创业投资阶段，创业投资机构可分为天使投资基金、VC 基金和 PE 基金。例如，英特尔 Capital 是美国最好的战略 VC，也是最早进入我国的公司级风险投资，为我国很多 VC 输入人才；真格基金是由新东方联合创始人徐小平、王强和红杉资本中国基金在 2011 年联合创立的天使投资基金，旨在鼓励青年人创业、创新、创富、创造；联想控股下的创业投资基金，有天使基金、VC 基金和 PE 基金。

当前，在我国的 PE 也有四种：一是专门的独立投资机构，拥有多元化的资金来源，如凯雷集团（The Carlyle Group）；二是为创业投资企业提供融资投资、上市推荐、创造金融产品等服务的金融机构，这些大型的多元化金融机构下设的投资公司，如摩根士丹利亚洲（MorganStanley Asia）、摩根大通（JPMorgan Partners）、高盛（Goldman Sachs Asia）、中信资本等；三是中外合资产业投资基金法规出台后一些新成立的 PE，如弘毅投资、申滨投资等；四是大型企业的投资基金，其投资服务于其集团的发展战略和投资组合，资金来源于集团内部。

需要特别指出的是，PE 基金与我国内地所称的"私募基金"有着本质区别：PE 基金主要以私募形式投资于未上市的公司股权，而私募基金主要是指通过私募形式，向投资者筹集资金，进行管理并投资于证券市场（多为二级市场）的基金。

3. 创业投资主体的发展模式

纵观国内外的创业投资主体，其发展大体经历了以下四种模式。

(1) 天使投资模式。天使投资又称为"非正规创业投资",是指职业投资人或机构以自己的资本,针对项目的盈利前景或项目执行人的能力、人品、经验、责任心、奉献热情等素质,向具有巨大发展潜力的企业所进行的种子期或早期的非控股的、投资期限相对长的、具有高风险、高潜在回报的权益资本投资,它是创业投资的一种模式。

天使投资的投入金额相对较小,经常是一次性投入,既没有固定的投资流程,审核也不严格,一般会根据投资人的主观意愿或喜好,且为见好就收的个人投资行为。虽然天使投资人对回报的期望不是很高,但为了降低和分散风险,他们一般会投10个左右的项目,能成功获取回报的项目也只有一两个,通过这种方式获得至少15倍的回报率。

许多天使投资人同时是企业家,他们不一定非常富有或者也不是高收入成功人士,但十分理解小公司创业初期所遇到的困难;天使投资人也可能是企业家的朋友、亲戚、邻居和各行各业愿意投资的人士,作为创业企业家的商业伙伴或好友的天使投资人对企业家的能力充满信心,愿意在企业家创业初期、产品还正在研发没有投入市场之前投入资金。

作为一种长期投资的"耐心资本",天使投资不仅投入资金解决了处于萌芽期或早期的初创企业资本的来源问题,所投企业还可时常咨询天使投资人或寻求帮助,为早期创业企业的未来发展打下坚实的基础并提供强大动力;投资后还会"授之以渔",为创业企业提供增值服务并积极参与其中,协助其提高自身管理水平。

(2) 政府引导基金模式。政府引导基金是指由中央和地方政府出资,投入各种创业投资机构或创业投基金中,发挥"四两拨千斤"的作用,主要支持高科技创业企业的发展,不以盈利为主要目的的一种非正式金融资本或基金,通过基金的杠杆效应,扩大政府资金的作用,实现政府政策目标,推动地区经济发展,是政府的一项政策行为。

政府运作引导基金的方式是信贷、担保、参股创投企业及共同投资等手段,一般不参与创投机构的具体决策,也不直接与创业企业产生联系,在共同投资中让利于社会创投机构,引导社会创投机构的投资行为,并出台相关政策激励社会创投机构,提升其投资的积极性。

(3) 辛迪加模式。辛迪加模式是指创业投资的一种联合投资行为,由多家创业投资机构或多个创业投资主体共享资源共同投资一个项目,既可以分享投资机会,一旦创业投资失败则风险由多家创业投资者共同承担,项目损失分摊到各个主体,又可以分担风险,对创业企业的管理更加高效。

辛迪加模式具有其基本特征:一是创业企业可获得高额度的投资,创业投资人为了规避风险一般会设立单项投资额的最高上限,但一个创业企业在初期需要的投资资金远远高于创业投资人的投资上限,辛迪加模式由于多家机构共同参与,所以很好地解决了投资人和被投资人的这一矛盾;二是参与者越多,组合效果越好。因为单个创业投资人专业知识十分有限,而越多创业投资机构参与其中信息共享度越高,组合投资可以结合各家创业投资机构的专业知识、技能、经验进行更高效的投资。因此,组合度越高,创业投资的效果越好。

（4）企业孵化器模式。企业孵化器也称为高新技术创业服务中心，专门为入驻的知识型创业企业提供便利的基础设施及一系列支持服务，有效地促进了科技成果转化和科技创新，为高科技创业企业的项目、成果、理念提供快速成长的土壤。一是集聚创业资源，满足高科技创业企业成长中对多方面资源的需求，特别是推动企业技术创新，促进企业开发自主知识产权的新技术；二是节约创业成本，如提供场地和后勤服务，减少单个企业所需资源，防止初创企业对资源的浪费，使资源形成"归类"与"集成"效应；三是推动企业集群化发展，通过小企业集群促进区域经济的发展，形成区域竞争优势，增加就业机会，提供新的税收来源，使区域经济形成新的增长点；四是培育创业企业，协助企业制订经营计划，提供科研设备等各种服务，直接或间接参与企业的创业过程，并产生盈利；五是形成入孵和毕业的概念，使孵化器构成一个新创企业和毕业企业的孵化循环，推动孵化器网络化、多元化、专业化发展。

1.3.2　创业投资对象

创业投资对象即资金需求者，包括高新技术型创业企业、高科技创新项目。作为资金需求者，高新技术型创业企业、高科技创新项目从创业投资基金那里获得资金，也就是天使投资基金、VC 基金和 PE 基金的投资对象。

1. 高新技术型创业企业

与传统创业企业相比，高新技术创业企业通过高新技术、产品或管理的创新，使企业迅速发展，具有更高的成长性，所以高新技术创业企业是创业投资的主要投资对象，这些企业在发展初期也许资产规模很小，但会凭借特定的技术创新或者新的盈利模式得到天使投资人和创业投资基金的青睐。例如，微软、Yahoo、Amazon、eBay、阿里巴巴、汉庭等企业都是凭借自身先进的技术或商业模式吸引了创业投资基金，然后得到了快速的成长。就行业而言，通信、电子与计算机硬件、信息服务、半导体、生物医药、医疗设备、环保能源等具有高科技含量的行业是创业投资重点关注的领域。以美国为例，1992 年对电脑和软件的投资占 27%；其次是医疗保健产业，占 17%；再次是通信产业，占 14%；生物科技产业占 10%。

纵观国内外的创业投资实践，美国创业投资公司的投资对象绝大多数是初创或快速成长的高科技创业企业，欧洲创业投资基金的投资对象还包括市场前景广阔的传统行业、具有新的商业模式（business model）的零售业或某些特殊的消费品行业，这些行业一般都提供高附加值的技术、产品或服务，并能获得长期而且有保障的赢利。除此之外，创业投资基金（主要指狭义的 PE 基金）也会投资于成熟企业等，具体包括以下四种情况：亏损企业（unprofitable company），通过引入资金、管理和技术达到扭亏为盈（turn around）；管理层收购，帮助公司内部的管理人员或（与）外部的管理团队买下公司；杠杆收购（LBO/LBI），即内部融资收购或第三方融资收购；资本结构重组（refinancing），股东变更、以股权置换债权以及股东部分套现。

2. 高科技创新项目

一般说来，创业投资基金非常关注符合国家产业政策、技术含量较高、创新性较强的科技项目，其产品有较大的市场容量和较强的市场竞争力、有较好的潜在经济效益和社会效益，而且项目应具备一定的成熟性，以研发阶段项目为主，具体包括以下三个阶段的项目。

（1）处于研发阶段的项目：指项目以生产为目的，研制新技术、新工艺、新产品、新方法、新装置或对现有工艺、产品、生产过程进行技术上的实质性改进而进行的一系列技术工作；其成果应为一种具有新产品或新技术基本特点的原型（样品、样机）。

（2）处于中试阶段的项目：指项目以生产为目的，利用研发阶段得到的原型（样品、样机）、工艺、技术等成果进行产品的定型设计、获取生产所需的技术参数等一系列技术开发工作；这一阶段包括产品试制与设计、工业性试验以及小批量试生产。

（3）处于批量（规模化）阶段的项目：指项目利用中试阶段的技术开发成果进行较大规模的生产活动。

1.3.3 创业投资退出渠道

从某种意义上说，良好的退出机制是创业投资健康发展和投资成功的必要条件。在创业投资发展最成熟的美国，创业资本多以创业基金形式存在，流行有限合伙制，一般有效期为 7~10 年。在有效期到来之前，必须退出所有的项目投资，并将获利返还投资人。如果一个基金有好的财务回报，原投资人大都愿意加码下一个基金，而新的投资人也愿意跟进，如此形成良性循环，越做越大。因此 VC 就像是人体内的血液循环系统，必须要循环起来。要想完成这一良性循环，最关键的是要实现退出，退出是承上启下的关键。美国创业投资的退出渠道通常有：首次公开上市（IPO）、借壳上市、并购、股权转让、清算等，其中并购包括兼并、收购、企业回购、管理层收购等。美国创业投资的成功实践表明：资本市场是创业投资的大舞台，只有多层次、高度发达的资本市场，才能为创业投资成功退出并实现超额收益提供便利。目前，我国创业投资退出包括主板市场、二板市场、三板市场、四板市场，退出渠道也和美国一样，需要特别指出的是，我国创业投资基金 IPO 的退出渠道分为境内上市与境外上市。

尽管 IPO 是能给投资人带来最大收益的退出方式，但却不是最主要的退出方式。以美国为例，在各种退出方式中，IPO 仅占 20%，并购占 25%，企业回购占 25%，转售占 10%，清算占 20%。中国股权转让研究中心对国内几家知名投资机构的退出情况进行梳理后发现，创新工场成立 7 年以来共投资 273 个项目，投资额近 40 亿元人民币，IPO 退出 1 家，并购退出 10 家，投资退出率仅为 4%。另外，两家国内较为活跃的创投机构真格基金和经纬中国目前的退出率分别为 3.5% 和 5%。上述美国的数据清楚地表明，在创业投资过程中，投资者可以通过卖掉所开发的高新技术获得回收投资并得到投资收益，也可以通过新兴企业的经营收益得到投资收益，但投资回收和投资回报在绝大多数场合主要是通过股权转让（或交易）完成的。在创业投资的退出方式中，产权市场的退出方式占了很大比重，它们包括转让退出、股权回购以及破产清算等。

有无一个便利的股权转让（交易）市场的存在，对创业投资具有决定性意义。因为投资者一旦投资于创业企业或创新事业，资金就固化为资产。但创业投资的目的不是控股，而是通过分享高成长企业或再造成熟企业的价值洼地，进行价值提升后实现二级市场或并购市场的变现。无论创业投资成功与否，退出是必然选择。深圳证券交易所中小企业板和创业板市场的建立，使退出这一目标得以初步实现，对于我国创业投资行业的健康发展具有举足轻重的意义。如果缺乏"退出"机制，创业投资者将面临无法继续投资、难以通过市场过程分散风险并获得投资回报等一系列困难。在我国受制于"退出"障碍，居民及其他投资者的选择常常是"宁存款不投资"。因此，建立创业投资"退出"的市场机制是吸引居民及其他投资者进行创业投资行为的一个关键。从我国目前情况来看，建立创业资本的撤出渠道并不存在技术障碍。从这一点来看，只要我们解决了认识问题，放开手脚，将设立创业资本撤出渠道问题提到日程上来，创业投资退出的资本市场体系的培育和发展进程就会加快。

1.3.4 创业投资服务组织

创业投资服务组织是指以创业投资企业为重点服务对象的中介机构，如高新技术企业标准认证机构、知识产权估值评价机构、投融资咨询机构、项目评估机构、保荐机构、行业自律培训等组织。以投融资咨询机构为例，当前闻名全球的是 PitchBook，创立于 2007 年，总部位于华盛顿州西雅图，主要做 VC/PE 数据分析应用，当前拥有 2000 名客户和 7000 名活跃用户。其定期的行业数据分析报告，为 VC 和其他相关媒体机构广为应用，推出的可视化数据分析工具也颇有价值，丰富的 VC 数据库为创业者和投资者们提供了检视各家 VC 具体信息的平台。

再如，北京海淀科技金融资本控股集团股份有限公司是由北京市海淀区国有资本经营管理中心、中关村科技园区海淀园创业服务中心、北京市海淀区玉渊潭农工商总公司等公有制单位发起设立的、北京市首家面向科技型中小微企业的综合性金融服务平台，也是海淀区集债权、股权、资管、辅助四大金融服务平台于一体国资控股、市场化运作、具有一定品牌影响力的大型国有科技金融服务集团，目前注册资本金人民币 18.79 亿元。

还有创投网络平台，如创投圈是专注于服务早期创业者和天使投资人的创业服务平台，由徐小平、雷军、薛蛮子、蔡文胜等中国最优秀的天使投资人联合投资成立。在这里，创业者可以最高效的获得所需资金和增值服务。投资界是清科旗下的投资网站，为股权投资、创业投资、风险投资、私募股权和创业者提供 TMT、IT 服务、互联网、清洁技术、医疗健康、消费连锁等行业的投资融资、上市 IPO、收购重组等。

中关村天使投资研究会，起源于最佳创业投资中心中关村，集合行业优秀天使投资人、创业投资机构和专家学者，分享最新天使投资趋势，走访、调研国内一线投资机构，是专注天使投资研究与发展，并为天使投资人和创投机构提供专业研究支持的机构。

1.3.5 创业投资监管机构

创业投资活动的监管机构主要分为两类，一是依靠政府某些监管部门，二是政府监管部门委托承担跟踪监督任务的中介机构。由政府监管部门承担的监管机构，例如，2013年6月中央编办发出《关于私募股权基金管理职责分工的通知》，明确由中国证券监督管理委员会（简称中国证监会）统一行使股权投资基金监管职责。政府监管部门委托的监管机构，例如，中国证券投资基金业协会从2014年年初开始，对包括股权投资基金管理人在内的私募基金管理人进行登记，对其所管理的基金进行备案，并陆续发布相关自律规则，对包括股权投资基金在内的各类私募基金实施行业自律。特别是政府有关部门和政府委托的中介机构要完善创业投资相关制度、创业投资退出机制，优化监管环境、商事环境、信用环境，严格保护知识产权，营造良好的创业投资市场环境，积极利用外资发展创业投资，推动创业投资企业"走出去"，完善创业投资行业自律和服务体系等，为做大、做强创业投资行业保驾护航。

1.3.6 创业投资环境

创业投资环境包括创业投资市场环境、创业投资政策环境和创业投资法规环境。（详细内容见第3章，在此不做赘述）

本章小结

（1）从"创业投资"一词的来源入手，明晰了创业投资与风险投资的不同，引用国内外权威机构和专家学者对创业投资的看法，界定了创业投资的内涵与外延，并总结出创业投资自身所具有的特征。

（2）追溯创业投资的起源，欧洲国家萌芽于15世纪的远洋探险，直到20世纪40至70年代才真正起步，美国始于19世纪的西进运动、到20世纪40年代后来者居上并一路高歌，日本20世纪50年代揭开了亚洲创业投资的序幕，新加坡、以色列、中国等国到20世纪80年代陆续登上历史舞台；20世纪50年代至今，美国始终引领着全球创业投资的潮流。

（3）创业投资运行过程分为融、投、管、退，包括创业投资基金、创业融资、创业投资决策、创业投资运营、创业投资退出、创业投资财务核算及收益评价、创业投资风险管理。从静态角度来看，创业投资的构成要素主要包括：创业投资主体（主要指创业投资基金）、创业投资对象（高新技术创业企业和高新技术项目）、创业投资退出渠道（我国包括主板市场、二板市场、三板市场、四板市场）、创业投资服务组织、创业投资监管机构及创业投资环境。

关键术语

创业投资　风险投资　私募股权投资　创业投资基金　天使投资　组合投资　有限合伙制　夹层资本　过桥融资　成长基金　CVC

思考题

1. 简述创业投资与风险投资的关系。
2. 如何理解创业投资的含义？
3. 创业投资有哪些特征？
4. 简述创业投资的起源与发展。
5. 创业投资的构成要素有哪些？

第2章

创业投资理论

2.1 创业投资原理

2.1.1 创业投资起源

1. 创业投资的性质

创业投资是一种重要的经济行为,这种行为受到"看不见的手"的引导,表现为"经济人"的理性选择。亚当·斯密指出:"每个人都在力图应用他的资本使其产品得到最大的价值,一般来说,他并不企图增加公共福利,也不知道他所增加的公共福利为多少。他所追求的仅仅是他个人的安乐,仅仅是他个人的利益。在这样做时,有一只看不见的手引导他去促成一种目标,而这种目标绝不是他所追求的东西"。创业正是创业者利用机会、整合资源为社会提供产品和服务,不断积累个人财富,满足个人追求财产和实现自我的需求,客观上也为社会贡献财富。

2. 创业投资的动因

按照西方经济学派的观点,预期收益是创业者创业的主要动因。理性的创业者具有"经济人"的本性,在冒险的同时尽力规避创业风险,追求利益最大化是其本性。因此,在创业决策完成之前,必然会搜寻一切相关的信息,并进行合理的分析、测算,来形成对创业收入的理性预期。尽管这种预期是心理的、主观的,但由于这种预测的客观概率分布的期望值等于主观概率的分布期望值,因此,这种主观的预期仍是创业者进行创业抉择的客观基础。预期收入与创业者选择的项目和进入的行业相关,与其能控制的资源相关。不同的项目和行业、不同的资源收入,带给创业者的预期收入是不同的;同时,创业者所在环境中其他创业者的示范效应也影响创业者的预期收入。其他创业者的成功概率、财富状况,客观上会左右着创业者对收益的预期。因此,好的创业环境是提高预期收入、促进创业活动的要素。理性的创业者在自由地选择创业,享受创业成功所带来快乐的同时必须承担着创业失败的责任,而且创业者个人财富、价值与其对社会提供的产品和服务的价值呈正相关。正如 A.哈耶克所言,"如果允许个人自由地选择,那么创业者必然要承担选择的风险,并且,他因此所得的报酬肯定也不取决于其投资目的的好与坏,而仅仅取决于对其他人的价值"。

3. 创业投资与社会福利增长

创业者个人收益和社会财富间呈现一种正相关的关系。一个国家或地区市场化程度越高,体制环境和商务环境越优,创业成功者越多,该国家和地区的财富就越多,社会收益越大。据 2013 年福布斯数据分析公布的统计资料表明,全世界在 2013 年时有 476 人拥有

10亿美元以上的个人财富。在美国，有222人，占总数的47%，总价值达7 030亿美元；欧洲134人，占总数38%，总价值3 940亿美元；亚洲61人，其中日本19人，中国香港11人，财富总价值1 450亿美元；中东和非洲财富价值690亿美元。由此不难看出，创业者个人财富越多的国家和地区，社会财富越多，福利也越好。同样，那些个人创造财富最多的国家和地区，也是创业体制和环境最好、创业社会收入最高的地方。

2.1.2 创业投资管理

1. 创业投资与创新

回顾创业研究的历史，创业的概念最早是由经济学家提出并使用的。奈特（Knight，1921）将创业产生的原因归之于创业者不可测量的不确定性。企业家在执行价格体系的某种功能时，面临着不确定性，而其报酬就是产出的市场价格与固定支付之间的差价，奈特也第一次指出，创业者不同于土地、劳动力和资本等生产要素，其报酬都可以事先估算出来，创业者报酬是去除其他生产要素后剩余的部分，很明显这部分报酬的获得要靠他的判断能力。科斯（Coase，1982）认为，创业者是资源的组织和协调者，他们用新颖的方式组合稀缺资源，从而产生更高的效率。熊彼特（1934）的经济模型假设经济均衡状态一直保持到被创业者用"破坏性创造"打破为止，他的创新理论指出，创新来源于创业，创新应该成为评判创业的标准。在熊彼特看来，企业家的职能就是实现创新，引进生产要素的"新组合"，而创业活动则是创造竞争性经济体系的重要力量。熊彼特把创新比喻成"革命"，创业者是"通过利用一种新发明，或者更一般地利用一种未经试验的技术可能性，来生产新商品或者用新方法来生产老商品；通过开辟原料供应的新来源或开辟产品的新销路；通过改组工业结构等手段来改良或彻底改革生产模式"。因此，经济学家从微观和宏观两个角度对创业现象进行了解释。从微观角度来看，经济学家解释了创业者在企业内部所起到的重要作用，指明了企业家精神的发挥是协调并利用其他各种劳力、物力和土地等经济资源的源泉。从宏观的角度来看，经济学家解释了经济增长的根源在于创业者的创新行为，指明了创造性破坏是经济发展的动力。

2. 创新企业与管理

实证研究表明，创新强度与企业规模和市场控制力无显著关系。一方面，规模大导致控制程序繁多，通过制度规范约束性强；另一方面，市场垄断会削弱竞争，导致企业创新能力不足。另外，大企业内部资金一般较充足，受软预算约束，创业投资递增，如果项目失败，则损失很大。因此，作为新兴产业，创业投资是一种高端服务业，是创新经济发展的重要引擎。创业投资以支持创业、创新、创造为主要目的，是中小企业发展的重要助推器，是推动企业自主创新的重要力量。在深刻分析了我国经济社会发展阶段后，根据新经济增长理论我国做出了"转变经济发展方式"的重大决策，将传统资源配置、资源再生、外延扩张、内涵开发型增长方式向要素驱动、投资驱动、创新驱动型方式转变，即新常态经济增长方式。"大众创业、万众创新"是新常态下经济增长新引擎,创业投资是大众创业的一种重要形式,在一定程度上解决了传统社会建设模式中政府、市场和非营利组织这"三重失灵"所不能解决的社会问题,在解决经济增长、消除贫困、解决就业问题方面发挥了重要作用。

3. 创业投资管理模型

20世纪80年代的一些创业学者提出了个人、组织、创立过程和环境的创业管理模式;到20世纪90年代又有一些创业学者提出创业是战略管理的核心,并提出了由人、机会、环境、风险和报酬等要素构成的创业管理概念框架,以及机会、创业团队和资源的创业管理理论模型。21世纪初,创业学者研究发现并提出了创业者与新事业之间的互动模型,强调创立新事业随时间而变化的创业流程管理和影响创业活动的外部环境网络是创业管理的核心。谢恩(Shane)2001发表了具有重大影响力的学术研究论文,提出创业是一种机会发现与实现过程。创业是在不局限于所拥有资源的前提下,识别机会、利用机会,并产生经济成果的行为,或者将好的创意迅速变成现实。创业离不开创新与创意,建立在上述理论发展与分析的基础上,创业、创新与创意是一个事物的三个方面,很难说谁属于谁。具体来说,创意是一种新想法,是一种灵感,既是孕育新事物的开端,也是开展创业的前提。创业是通过创新体现出来的,而创新是需要落实到实处的,因此可以说创业是创新的实践。上述"三创"概念并非是独立存在的,无论是在理论方面还是在实践方面三者都是互相支持、共同发展的。无论是转变经济结构,实现经济发展转型,还是实施新管理,以创新为主要发展战略的创业,都体现了从"创意、创新、创业"概念到实践的发展过程。上述"三创"可以直接产生诸多的创业机会,而创业者创业的着眼点应该是创业机会。换句话说,如果没有看到任何创业机会是不应该去创业的,因为这样的创业很可能沦为失败。当然,看到创业机会的创业,也不一定成功,因为成功创业涉及许多方面,但有创业机会的创业是成功创业的必要条件。1981年,美国曼斯菲尔德的一项统计表明:高新技术项目只有60%的研究开发计划在技术上获得了成功,其中只有30%推向了市场,在推向市场的产品中仅有12%是有利可图的。创业投资业自身的统计也表明:少数成功、多数平平、一些失败。但为什么创业投资在过去几十年间会蓬勃发展呢?其答案直接归功于创业投资管理理念的形成与发展。

2.1.3 创业投资管理理念

创业投资管理研究的重点十分明确,那就是作为一个创业者如何取得创业的成功。管理派认为创业是创业者通过战略导向,发现机会、把握机会,获取资源、调动资源的一个持续不断的变化和发展过程。从不同角度认识创业投资管理,有助于把握管理方向和管理重点。

1. 战略导向观

战略管理是企业管理的一个重要领域，因此，创业理论的战略导向观应属于"管理"学派的一个分支。他们把创业过程视为初创企业或者现有企业成长过程中的战略管理过程，创业活动的核心实际上就是创业者有意识的战略选择过程，反映了他们在一定环境下的较优战略选择，创业成功的关键在于创业者识别机会、形成战略、整合资源和采取首创行动的决策，新创企业的成功与否主要取决于创业者是否具有形成和实施有效创业战略的能力。

2. 创业机会观

创业机会观认为创业是对机会的识别和利用，并将其转化成市场价值的过程。Venkataraman 认为，创业投资管理研究是"考察什么人通过何种方式去发现、评价和利用创造未来商品和服务的机会"。Shane 和 Venkataraman 认为，创业机会是如何存在的，创业者又是如何发现这些机会，何时以何种方式去利用这些机会，对这些问题的分析便成为创业投资管理研究的基本问题。在他们看来，创业就是发现和利用有利可图的机会，创业研究的核心因素有两个，即创业者个体与创业机会。Casson，Amit，Glosten 和 Mueller 等人研究认为，创业行为同样可以发生在已有的组织内，即组织内创业或称公司创业。进一步的研究还发现，商机可以成为交易的对象，商机拥有者往往根据产业特点、机会、先前知识和可挪用时段等特征来决定是否创业。

3. 资源配置观

资源配置观认为创业投资管理的过程也是资源的配置过程，资源的异质性是企业竞争优势的基本条件，企业的长期竞争优势来源于企业所拥有或可控制的、难以模仿和交易的特殊资源。著名的美国创业管理专家 Timmons 认为，创业流程是由机会启动的，必须组成创业团队并取得必要资源，创业计划才能顺利推进，成功的创业活动正是"机会、团队、资源"三大要素的结合。Barney 认为，新创企业在管理上不仅要摆脱人力和技术资源、财务资源、其他生产经营性资源等自有资源的局限，还必须考虑最大限度地利用外部资源。

4. 创新管理观

"管理"学派反对从主观主义角度研究创业的方法，反对给创业蒙上一层神秘的色彩，不认为创业是一种天赋、灵感或智慧的闪念。当代管理大师德鲁克（1985）认为，"任何敢于面对决策的人，都可能通过学习成为一个创业者并具有创业精神。创业是一种行为，而不是个人性格特征"。创业是一种"可以组织并且是需要组织的系统性的工作"，甚至可以成为"日常管理工作的一部分"。"成功的创业者不是去坐等灵感的降临，而是要实际工作"。德鲁克也十分强调创新管理在创业中的重要作用，他认为只有那些能够创造出一些新的、与众不同的事情，并能创造价值的活动才是创业。而且进一步来说，将创业看成是管理的一个重要理由就是因为许多发明家虽然是创新者，但恰恰因为其不善于管理才成为不了将创新成果产业化的创业者。

2.2 创业投资效应理论

2.2.1 创业投资与就业创造

创业投资主要是投资于未上市的新兴高科技企业，高科技企业技术的进步也加速了我国产业的转型升级。一方面，科技进步所带来的产业效率的提高会相对减少对劳动力的需求；另一方面，从总体上来讲产业规模的扩大提供了更多的就业机会，增加了整个社会经济体的就业吸纳能力。创业投资的溢出效应对员工的长期就业情况有积极影响。就我国目前的就业现状而言，劳动力供给大于需求的压力进一步加大，失业人群组成成分比以往更为复杂，且我国面临科技进步所带来的产业转型升级的巨大压力。因此，基于创业投资对就业可能带来的积极效应，在目前就业环境的严峻形势下，应鼓励创新创业，加大创业投资力度，以期从中获得促进就业的新途径。

国内外研究证实，创业投资对就业存在着积极的影响。在国外，Puri 和 Zarutskie 通过调查分析人口普查数据，发现在 1981—2005 年中只有 0.11% 的新公司是由创业投资建立的，但这些公司却占到了 4%～5.5% 的就业。在国内，惠恩才（2005）在对我国创业投资发展障碍与对策研究中指出：创业投资的就业效应有效地填补了我国传统投资体系的空白，帮助高新技术企业迅速地成长与发展，不仅创造了大量的就业岗位，而且加速了人才的流动，活跃了人才市场，促进了就业。吴成林（2011）在对创业投资的区域经济发展效应研究中也提到了创业投资对就业存在积极的影响：高新技术产业的不断集聚、传统产业的逐渐升级以及大量新兴产业的加速形成显著促进了区域经济增长，增加了就业机会。

一方面，创业投资通过对缺乏启动资金的项目进行投资，鼓励创业行为，增加初创企业的数量；另一方面，创业投资通过帮助中小企业的成长和发展，创造大量的就业机会，缓解了社会的就业压力。

1. 创业投资增加就业吸纳能力

从创业投资对就业的影响因素的分析来看，创业企业就业的增长是创业投资通过影响被投资企业的资本、技术、人才、管理、创新等因素从而影响该企业的成长与发展所带来的最终表现结果。而整个行业、社会就业水平的提升则是创业投资基金投资于具有发展潜力以及快速成长的公司，从而促使产业集聚、加速传统行业技术升级和催生大量新兴产业的结果。

一是就业吸纳能力显著提高。就业吸纳能力通常是指某个行业或某个产业吸收、接纳劳动力的能力和提供就业机会的潜力。就业吸纳能力分析是从就业机会提供方的角度理解创业投资对就业的影响。李依臻从就业结构偏离度与就业弹性两个方面对我国三大产业的就业吸纳能力进行实证分析，研究结果显示：随着劳动效率的大幅提高、高素质劳动力的不断增加以及第三产业内部结构的逐步调整，第三产业将成为我国吸纳就业的主要产业，而创业投资支持的高技术企业大多属于第三产业。樊秀峰、周文博和成静在对我国产业结构与就业吸纳能力的研究中也发现：第三产业拉动就业的潜力明显比第一、第二产业更大，劳动力也逐渐向第三产业转移。实践证明，创业投资对提高就业吸纳能力有着积极的影响。

二是产业集聚，形成较强的区位竞争优势。产业集聚通常是指某一产业为了追求集聚效益，即外部经济、创新效益、竞争优势等自发在某个区域内高度集中的过程。一方面，创业投资受产业集聚强大外部作用的影响，通常倾向于提供更多的资本，对具有专门技术、好的创新创业项目但缺乏启动资金的创业家进行资助，解决了创业者的融资难题，实现了创业企业家的梦想。随着越来越多的创新创业企业在该地区不断聚集，加速了该区域的产业集聚，在此过程中也创造了大量就业机会，提高了该地区的就业水平。另一方面，创新创业园区资源的开发、基础设施的建设、生产设施以及配套设施的建设，使得该区域对劳动力的需求进一步加大。因此，创业投资从某种程度上提高了就业水平。

三是创业投资加速了传统行业技术升级。创业投资为大量处于萌芽阶段的初创企业提供了资金支持，也在一定程度上推动了企业技术的创新，促进我国传统行业技术的升级。近年来，国内外的大量研究表明，传统行业技术的升级对就业有正反两方面的影响。在一些学者看来，企业生产技术升级，生产力也随之提高，直接导致了企业生产效率的大幅提高，大机器设备逐步取代人工，相对减少了对劳动力的需求。而另一些学者认为，由于技术上的进步，企业得到了更好的发展，由于企业追求自身价值最大化，企业的规模很有可能会进一步扩大，进而增加对劳动力的需求。也就是说传统行业技术升级是把"双刃剑"，有可能促进就业也有可能减少就业，其对就业的最终影响需要通过比较二者影响程度的相对大小。许多学者分析认为，从短期来看，传统行业技术升级会导致部分人失业，然而从长远来看，技术的进步，会提高整个社会经济体的就业吸纳能力，促进就业，同时也有利于改善人们的就业质量。

四是创业投资催生新的产业，提供了大量就业机会。近年来，新兴产业大量涌现，蓬勃发展。在《"十二五"国家战略性新兴产业发展规划》中，国务院把新能源、新材料以及新一代信息技术产业等列为国家七大战略新兴产业，作为拉动我国经济增长、促进就业的重要举措。研究发现，每个新兴产业的产生和发展都离不开创业投资的支持。2015年1月，国务院决定设立总规模为400亿元的国家新兴产业创投引导基金，主要用于支持创新创业型企业的起步和发展，而新兴产业作为新的"就业池"，将会极大地增强整个社会经济体的就业吸纳能力。

综上，创业投资对就业的影响存在着积极作用。从就业机会提供者的角度看，创业投资通过产业聚集、传统行业技术升级、催生大量新兴产业增加了创业企业的就业吸纳能力，从而增强了产业和整个社会经济体的就业吸纳能力，促进了就业；从就业者自身来讲，创业投资的溢出效应通过信息技术的掌握、先进经验的积累提高了自身素质，增加了个人就业机会，进而提高了整个社会的就业水平。

2. 创业投资的溢出效应比较明显

创业投资溢出效应是指通过提高员工个人素质水平来改善他们的就业质量、增加就业机会，间接地影响就业。相关研究表明创业投资的溢出效应对员工的长期职业生涯有着积极的影响。从员工的角度理解创业投资对就业的影响主要表现为：更大的就业机会、更高的薪资水平、更短的"失业期"。

高波（2011年）在对创业投资溢出效应的研究中指出：创业投资从知识创新、技术扩散、组织成长与制度变迁以及人力资本积累四个方面实现其独特的溢出效应。创业投资溢出效应的实现过程同时也对员工的就业产生了积极的影响。创业投资溢出效应主要体现在两个方面：一是员工对信息技术的掌握；二是员工对先进经验的积累，即员工学习曲线效应。

员工对信息技术的掌握。信息技术主要是利用电子计算机和现代通信手段实现信息的获取、加工、传递和利用等。随着互联网的迅猛发展，创业投资对信息技术更加重视。国内外研究表明，信息技术的迅速发展导致缺乏创业投资的企业的员工更容易遭受技能贬值，从而经历薪水缩减、被解雇、失业、就业质量降低、就业的机会减少等一系列过程。而那些有创业投资的企业员工，尤其是从事与信息技术有关的职业员工，已经从创业投资的溢出效应中受益。刘春梅（2010）在对信息产业对经济增长质量的影响研究及实证分析中发现：知识技术密集型的信息技术行业会提高劳动者的素质，从而显著增加劳动者的就业机会。该研究还发现对信息技术行业的投资已经改变了人们对技能的需求，这些技能随着时间的推移在各种行业中越来越被看重，并且新的技能通常可以在雇主间转移，促进了员工个人的长期就业。

员工学习曲线效应。创业投资支持的对象通常是技术含量高、创新性较强的科技项目，创业企业也一般为高新技术企业。创业企业的员工通过长期的学习和实践，在高新技术行业积累了先进的工作经验，在运用高新技术及产品时比没有经验的人更加熟练。这些经验同样为人才市场所重视和需要。因此，创业企业的员工即使后来被解雇或者员工为了自身更好的发展离开企业，由于市场对这样人才的迫切需要，使得他们会比其他没有相关经验的人经历更短的"失业期"。

从信息技术的掌握和先进经验的积累两个方面受益，提高了员工自身的就业水平，间接地促进了就业。结合创业投资在我国发展的现状，应着力培育和发展合格的投资者，拓宽创投资金的来源渠道。在保证风险可控、安全流动的前提下，银行、信托保险公司、养老基金等各类机构投资者和具有风险识别与承受能力的个人可以发展成为创投基金的来源。同时，应建立和完善创业投资信用机制。通过建立投资者和创业者个人的信用档案，减少合作双方信息的不对称，降低投资者的投资风险。鼓励和支持"创业苗圃＋孵化器＋加速器＋产业园区"创新创业型企业一体化发展，积极引导新型创业服务平台众创空间的建设，共同构建起一个更加完善的创业孵化体系，通过创新创业带动就业。

2.2.2 创业投资与科技进步

创业投资和科技创新是一对孪生兄弟，创业投资作为连接金融和创新的桥梁，是弥补"创新缺口"即创新与其商品化之间差距的资本。与传统融资方式不同，创业投资一方面是连接科技创新和金融资本的桥梁和纽带，通过募集资金把资金投向有高成长潜力的高科技创业企业，实现人力资本和金融资本的有效结合；另一方面还是科技创新的解化器和助推器，是促进高科技发展和创新的强有力推动因素。

1. 创业投资对高新科技发展的贡献

经济学家研究发现，创业投资对于美国技术创新的贡献是宏观政策效应的 3 倍。美国 70% 以上的创业资本投资于高新技术领域，从硅谷传奇、半导体行业的兴起到后来的生物工程浪潮、IT 行业的蓬勃发展，再到当今世界著名跨国公司，如英特尔、朗讯、戴尔、微软、苹果、谷歌等科技巨头都是在创业资本支持下成长起来的，从而对高新技术产业化起到了极大的推动作用。

以雅虎（Yahoo）为例，1995 年 4 月红杉（Sequoia）对 Yahoo 在投资前对其估价为 400 万美元，一年后即 1996 年 4 月 12 日，Yahoo 正式上市，市值达到 8.5 亿美元。与 Yahoo 的成功经历相似，康柏（Compaq）、微软（Microsoft）等这些 IT 巨头无一不是在这类投资公司的扶持和催化下，快速成长起来的，正是像红杉（Sequoia）这样的创业投资公司才创造了"二战"后美国高科技产业发展的一连串奇迹，可以毫不夸张地说："20 世纪 70 年代以来，美国高科技领域的发展不仅是信息产业的发展史，也是一部极其生动的创业投资的成功史。"

以色列是一个资源严重匮乏的国家，却是我们众所周知的科技强国，也被称为"创业之都"。2015 年，以色列的人均 GDP 是深圳的 1.5 倍，达 3.6 万美元，这完全得益于以色列创业投资的技术创新产生的产品具有很高的技术含量。

我国政府投资的一些高新技术项目的开发之所以未能取得如愿的效果，一个重要原因不是所开发的高新技术缺乏先进性和市场前景，而是简单运用借贷资金使创业投资的连续性在资金供给政策的调整变化中被打断。随着外资创投资本的进入，我国出现了以百度、腾讯、阿里为代表的高科技创业企业。苏州市借鉴以色列的科技金融体系，开创了独特的"苏州模式"，即以银行为中心，以政府打造的产业环境和政策体系为基础，加强与创投机构、保险机构、证券机构等合作，再结合会计师事务所、律师事务所、人力资源机构等科技金融中介机构的服务，为科技企业的发展提供一揽子综合化、专业化的金融服务，"苏州模式"形成了"银行+政府+担保+保险+创投+科技服务中介"统一结合的科技金融体系。

随着我国高新技术企业和技术先进型服务企业税收优惠、国家大学科技园和国家级科技企业孵化器税收减免、企业研发费用加计扣除等政策全面实施，建设国家自主创新示范区工作取得了新突破。目前，我国启动了北京中关村、上海张江、武汉东湖等 13 个国家自主创新示范区建设，国家高新区总数达到83家，国家高新技术产业化基地172家，国家现代服务业产业化基地48家，"火炬计划"特色产业基地259家，"火炬计划"软件产业基地35家，国家科技兴贸创新基地58家，一批市场占有率高、竞争力强的高新技术产业集群不断发展壮大，已初步形成了布局较为合理的高新技术产业体系。

2. 创业投资促进高新科技发展的路径

创业投资不仅提供技术创新的资本需求，而且还参与技术创新并提供相关的专业知识与咨询服务，注重技术创新成果的商品化，并且培育一种创新文化，给创业者提供一个创业的机会和平台。

首先，提供资金支持。高新技术创业企业在初期难以获得银行贷款支持，其融资渠道有限，而且从种子期到市场化各阶段的资金需求量以几何级数持续增大，资金短缺是高新技术企业技术创新的瓶颈。为保障"创业"的连续性，创业投资为具有发展潜力的创新型高科技企业提供各阶段所需的足够资金量。

其次，提供增值服务。处于种子期或发展期的高新技术创新型企业，往往不具备产品市场化和营销推广的经验。而创业投资作为活跃在金融市场上的一种灵活的投融资方式，凭借密切关注市场动态的优势，能及时预测和捕捉竞争对手及消费者的信息，并将信息反馈给企业，在市场布局、建立企业营销系统等方面提供帮助，为所投企业带去经营管理等一系列的增值服务，能够帮助企业培育技术创新能力，推动企业成长。

再次，实现科技成果市场化、产业化。前沿的高新技术，一开始必然面临市场认可度的问题，将新产品市场化、产业化是技术创新成功的关键。创业投资使高新科学技术产业与传统金融产品有机结合，把有效的配置资金投入收益更大的各类创新技术、专利的研发与批量生产中，是高新技术产业化、市场化过程中不可或缺的有效资金运转、支持、匹配系统，可使科技成果快速地转化成产品，实现科技成果产业化、市场化。

最后，培育创新文化。在追逐科技与利润的过程中，大多数创业者会遭遇失败。创业投资能够为创业者提供一个试错机制，使高新技术中小企业拥有将自己的技术、发明创新等转化为实际产品的机会，这种试错机制鼓励冒险，允许和容忍失败，利于形成一种不同于传统保守、封闭、害怕失败的创新文化，极大地推动区域创新精神与创新创业环境的形成。

2.2.3 创业投资与福利增长

福利是一个多维度的概念，它包含了抽象与具体、理想与现实、个体与整体的不同概念，既是一种社会意识形态范畴的价值追求，也可以作为一种人们日常生活中的现实事物，同时还是一种国家的政治立场和制度安排。基于价值角度的福利是指促进人们幸福的行动，是一种满意社会生活的追求。

创业投资与福利增长具有相关性、一致性：一方面，创业投资提供资本支持，可促进被投资企业的快速发展与壮大，满足社会对新产品、新技术的需求，企业发展也必然带来丰厚的利润，同时为投资者带来各种收益，使创业投资与被投资企业共同获益；另一方面，创业投资带来的社会效应也是巨大的，既能创造巨大的经济效应或环境效应，提供丰富多样的新技术、新产品，同时又能促进技术、人力资源、企业文化等方面的快速提升，以及社会公共保障水平的提高。近年来，创业投资涉足移动互联、清洁技术、新农业、远程教育、医疗健康、文化创意等领域，给人民物质文化和精神文化建设带来了巨大变化，丰富了人们的生活。

1. 创业投资促进经济增长

创业投资极大限度地促进了技术进步，通过对生产力三要素的渗透和影响，提高了生产率，推动了经济的增长。在高科技基础上形成的独立的创新企业，其产值直接成为国民生产总值的组成部分和经济增长的重要来源。

科学技术是知识形态的生产力，它一旦加入生产过程，就可转化为物质生产力。科学技术在当代生产力发展中起着决定性作用，技术进步已成为推动经济增长的首要因素。对经济增长的作用体现在经济增长方式的转变，即从数量型增长方式向质量型增长方式的转变；由消耗型增长方式向效率型增长方式的转变；从"粗放型"向"集约型"转变；从"外延型"向"内涵型"转变。

创业投资带来的经济增长与其他两个重要概念有所区别：一是与经济周期波动中产出的恢复性增长不同，经济增长在此来说是一个长期概念，其实质是潜在国民产出的增加或经济系统生产能力的增长；二是经济增长不同于"经济发展"（economic development）。如果说经济增长是一个单纯的"量"的概念，那么经济发展就是一个比较复杂的"质"的概念，其衡量的是一个国家以经济增长为基础的政治、社会、文化的综合发展。

创业投资已经成为影响经济增长的重要因素，其对经济增长的贡献已明显超过资本和劳动力的作用。高科技及其产业是当代经济发展的"火车头"，发展高科技及其产业已经成为一般世界性潮流。一个国家鼓励创新创业投资，其根本目的是发展生产力，而只有走以创新创业为依托的内涵式扩大再生产方式的新路，努力提高科技进步在经济增长中的含量，促进整个经济由粗放经营向集约经营转变，才是发展经济的唯一选择。

2. 创业投资满足社会多样化需求

从商业活动角度看，创业投资寻求高收益回报的投资领域，创业取得巨大商业成功的标志除了增加投资人、创业者及相关利益方收益之外，最主要的是福利的增长，即满足了社会多样化的需求。首先，创业主要投资目标是那些将科技和社会影响相结合的企业。这些企业主要通过科技手段提高盈利能力以及社会影响力。传统意义上的企业也可以通过使用技术得到有效的扩展，并为客户、社会和投资者创造价值，但在提供产品、服务，满足多样化需求方面仍然有不足之处，而创业投资在投资筛选上始终把创新性、产品新颖性、市场前景等多个因素作为标准，以具有高成长创业企业为投资对象，通过股权投资方式，为所投资企业提供增值服务，保证了被投资企业具有较好的收益和良好的社会福利预期，在商业营利前提下满足社会需要，实现了社会价值最大化。

3. 创业投资有效扩充市场容量

企业发展需要多要素推动，当发展到一定阶段时，往往会面临各种各样的瓶颈，包括资金、技术、人才、市场、政策支持等。企业是否或何时引入投资机构，由自身实际需求决定。创业投资是一种股权投资，具有优秀的管理团队，通过专业化资本运作和管理方式，会对被投资企业从财务规范、内部治理、上下游产业链拓展等方面进行全方位的增值服务。科技创新型企业由于其轻资产、高风险的特征，一直面临融资难、融资贵的问题。创业板的启动为创业投资提供了有效的渠道。截至 2017 年 10 月 27 日，创业板累计 IPO 融资规模达 3 481 亿元，股权再融资规模达 2 576 亿元，有力支持了创业创新企业成长，有效发挥了资本市场资源配置功能作用。

4. 创业投资有效改善被投企业治理结构

创业投资可以间接通过限制 CEO 的上限和投票权从而制衡内部董事的权力，致使少数股东的权力得到更好的保障。有创业投资支持的公司有更多独立董事和有相关行业经验的独立董事，有利于公司建立独立性更强以及监督功能运行更好的董事会。风险投资企业股权治理得到改善，可促进公司产权分离，使治理结构合理化，有助于改善财务结构，降低融资成本和负债率，提高流动比例、速动比例，提高公司现金流以及盈利能力，提升监管部门和未来资本市场上投资者的认可度，拓宽企业发展领域。国外学者 Boureslietal（2006）分析了风险投资介入对公司治理结构影响的两个方面：董事会席位构成和 CEO 持股比例。研究发现：风险投资的介入对这两方面有显著提升，表现为风险投资介入公司后，会增加董事会中独立外部董事的比例，从而提高董事会的独立性；对股权结构的影响则会使得 CEO 持股比例趋于合理。

2.3 创业投资管理理论

2.3.1 创业投资资本管理

创业投资之所以不同于消极的赌博，并由少数精英的个别行为发展为一个庞大的产业，是因为其经过半个世纪的发展，建立起了一套行之有效的管理原则，这些原则能够使投资风险降低，投资收效率提高。

从创业投资活动看，创业投资管理可分为两个层次，一个是对创业投资资本的管理，另一个是对创业企业的管理。创业投资资本的管理应坚持以下原则：

（1）组合投资原则。即将创业资本按一定比例投向不同行业、不同企业（项目），或联合几个创业投资公司共同向一家企业投资。其目的是既可以分散风险、降低风险，又可以借助其他创业投资者的经验和资金，以较少的投资使创业企业获得足够资金，迅速发展达到合理规模，尽早取得收益。

（2）分阶段逐步投资原则。分阶段逐步投资原则是根据高新技术企业从初创到长成的五个阶段（设想、萌芽、产品开发、市场开拓、稳定发展）的不同特点，确定适当比例，分期分批投入资金。这样一旦某阶段发现失败难以避免时，就可果断采取措施，防止大量投资深陷其中而被套牢，丧失机会或扩大损失。在分阶段投资时，一定要避免错误（承诺）使投入增加。

（3）分类管理原则。一般根据创业企业战略、机会、资源等要素，把创业企业可分为成功、一般、失败三类，进行分类管理。对于成功企业加大投资、强化管理，促使其尽快成熟，及上市，使其收益达到最大化；对于一般企业应保持其稳定发展，促成企业间的并购，创新管理方式，或寻找新机会；对于失败企业必须尽早提出警告，协助其改变经营方向，或宣布破产，以把风险降低到最低限度。

（4）投资来源多元化原则。投资来源多元化不仅有利于形成资本规模，还有利于形成彼此之间的制约。在美国，创业资本来源相当广泛，既有政府、财团法人资金，也有来自大众游资、民间企业和海外投资，还有养老保险基金的参与。

（5）坚持专家审查评估制度。即强化对立项的约束，防止投资的盲目性。在创业投资的规划、方案设计阶段，规范投资项目方案设计评审流程，加强对投资阶段各环节的监控，达到确保投资计划、进度、效果和控制质量的目的。

2.3.2 创业投资企业管理

创业投资企业同其他类型企业有许多不同之处，其以创业为出发点，开发具有一定技术特点的产品或创新事业，投资对象中资本、技术、人才是不可缺少的要素；在考察财务指标之前更注重项目市场前景、技术水平、发展战略和管理团队素质；创业投资以股权资本为主，创业投资家与企业共担风险，甚至直接参与管理；创业投资一般不以分红为目的，而是着眼于企业未来；创业投资是周期性的中长期投资，历经不同阶段；与传统产业相比，高风险、高收益。因此，创业投资企业应遵循与其特点相适应的管理原则和方法。

1. 生命周期管理原则

美国 Ichak.Adizes 教授认为，创业企业就像生命体一样，具有出生、成长、老化、死亡等不同周期阶段，不同阶段有不同的问题，面临不同的管理任务。

追求成长（创业）期——盼寻焦虑。这一阶段创办人通过推销自己的点子，寻找愿意承担风险、分享承诺的投资人。管理重点在于探究未来可能性，其首要任务是建立起足够的信任。创办人应该以满足市场需求、创造价值与意义作为自我期许，创业者必须对现实问题给出切实回答，一味强调投资报酬率并非上策，否则出现问题其承诺将难以为继。

婴儿期——忙碌不堪。这一阶段主要任务是追求生存、实现业绩。但此阶段制度、政策、预算、程序等都非常有限，基本上仍然是以个人作用为主，容易陷入困境。同时，由于企业发展的不确定性，当创办人感到回报不能补偿付出时，容易失去热忱和专注。因此，管理重点是关注环境、预测业务、规划现金流量。创办人依靠对自己心血毫无保留的投入和奉献而产生的工作动力来呵护企业，保持适当集权，强化取得现金的能力。

学步期——信心十足。这一阶段产品获得市场接受，有稳定现金流，企业管理者信心十足，感觉良好。但此时管理者往往认为自己无所不能，容易产生错误决策或承诺。管理任务是把个人激情转变为理智的思考，把企业活力转变为稳定的企业结构与制度。管理者要认识到资源总是有限的，避免盲目扩张；应为企业发展安排先后顺序，分清轻重缓急、安排好时间与资源；应建立稳定的管理团队，围绕核心业务展开运作；企业要逐步做到规范化、制度化，避免掉入"创业者陷阱"。

青春期——矛盾重重。该阶段是企业从建立到成熟的过渡阶段，企业经营与管理日益复杂化，各种矛盾纷纷爆发，最大的问题是不能做好转换，容易陷入混乱。管理主要任务是强化制度建设，协调各种冲突，从"人治"走向"法治"。一是要明确团队内部分工、使创业者与管理团队分享权力，建立起平等合作关系；二是对组织使命、宗旨、发展方向进行定义，使之成为团队的共同认知，避免"人人一把号，各吹各的调"；三是按照组织使命，而不是个人喜好、特长建立、完善、落实各种制度；四是不要急于求成，要安排切实可行的步骤与措施。

壮年期——成熟稳健。这一阶段事业到达巅峰，应在制度的刚性与管理的弹性、企业愿景与现实政策中找到契合点。管理者力图把这一状态通过一个固定模式稳定下来，易导致企业活力减退或消失。因此，管理者必须时刻保持年轻心态、创业激情，时刻关注环境变化，注意培育新兴事业，通过创新文化建设，降低管理成本，对组织的各种习惯保持不断怀疑的态度。

2. 效益管理原则

效益管理是指组织的各项管理活动都要以实现有效性、追求高效益作为目标的一项管理原理。它表明现代社会中任何一种有目的的活动，都存在着效益问题。影响创业企业效益的因素是多方面的，包括科学技术水平、管理水平、资源消耗和占用的合理性以及创新性等。从管理的这一具体因素来看，管理的目标就是追求高效益。有效地发挥管理功能，能够使企业的资源得到充分地利用，带来企业的高效益。"向管理要效益，管理出效率"，已成为人们的共识。创业企业效益管理原理体现了价值原则、投入产出原则、边际分析原则，即效益的核心是价值，必须通过科学而有效的管理，对人、对组织、对社会有价值的追求，实现经济效益和社会效益的最大化。效益是一个对比概念，通过以尽可能小的投入来取得尽可能大的产出可实现效益的最大化。在许多情况下，通过对投入产出微小增量的比较分析来考察实际效益的大小，可做出更加科学的决策。

所有的管理都是致力于提高效益，但并不是所有的管理都是有效的。从管理的角度来看效益的提高，涉及的因素是多种多样的，如管理思想、管理制度、管理方法、管理环境和管理措施等，这些因素对管理效益的影响是十分重大的，尤其是像管理者的思想观念、行为方式，能够直接影响着管理的决策、组织、领导和控制的一系列活动，并对管理效益产生着直接的作用。因此，遵循效益原则，需要管理者把握以下几个方面。

（1）确立可持续发展的效益观。将可持续性发展与效益原理结合起来，就是要兼顾需要与可能，在讲究经济效率的同时，保持与生态环境和社会环境的协调发展，既要注重技术的先进性、经济上的合理性，又要注重对社会的效用性与和谐性。

（2）提高管理工作的有效性。管理学家德鲁克认为，作为管理者，不论职位高低，都必须力求有效。管理的有效性，应是管理的效率、效果和效益的统一。其实现的重要途径是要确立有效管理的评价体系。一是在评价标准上要注意直接的成果和价值的实现。从组织获取的产值、利润等方面看组织目标实现的状况，以考察组织在产品或服务的质量方面所获得的效果和效益。二是在评价内容上应以工作绩效为主，以贡献为主，并分清主客观条件对工作绩效的影响。具体来讲，对管理者的评价主要结合德、能、勤、绩等方面的内容加以考察；对管理集体的评价，要考察其管理上的服务态度与质量，与相关管理部门的协调性等。三是在评价方法上应综合不同评价主体的评价结果。一般来说，评价主体可以是管理者（机构）本身，也可以是上级主管或职工，还可以是有相互工作往来、服务关系的其他管理者或管理部门。

（3）处理好局部利益和全局利益的关系。全局效益是一个比局部效益更为重要的问题。如果全局效益很差，局部效益提高就难以持久。不过，局部效益是全局效益的基础，没有局部效益的提高，全局效益的提高也是难以实现的。局部效益和全局效益是统一的，有时又是矛盾的。因此，当局部效益与整体效益发生冲突时，管理者必须把全局效益放在首位，做到局部效益服从整体。管理者在实践中把握这一关系，首先应该遵循整体优化原则。因为整体优化是决策的关键步骤。它要求经过系统的分析和综合，提出各种不同方案、途径和办法，从不同的方案中，选出符合整体优化原则要求的方案，进行科学的决策。无论在哪一类组织中，从事任何一项工作，都应该考虑两个以上的方案，并将远期和近期、直接和间接的效果进行整体分析比较，因事、因时、因地制宜做出整体而科学的评价。通过比较分析各种方案带来的影响和后果，进而考虑各种方案所需的人力、物力、财力等要素的条件，选择最优方案。在选择整体优化方案之后，有时还要进行局部试验，成功之后再进行全面推广，实行由点到面的工作方法。其次，遵循要素有效性原则。任何一个组织的管理都离不开人、财、物、时间和信息，它是由这些互为作用的要素组合而成。为取得组织整体效益的最优化，管理者必须充分激发每个要素的作用。这一原则要求管理者用科学手段来处理系统内的矛盾，以便做到人尽其才、财尽其用、息（信息）尽其流。在现代管理中，人是管理要素中的主宰，只有充分发挥人的积极性、主动性和创造性，才能使系统内各要素各尽所能，为组织创造更多、更好的经济效益和社会效益。

（4）追求组织长期稳定的高效益。管理者要追求组织长期稳定的高效益，一方面，不仅要"正确地做事"，更为重要的是要"做正确的事"。这是因为效益与组织的目标方向紧密相联：如果目标方向正确，工作效率越高，获得的效益越大；如果目标方向完全错误,工作效益越高,反而效益会出现负值。因此,管理者在管理工作中,首要的问题是确定正确的目标方向,搞好组织的战略管理,并在此前提下讲究工作的高效率。只有这样,才能获得较高的经济效益和社会效益。另一方面,组织管理者必须具有创新精神。如企业管理者不能只满足眼前的经济效益水平,而应该居安思危,不断地推行新产品,以高质量、低成本的优势去迎接市场的挑战。只有不断地积极进行企业的技术改造、技术开发、产品开发和人才开发,才能保证企业有长期稳定且较高的经济效益。

3. 弹性管理原则

弹性管理是一定程度上的自由调整和发挥空间。针对弹性管理,学者有多种解释,我们较倾向于认为:弹性管理是管理的原则性和灵活性的统一,即通过一定的管理手段,使管理对象在一定条件的约束下,具有一定的自我调整、自我选择、自我管理的余地和适应环境变化的余地,以实现动态管理的目的。弹性管理最突出的特征就是"留有余地",或者说,在一定弹性限度内有一个弹性范围。弹性又可分为系统内部弹性(如"弹性工作时间""弹性工资")和系统整体弹性(如"弹性计划")。弹性管理使组织系统内的各环节能在一定余地内自我调整、自我管理以加强整体配合;同时,使组织系统整体能随外界环境的改变而在一定余地内自我调整以具有适应性。弹性管理是以规范化的制度管理为基础的灵活机动的管理方法。要根据内部诸因素和外部环镜的变化,突出灵活性、变通性和情感性,以期达到预期的管理目标。规范化的制度管理,是保证工作正常有序运转的基本管理,具有相对的稳定性和显效性,是弹性管理的基础。弹性管理要求不能忽视变化了的情况和事物之间的辩证统一关系。任何一种管理方法,如目标管理、制度管理、舆论管理、情感管理都要适应变化了的情况,满足心理需要,以符合心理承受能力为出发点。可见,弹性管理是一种强调灵活性和变通性的艺术化管理。实施弹性管理,最关注的首先是能否促进员工的自主发展,高度重视管理的情感性。

弹性管理体现在计划工作中。整个计划要具有应变能力。在制订计划时,要在行动方案、计划指标上保持适当的可调节度,以利于各要素能自行调整、补充、配合、完善;在实施计划时,要根据内外环境的变化,及时对计划进行修正和完善,采取必要的措施,确保计划顺利进行。

弹性管理体现在组织工作中。首先,人员安排上要保持一定的弹性;其次,组织结构要保持一定的弹性。组织工作中的集权与分权、稳定性与适应性的关系,都是一种弹性的体现。

弹性管理体现在决策工作中。决策包括程序化决策和非程序化决策。程序化决策,一般按固定程序进行,弹性较小。非程序化决策,要求管理者创造性地发挥管理才能,灵活机动,科学决断,弹性较大。首先要科学地预测。其次,可供选择的方案必须尽可能地列出。

体现在控制工作中。在控制的各个环节,特别是关键步骤,要可塑或可调。规章制度既要严密、严格,又要可行,使人能够做到。在具体执行时,还要特殊情况、特殊对待,灵活地把它用到控制工作中。

4. 创新管理原则

德鲁克（1985）认为，招徕了新的顾客，才算得上创业和具有创业精神。首先，我们应把创业看成是企业管理的一种手段和指导思想。在不同企业的管理和发展的过程中，甚至在同一个企业中，可以采用多种思维方式来指导企业的行动。例如，战略管理是一种管理思想，它以培养、增强和利用企业的"竞争优势"为导向，这些优势涉及产品的正确定位，企业资源与能力的有效利用，与其他企业的竞争合作关系，等等。创业也是一种管理思想，它强调通过创新、变化，以把握机会和承担风险而创造价值。因此，创业是一种无论是新创企业还是现有企业都可以采用的管理思想。其次，从实际情况来看，现有企业特别是大企业更需要弘扬创业精神，才能赢得更多的利润和企业长久的发展。在创立初期，企业一般都比较强调变革与创新，但随着业务的发展和壮大，企业将逐渐染上"大企业病"，表现为机构臃肿、部门林立、等级森严、程序复杂、官僚主义严重、反应迟钝、效率低下。100年前入选道·琼斯工业股票指数的第一批美国最重要的30家大企业，如今只有通用电气公司一家仍留在其中。又"大"又"老"的通用电气公司之所以能够保持充沛的活力，其根本原因在于它独特的创业式管理。1981年上任至今的通用电气公司第八任总裁韦尔奇（Jack Welch）把通用电气公司治理成"精力旺盛、富有创业精神的企业"，使企业爆发出强大的活力。中国的企业也正在探索着创业式的管理，如很多企业提出了"二次"创业、"三次"创业的阶段性发展目标，联想集团则提出了"我们永远不变的是变化"的理念，并"不断地"准备打一场艰苦的创业战。当然，需要说明的是，虽然创业既包括新企业的创业，同时也包括现有企业的创业，但真正意义上的创业应该主要指的是基于新创企业的创业。尽管如此，基于新创企业研究所得出的方法，特别是所得出的管理思想还是可以应用到现有企业的创业管理之中的。

2.3.3 创业投资机构管理

创业投资机构在对创业企业投资的同时，也派出管理专家参与企业的经营决策，通常采用的方法有以下几个。

（1）商业模式清晰化。任何一个商业构想，都应该表明清晰的商业运作模式和盈利点。创业投资当然也会选择概念，但一定要清楚概念背后的商业模式与盈利机会，以及实现这个机会的概率。

（2）管理制度规范化。当一个企业较小时，谈不上规范化管理；但当企业发展到一定规模时就必须建立一套严格的管理规范，使企业实现由"人治"到"法治"的飞跃，避免创业企业因迅速发展带来的管理混乱。规范化常用的方式是组织结构的重构和调整，企业的组织结构应与企业发展战略和长期经营目标相适应。创业企业的组织结构应具备充分的柔性、敏感性和适应性，以适应企业快速发展的需要，减少相应的风险。

（3）经营决策科学化。提倡集体决策，充分发挥创业企业技术人才素质高的优势，保持政令畅通，实施可行。同时，可建立企业信息中心，降低因信息不完全所带来的风险。

（4）项目管理高效化。创业企业多具有创新性、高技术性的特点，企业要在瞬息万变的市场上取胜，除了不断开发新产品、提高技术创新能力之外，最重要的要求是企业需加强项目从立项、开发、中试到生产等环节的科学、高效管理。

2.4 创业投资委托代理理论

20 世纪 30 年代，美国经济学家伯利和米恩斯因为洞悉企业所有者兼具经营者的做法存在着极大的弊端，于是提出"委托代理理论"（Principal-agent Theory），倡导所有权和经营权分离，企业所有者保留剩余索取权，而将经营权利让渡。"委托代理理论"早已成为现代公司治理的逻辑起点。

委托代理理论的主要观点认为：委托代理关系是随着生产力大发展和规模化大生产的出现而产生的。其原因一方面是生产力发展使得分工进一步细化，权利的所有者由于知识、能力和精力的原因不能行使所有的权利了；另一方面专业化分工产生了一大批具有专业知识的代理人，他们有精力、有能力代理行使好被委托的权利。但在委托代理的关系当中，由于委托人与代理人的效用函数不一样，委托人追求的是自己的财富更大，而代理人追求自己的工资津贴收入、奢侈消费和闲暇时间最大化，这必然导致两者的利益冲突。在没有有效的制度安排下代理人的行为很可能最终损害委托人的利益。不管是在经济领域还是在社会领域都普遍存在委托代理关系。

2.4.1 委托代理理论建立基础及意义

1. 委托代理的理论基础

委托代理理论是建立在非对称信息博弈论的基础上的。非对称信息（asymmetric information）指的是某些参与人拥有但另一些参与人不拥有的信息。信息的非对称性可从以下两个角度进行划分：一是非对称发生的时间，二是非对称信息的内容。

从非对称发生的时间看，非对称性可能发生在当事人签约之前（exante），也可能发生在签约之后（expost），分别称为事前非对称和事后非对称。研究事前非对称信息博弈的模型称为逆向选择模型（adverse selection），研究事后非对称信息的模型称为道德风险模型（moral hazard）。

从非对称信息的内容看，非对称信息可能是指某些参与人的行为，研究此类问题的，我们称为隐藏行为模型；也可能是指某些参与人隐藏的信息，研究此类问题的模型我们称之为隐藏信息模型。

委托代理理论是制度经济学契约理论的主要内容之一，主要研究的委托代理关系是指一个或多个行为主体根据一种明示或隐含的契约，指定、雇用另一些行为主体为其服务，同时授予后者一定的决策权利，并根据后者提供的服务数量和质量对其支付相应的报酬。授权者就是委托人，被授权者就是代理人。

委托代理关系起源于"专业化"的存在。当存在"专业化"时就可能出现一种关系，在这种关系中，代理人由于相对优势而代表委托人行动。现代意义的委托代理的概念最早是由罗斯提出的："如果当事人双方，其中代理人一方代表委托人一方的利益行使某些决策权，则代理关系就随之产生。"委托代理理论从不同于传统微观经济学的角度来分析企业内部、企业之间的委托代理关系，它在解释一些组织现象时，优于一般的微观经济学。

2. 委托代理理论建立的意义

委托代理理论是过去30多年里契约理论最重要的发展之一。它是20世纪60年代末70年代初一些经济学家深入研究企业内部信息不对称和激励问题发展起来的。委托代理理论的中心任务是研究在利益相冲突和信息不对称的环境下，委托人如何设计最优契约激励代理人。由于委托代理关系在社会中普遍存在，因此委托代理理论被用于解决各种问题。如国有企业中，国家与国企经理、国企经理与雇员、国企所有者与注册会计师，公司股东与经理，选民与官员，医生与病人，债权人与债务人都是委托代理关系。因此，寻求激励的影响因素，设计最优的激励机制，将会被越来越广泛地应用于社会生活的方方面面。委托代理理论是股权激励的理论基础之一。股权激励是代理成本的支付方式之一，是对经营层拥有人力资本最直接的承认。薪酬，尤其是股权薪酬，是解决代理问题的主要手段。设计科学而合理的股权激励方案，能够有效地激励管理层便股东价值最大化。股权激励方案可以帮助企业构建起打通战略、治理、薪酬、考核、资本运作、文化等各个模块的中枢机制。总而言之，委托代理理论对我国企业，特别是创业资企业发展壮大具有重要指导意义。

2.4.2 创业投资的委托代理关系

1. 委托代理关系

委托代理关系是一种居于信息优势与处于信息劣势的市场交易者之间的相互关系。关于代理关系，广义泛指承担风险的委托人授予代理人某些决策权并与之订立或明或暗的合约。狭义则专指公司的治理结构，即作为委托人的出资人授予代理人在合约（如公司章程）中明确规定的权利（控制权）。凡在合约中未经指定的权利归属委托人。

现代意义上的委托代理关系最早是由罗斯提出（Ross.S，1973）。如果当事人双方，其中代理人代表委托人的利益行使某些决策权，则代理关系随之产生。从法律上讲，当A

委托 B（代理人）根据委托利益从事某些活动时，委托关系就产生了。

经济学上的委托代理关系泛指任何一种涉及非对称信息的交易，交易中有信息优势的一方称为代理人，另一方称为委托人。在这一契约关系中，主动设计契约形式的当事人称为委托人，被动地接受或拒绝契约形式中的当事人称为代理人。

2. 创业投资的委托代理链

创业投资在运作过程当中，资金首先从原始投资者流向创业投资公司，然后再经由创业投资公司流向创业企业，而创业企业就以这些创业资金作为支撑来对企业进行经营与发展，逐渐使创业资本得到增值，之后再流向创业投资公司，创业投资公司将这份收益所得回报给原始投资者，形成一条创业资金的周转链，使得原始投资者、创业投资公司与创业企业三者都能得到利益，即形成委托代理链，如图 2.1 所示。

```
                    代理                        代理
有限合伙人(主要是机构投资者) ⇄ 普通合伙人(创业投资家) ⇄ 创业者
                    委托                        委托
```

图 2.1　创业投资委托代理关系

创业投资活动中存在两种委托代理关系：一种是原始投资者与创业投资公司委托代理关系，另一种是创业投资公司与创业企业委托代理关系。

3. 原始投资者与创业投资公司委托代理关系

在原始投资者与创业投资公司之间的委托代理关系中，信息不对称尤为明显。原始投资者在签约前后对创业投资公司运作能力和运营类型、投资项目的成功概率分布等都不甚了解，使得原始投资者投资活动具有很大的风险性。因此，代理成本高低是衡量一个组织制度好坏与否的重要标准。通常来说，代理成本主要包括两个部分。一是原始投资者的激励与监督成本。在一项创业投资活动中，创业投资公司是为了使原始投资者及自身利益最大化而努力的，原始投资者通过一定措施对创业投资公司进行适当激励、约束以及监督，从而产生了一定的费用，这种费用成为代理成本的一部分。二是创业投资公司的保证支出费用。原始投资者为了防止创业投资公司偏离对其利益最大化的行事，以及为了约束创业投资公司某些行为，便可以向创业投资公司索取一定的保证金，而创业投资公司向原始投资者所支付的保证金就成为了其代理成本的一部分。

4. 创业投资公司与创业企业的委托代理关系

创业投资公司在做出向创业企业进行投资的决定以后，双方就要开始商量签订契约。在契约的签订过程中，创业投资公司会设计很多条款来防范投资的风险，这些条款分为正面协议、负面协议。正面协议是指创业投资公司强制要求创业企业必须要履行的行为；负面协议则指创业投资公司明令禁止创业企业所从事的特定行为。通过签订契约，创业投资公司可以很好地对创业企业的道德风险进行防范。创业公司若要进一步防范风险的发生，就要在创业企业中保留一定的控制权，如在企业董事会中占有一定优势地位或要求表决权不按照股权类型进行分配等。

2.4.3 创业投资委托代理风险

1. 委托代理风险的含义

所谓委托代理风险，是指由于代理人目标函数与委托人目标函数不一致，加上存在不确定性和信息不对称，代理人有可能偏离委托人目标函数而委托人难以观察并监督之，而出现代理人损害委托人利益的现实。因此，委托代理问题的实质是通过设立一系列约束与激励条件（契约），使代理人受到有效激励并全心全意为委托人服务，使各自利益达到最大化。

2. 委托代理条件

委托代理有三个基本条件：一是委托人和代理人是两个相互独立的利益主体，双方都以自身效用最大化为追求目标；二是委托人和代理人都面临不确定性和风险；三是委托人和代理人之间信息不对称，代理人的信息优势可能影响委托人的利益。

从委托人方看，委托人要为代理人的行为承担责任，如补偿责任、免除法律责任、留置权。从代理人方看，代理人对委托人责任为：没有许可，不能再代理；不能把自己放在与委托人利益冲突的地位；保密责任和诚信责任。

3. 委托代理责任及其风险形式

委托代理关系并不必然会导致委托代理风险。如果委托人有完全的理性，那么在签订委托代理契约时，可以把代理人可能的机会主义行为全部写进契约，此时将不会产生委托代理困境；如果委托人与代理人不存在着信息不对称，或者说委托人可以不增加任何成本地监督代理人，此时，不会产生委托代理困境；如果代理人没有机会主义动机，完全忠诚，也不会产生委托代理困境；如果委托人与代理人目标函数完全同构，也不会产生委托代理困境。

委托代理困境在于存在两类特别相关的问题：一是"代理"问题，它产生于委托人和代理人之间的目标冲突和改变代理行为的困难性（或高成本）；二是"风险共享"问题，它产生于委托人和代理人对风险的不同态度。委托代理风险的焦点在于委托人和代理人之间的契约和从委托人角度如何使契约执行得更有效的方法上。创业投资委托代理的问题具体表现在委托代理的关系当中。由于委托人与代理人的效用函数不一样，委托人追求的是自己的财富更大，而代理人追求自己的工资津贴收入、奢侈消费和闲暇时间最大化，这必然导致两者的利益冲突。此外委托人与代理人之间存在信息不对称，代理人拥有内部信息，处于信息优势地位，委托人处于信息劣势地位，在双方利益不一致的情况下，在没有有效的制度安排下代理人的行为很可能最终损害委托人的利益。在创业投资中主要的代理关系和利益冲突可以分为三种。

（1）创业投资企业股东与管理层。股东作为创业企业的所有者，委托管理层经营管理企业，但是，管理层工作创造的财富不能由其单独享有，而是由全股东分享，因此，管理层希望在提高股东财富的同时，能够享受更多的额外补贴。但是，所有者则希望以最小的管理成本获得最大的股东财富收益，由此便产生了管理层个人目标与股东目标的冲突。

（2）股东与债权人。当企业向债权人借入资金后，股东在实施其利益最大化目标的同时，股东与债权人对投资项目的风险偏好不同。相对来说，债权人偏好风险较小，即收益不确定性较小的项目；股东则偏好风险较大，即收益不确定性较大的项目，所以容易导致两者投资决策上的冲突，这也是投资不足产生的根源。由于股东与债权人的预期投资项目风险高低不同，使得债权人的风险和收益不对等，这在一定程度上损害了债权人的利益。

（3）大股东与中小股东。大股东通常指控股股东，他们持有企业的大多数股份，能够掌握企业的重大经营决策，拥有对企业的控制权。而大多数持有股份数量很小的中小股东由于与控股股东之间存在着严重的信息不对称，使得他们的权利很容易被大股东以各种形式侵害。这样就形成了企业中大股东与中小股东的利益冲突，在我国这种利益冲突的情况尤其突出，这种突出主要表现在三方面：在选举董监事时的冲突，股利分配上的冲突和公司并购中的冲突。

2.4.4　创业投资委托代理风险管理原理

委托代理理论认为：代理人和委托人是两种不同的人。他们之间存在两方面的不对称：一是利益的不对称，股东追求的是公司利润和股东权益最大化，而管理层作为代理人追求的是个人收入最大化；二是信息的不对称，委托人了解的信息是有限的，而代理人在掌握信息方面存在明显优势。

1. 利益不一致源于经济学假设

（1）经济人假设。该假设认为委托人和代理人都是追求自身利益最大化的经济人，这是委托代理关系产生的必要条件。

（2）目标函数不一致假设。作为独立的经济人，委托人与代理人都有着较强烈的自利倾向，追求既定条件下的自身利益最大化，两者之间不可避免地存在利益冲突。

（3）信息不对称假设。该假设认为委托人和代理人在信息占有关系中地位是不对等的，委托人一般处于劣势，从而给委托人的监督和控制带来很大困难，增大交易和谈判成本。

（4）不确定性假设。代理结果除了受代理人努力程度的影响外，事实上还受许多代理人难以把握的不确定性因素的影响。

2. 代理成本

由于委托人和代理人都是独立的经济人，并具有不一致的目标函数，代理人有可能利用信息不对称关系中的优势地位谋求自身利益的最大化；同时不确定性因素的存在，加大了委托人对代理人的监督难度和成本，在企业的代理链条中必然出现非效率或低绩效现象。由于上述问题的存在，不可避免地产生了代理成本。由于信息不完全所导致的次优契约使利润潜力丧失60%～70%，加上代理人"风险中立"，利润实现程度可以回升约20个百分点，因此，在全部代理成本中，信息不完全的成本占到 2/3，而由代理人风险规避所导致的代理成本占到 1/3（相当利润潜力的 20%）。

3. 经理人的逆向选择和道德风险

（1）逆向选择。由于信息的不对称，即使当管理者有效地使用了生产要素，股东并不知道管理人的行为，会认为其没有有效利用生产要素，这将导致管理人的不努力，从而导致生产要素运用的不合理。

（2）道德风险。由于股东与管理人的目标利益函数的差别而存在激励不相容，管理者作为经济人可能利用信息优势，在经营过程中以损害公司利益和股东利益为成本追求个人利益，如侵占公司资产、在职消费、寻租现象等。

4. 管理层腐败

在制度设计上，代理人仅是一个雇员，必须维护所有者的利益，但是，代理人是具体的管理者，具有管理经验和信息优势，很有可能滥用委托人的授权，蒙骗所有者，中饱私囊，从而损害委托人的利益，这就产生了腐败。如克利特加德强调"从委托人（或公众）的利益与代理人（或公务员）的利益之间区别的角度解释腐败"，认为"当代理人违背委托人的利益而谋求自己的利益时，腐败就出现了"。

2.4.5 创业投资委托代理风险治理机制

由于创业投资委托代理中存在的风险，使得创业投资在运作发展中，必须设计一套行之有效的治理机制，缩小投资者与创业投资公司、创业投资公司与创业企业之间的目标距离，提高创业投资的成功率。

1. 投资者与创业投资公司间委托代理风险的治理机制

为了克服投资者选择创业投资公司时出现的逆向选择问题，投资者需要通过各种途径了解创业投资公司管理水平、信誉、业绩及道德水平等方面的信息。对于创业公司可能出现的道德风险防范，投资者主要通过签署一系列协议，有效地激励、约束和监督创业公司行为。

（1）实施与创业资本经营业绩相联系的激励机制。最直接、最重要的是设立创业投资家报酬激励机制。投资家报酬包括固定报酬和变动报酬两部分，即由管理费用和一定比例的基金期末利润两部分组成。

假设：Y 是创业投资者收入，A 是管理费，α 是管理费率，bX 是业绩报酬，β 是收益分成率，C 是创业资本金初始额，r 是资金运作的回报率（可正，也可负），则将 $Y=A+bX$ 扩展为：

$$Y=A+bX=\alpha(C+C \cdot r)+\mathrm{mas}(\beta \cdot C \cdot r, 0)$$

其中，$\delta Y/\delta r = \alpha C + \beta C = (\alpha+\beta)C$

在设置参数时，投资者希望创业投资家收入与其业绩高度相关，业绩收入应大于管理费,否则激励效应不强。投资者相应采取的措施主要有:一是采用可变的管理费率,即契约规定在运作初期采取较高的费率,随后降低,以鼓励创业投资公司尽早归还投资成本;二是在利润分配过程分配给投资者和创业投资经理人的现金和有价证券,随着投资开始清算时就开始。这种设置是为了将创业投资的报酬和投资者目标联系起来。通过以上契约安排,创业投资家线性报酬结构较好地解决了对创业投资家的激励问题。

(2)通过契约设置创业投资家行为的约束机制。在信息不对称的情况下,无论哪一种报酬结构,都存在效率损失,为了减少这种效率损失,投资者还需设计一种约束机制,以使创业投资家更加努力地工作。

第一,要求创业投资家投入一定比例的资本,约为融资总额的1%。这种安排使得创业投资家也成为自己资产的代理者,提高其努力工作的程度。根据这一理论可将创业投资家的收入修正为:

$$Y=A+bX-B=\alpha(C+C \cdot r)+mas(\beta \cdot C \cdot r, 0)-(1-p)c$$

其中B为创业投资家注入的个人资本损失,c为创业投资家注入的个人资本,p为创业投资家选择项目成功的概率。通过上式可知,当创业投资家注入个人资本之后,为了获得更高的收益,创业资本家必定会提高投资项目成功的概率p,所以创业投资家会努力工作,选择优质的投资项目。

第二,通过契约对资金运用、创业投资家的行为等做出限制,主要包括投资对象、投资范围、投资方式的限制,以防止创业投资家为了稳定获取高额管理费而将资金投放到安全性很高的资产上或倾向于利用杠杆融资增加收益,增加期权价值而给投资者带来不必要的经营风险,另外,还应限制创业投资家向投资对象投入个人资本等。

第三,对创业投资家实施监督。世界各国的创业投资基金均倾向于建立创业投资的有限合伙制。设立董事会或监事会形式,监督创业投资家的行为。

2. 创业投资公司与创业企业间委托代理风险的治理机制

创业投资家在选择创业企业过程中,对于可能出现的逆向选择问题的防范,主要是通过严格的审核。首先,通过金融机构、咨询机构等中介,得到需要被投资创业企业的信息。其次,为了从各种渠道提供的众多项目中筛选出符合自己标准的项目,创业投资家要有一套严格的评估程序。

就创业投资公司而言,面对突出的信息不对称,需要通过安排有效的治理结构来协调创业投资家与企业经理层之间的关系,抑制"道德风险"。

(1)赋予创业企业经理层更多的剩余索取权的激励机制。创业企业经理层拥有一部分企业控制权,根据剩余索取权与企业控制权相匹配的原则,就需要给予其一定的剩余索取权,从而与创业投资家的利益一致,实现所谓激励相容。

创业投资家对创业企业管理层的激励,一般包括以下两个方面:一是管理层的股权安排。创业企业家的经济收益可以分为两部分:管理创业企业的薪酬收入和创业投资变现时的股份收入。创业投资家可以给予创业企业家较高的股份比例,以此来激励创业企业家努力工作。当然,创业投资家应综合考虑投资额、预期收益率及无形资产价值等因素,确定一个适当的股权比例,使创业企业的剩余索取权与控制权尽可能匹配。二是管理层的期权安排。即允许管理层在实现未来经营目标时按照事先约定的较低价格或无偿增持股份。

(2)赋予创业投资家更多的企业控制权来强化约束机制。一是采取阶段性投资方式。创业投资是一种渐进式的多轮投资过程,创业投资家按照创业企业发展的各个阶段分期投入。创业企业家只提供企业发展到约定期限所需的资金,但保留放弃追加投资的权力,即中断机制。二是选择合适的投资方式。对创业投资的各个阶段应采取不同的投资工具。在创业企业的早期发展阶段采取优先股作为投资工具。贷款、购买企业债券方式一般在企业发展比较稳定、信息不对称程度较低的成熟期比较合适。三是协议保证。创业投资协议是创业投资家用以监控创业企业经理人员行为,维护自身利益的基本契约,包括肯定及否定契约条款。

2.5 创业投资的组合投资理论

组合投资指投资者根据项目(企业)不同发展阶段对投资入股形式的要求(必需的和可能接受的方式),创业投资家采取股权、债权、准股权、担保等多种形式的组合投资策略,既保证项目(企业)对资金的需要,又尽可能减少项目(企业)失败造成的损失。同时,对多家风险企业进行投资,通过投资组合分散投资风险,不会因一项投资的失败而满盘皆输。在创业投资行业,"不把所有的鸡蛋放在同一个篮子"是对这种投资方式最恰当的比喻。

与组合投资相对应的一个概念是联合投资。联合投资(也称辛迪加投资),是指多个创业投资者联合对同一风险企业进行投资,联合投资和组合投资是分散风险的重要措施,一方面,有利于创业投资者之间的信息共享,提高项目选择的准确性,加强投资监管和提供更多的增值服务;另一方面,可以保证对风险企业的投资总额达到合理规模,增大了投资成功的可能性。

美国经济学家马考维茨(Markowitz)1952年首次提出投资组合理论(Portfolio Theory),并进行了系统、深入和卓有成效的研究,他也因此获得了诺贝尔经济学奖。该理论包含两个重要内容:"均值—方差"分析方法和投资组合有效边界模型。在发达的证券市场中,马科维茨投资组合理论早已在实践中被证明是行之有效的,并且被广泛应用于组合选择和资产配置。

从狭义的角度来说,投资组合是规定了投资比例的一揽子有价证券,当然,单只证券也可以当作特殊的投资组合。人们进行投资,本质上是在不确定性的收益和风险中进行选择。投资组合理论用"均值—方差"来刻画这两个关键因素。所谓均值,是指投资组合的期望收益率，它是单只证券的期望收益率的加权平均，权重为相应的投资比例。当然，股票的收益包括分红派息和资本增值两部分。所谓方差，是指投资组合的收益率的方差。我们把收益率的标准差称为波动率，它刻画了投资组合的风险。

投资组合理论研究"理性投资者"如何选择并优化投资组合。所谓理性投资者，是指这样的投资者：他们在给定期望风险水平下对期望收益进行最大化，或者在给定期望收益水平下对期望风险进行最小化。

2.5.1 最优投资组合的选择

最优投资组合是指某投资者在可以得到的各种可能的投资组合中，唯一可获得最大效用期望值的投资组合，有效集的上凸性和无差异曲线的下凸性决定了最优投资组合的唯一性。

将优化投资组合以波动率为横坐标，收益率为纵坐标，在二维平面中描绘出来，可形成一条曲线。这条曲线上有一个点，其波动率最低，称之为最小方差点。这条曲线在最小方差点以上的部分就是著名的（马考维茨）投资组合有效边界，对应的投资组合称为有效投资组合。投资组合有效边界是一条单调递增的凸曲线。如果投资范围中不包含无风险资产（无风险资产的波动率为零），曲线 AMB 是一条典型的有效边界。A 点对应于投资范围中收益率最高的证券。如果在投资范围中加入无风险资产，那么投资组合有效边界是曲线 AMB。C 点表示无风险资产，线段 CM 是曲线 AMB 的切线，M 是切点。M 点对应的投资组合被称为"市场组合"（见图 2.2）。

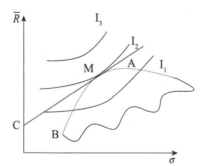

最优投资组合(optimal portfolio)的选择

图 2.2 投资组合选择

如果市场允许卖空，那么 AMB 是二次曲线；如果限制卖空，那么 AMB 是分段二次曲线。在实际应用中，限制卖空的投资组合有效边界要比允许卖空的情形复杂得多，计算量也要大得多。

在波动率 - 收益率二维平面上，任意一个投资组合要么落在有效边界上，要么处于有效边界之下。因此，有效边界包含了全部（帕雷托）最优投资组合，理性投资者只需在有效边界上选择投资组合。

2.5.2 投资组合理论的主要内容

马克维茨投资组合理论的基本假设为：投资者是风险规避的，追求期望效用最大化；投资者根据收益率的期望值与方差来选择投资组合；所有投资者处于同一单期投资期。马克维茨提出了以期望收益及其方差（E，δ^2）确定的有效投资组合。

以期望收益 E 来衡量投资收益，以收益的方差 δ^2 表示投资风险。投资组合的总收益用各个投资资产预期收益的加权平均值表示，组合资产的风险用收益的方差或标准差表示，则马克维茨的优化模型如下：

$$\min \delta^2(rp) = \sum\sum w_i w_j \text{cov}(r_i, r_j)$$
$$E(rp) = \sum w_i r_i$$

式中：rp——组合收益；

r_i、r_j——第 i 种、第 j 种资产的收益；

w_i、w_j——资产 i 和资产 j 在组合中的权重；

（rp）——组合收益的方差即组合的总体风险；

$\text{cov}(r_i, r_j)$——两种资产之间的协方差。

马克维茨模型是以资产权重为变量的二次规划问题，采用微分中的拉格朗日方法求解，在限制条件下，可得组合风险组 $\delta^2(rp)$ 最小时的最优投资比例 W_i。从经济学的角度分析，就是说投资者预先确定一个期望收益率，然后通过 $E(rp) = \sum w_i r_i$ 确定投资组合中每种资产的权重，使其总体投资风险最小，所以在不同的期望收益水平下，得到相应的使方差最小的资产组合解，这些解构成了最小方差组合，也就是我们通常所说的有效组合。有效组合的收益率期望和相应的最小方差之间所形成的曲线，就是有效组合投资的前沿。投资者根据自身的收益目标和风险偏好，在有效组合前沿上选择最优的投资组合方案。

根据马克维茨模型，构建投资组合的合理目标是在给定的风险水平下，形成具有最高收益率的投资组合，即有效投资组合。

2.5.3 创业投资组合投资原则

1. 分散原则

一般说来，投资者对于投资活动所最关注的问题是预期收益和预期风险的关系。投资者或"证券组合"管理者的主要意图，是尽可能建立起一个有效组合。那就是在市场上为数众多的证券中，选择若干股票结合起来，以求得单位风险的水平上收益最高，或单位收益的水平上风险最小。有些风险与其他证券无关，分散投资对象可以减少个别风险，由此个别公司的信息就显得不太重要。

个别风险属于市场风险，而市场风险一般有两种：个别风险和系统风险，前者是指围绕着个别公司的风险，是对单个公司投资回报的不确定性；后者是指整个经济所生的风险，无法由分散投资来减轻。

虽然分散投资可以降低个别风险但并非绝对。首先，有些风险是与其他或所有证券的风险具有相关性，在风险以相似方式影响市场上的所有证券时，所有证券都会做出类似的反应，因此投资证券组合并不能规避整个系统的风险。其次，即使分散投资也未必是投资在数家不同公司的股票上，而是可能分散在股票、债券、房地产等多方面。最后，未必每位投资者都会采取分散投资的方式，因此，在实践中风险分散并非总是完全有效。

在创业投资实践中，应时刻记住不要把所有的鸡蛋都放在一个篮子里面，否则"倾巢无完卵"。组合中资产数量越多，分散风险越大。

2. 现代投资组合原则

现代投资组合的思想，即最优投资比例。投资组合的目的是：按照投资者的需求，选择各种各样的证券和其他资产组成投资组合，然后管理这些投资组合，以实现投资的目标。投资者需求往往是根据风险来定义的，而投资组合管理者的任务则是在承担一定风险的条件下，使投资回报率实现最大化。投资风险与预期收益之间有关，可用相关系数反映其关系。相关系数是反映两个随机变量之间共同变动程度的相关关系数量的表示。对投资组合来说，相关系数可以反映一组投资中，每两组投资之间的期望收益作同方向运动或反方向运动的程度。在一定条件下，存在一组使得组合风险最小的投资比例。随着组合中资产种数增加，组合的风险会下降，但是组合管理的成本也会提高。当组合中资产的种数达到一定数量后，风险将无法继续下降。

在投资组合的实际运行环境下，组合成本结构的调整、股东权益、客户及关系、内部流程、组织学习和提升能力等众多因素会对组合产生方方面面的影响，投资组合管理要确保在这些影响下各组件仍然能够保证预计的收益。

本 章 小 结

（1）创业投资是一种重要的经济行为，预期收益是创业者创业的主要动因。创业者个人收益和社会财富间呈现一种正相关关系。从微观角度来看，创业管理是发挥并协调各种经济资源的中心；从宏观的角度来看经济发展的动力在于创业者的创新行为。创业投资管理是通过战略导向，发现机会、把握机会，获取资源、调动资源的一个持续不断的变化和发展过程。

（2）创业投资是一种投资活动，其投资的增长过程可以为投资经济体带来有效的就业创造效应，进而推动就业增长；同时，创业投资可以有效推动科技创新，进而推动投资经济体的科技进步；另外，随着创业投资增长，在促进经济增长的同时，又会有效增加消费需求，进而有效推动社会福利增长。

（3）创业投资管理可分为两个层次，一个是对创业投资资本的管理，另一个是对创业企业的管理。创业投资资本的管理应坚持组合投资原则、分阶段逐步投资原则、分类管理原则、投资来源多元化原则以及专家审查评估制度。

（4）委托代理理论是制度经济学契约理论的主要内容之一，其主要研究的委托代理关系是指一个或多个行为主体根据一种明示或隐含的契约，指定、雇用另一些行为主体为其服务，同时授予后者一定的决策权利，并根据后者提供的服务数量和质量对其支付相应的报酬。

（5）组合投资是投资者根据项目（企业）不同发展阶段对投资入股形式的要求（必需的和可能接受的方式），创业投资家采取股权、债权、准股权、担保等多种形式的组合投资策略，既保证项目（企业）对资金的需要，又尽可能减少项目（企业）失败造成的损失。

关键术语

创业投资原理　就业创造　科技进步　福利增长　资本管理　企业管理　机构管理　委托代理　组合投资　代理风险　治理机制　组合投资　辛迪加　理性投资者

思考题

1. 简述创业投资原理的核心要义。
2. 简述创业投资的社会效应。
3. 简述创业投资管理理论的核心要义。
4. 简要分析创业投资委托代理理论的核心要义。
5. 简要分析创业投资组合理论的应用原理。

第3章

创业投资环境

创业投资环境包括创业投资市场环境、创业投资政策环境和创业投资法规环境。

3.1 创业投资市场环境

创业投资从性质上讲是一种权益资本投资，创业者从其创业资本的投融资到其创业资本的退出均离不开资本市场。从金融市场的角度考察，创业投资作为优化资本配置、支持实体经济发展、促进经济结构调整的重要投资方式，已经成为多层次金融体系和资本市场的重要组成部分。

3.1.1 创业投资与资本市场

1. 资本市场构成

（1）主板市场。主板市场也称为一板市场，指传统意义上的证券市场（通常指股票市场），是一个国家或地区证券发行、上市及交易的主要场所。主板市场对发行人的营业期限、股本大小、盈利水平、最低市值等方面的要求标准较高，上市企业多为大型成熟企业，具有较大的资本规模以及稳定的盈利能力。中国大陆主板市场的公司在上交所和深交所两个市场上市。主板市场是资本市场中最重要的组成部分，很大程度上能够反映经济发展状况，有"国民经济晴雨表"之称。

（2）二板市场。二板市场又称为创业板市场（growth enterprises market，GEM），是地位次于主板市场的二级证券市场，以纳斯达克市场为代表，在中国特指深圳创业板。创业板市场在上市门槛、监管制度、信息披露、交易者条件、投资风险等方面和主板市场有较大区别，其目的主要是扶持中小企业，尤其是高成长性企业，为风险投资和创投企业建立正常的退出机制，为自主创新国家战略提供融资平台，为多层次的资本市场体系建设添砖加瓦。2012年4月20日，中国深交所正式发布《深圳证券交易所创业板股票上市规则》，并于当年5月1日起正式实施，同时将创业板退市制度方案内容落实到了上市规则之中。

（3）三板市场。在中国，三板市场又称全国中小企业股份转让系统（national equities exchange and quotations，NEEQ），是经国务院批准设立的全国性证券交易场所，全国中小企业股份转让系统有限责任公司为其运营管理机构。2012年9月20日，该公司在国家工商总局注册成立，注册资本30亿元。上海证券交易所、深圳证券交易所、中国证券登记结算有限责任公司、上海期货交易所、中国金融期货交易所、郑州商品交易所、大连商品交易所为该公司股东单位。由于新三板市场的定位是"以机构投资者和高净值人士为参与主体，为中小微企业提供融资、交易、并购、发债等功能的股票交易场所"，因此，其市场生态、研究方法、博弈策略、生存逻辑等，都和以中小散户为参与主体的沪、深股票市场有着显著的区别，但三板市场从资本市场架构上也从属于一板市场。

（4）四板市场。四板市场又称区域性股权交易市场，是指为特定区域内的企业提供股权、债券的转让和融资服务的私募市场，一般以省级为单位，由省级人民政府监管，是我国多层次资本市场的重要组成部分，也是中国多层次资本市场建设中必不可少的部分。四板市场对于促进企业特别是中小微企业股权交易和融资，鼓励科技创新和激活民间资本，加强对实体经济薄弱环节的支持，具有积极作用。

2. 创业投资市场构成要素

投资者、创投机构、创业企业、创业板市场四者相结合，共同构成了中国创业投资市场的主体运行体系。

（1）投资者。投资者在创业投资市场的运作中扮演资金供给者的角色，他们拥有闲置的社会资本。就国内而言，投资者一般指政府、金融机构、各种基金以及资金充裕的工商企业法人和个人投资者。投资者为了参与产业投资、分享产业报酬将自有闲散资金投入创投机构中，并委托创投机构代为管理，以期获得投资回报，并以其投入资金承担投资风险。

（2）创投机构。创投机构是创业投资市场的核心，同时也是连接投资者和创业企业的媒介。创投机构通常会聘请拥有丰富行业经验和金融市场知识的人来担任经理人，这些人成为了资本在产业界和金融市场的纽带，他们帮助投资者筛选项目、甄别风险，为创业企业筹集发展资金，并以其丰富的知识和经验帮助创业企业更快成长，在创业投资的运作中起到了十分重要的作用。

（3）创业企业。创业企业从创投机构获得资金，通常属于高科技、高增长行业的中小规模企业。依照企业发展的生命周期理论，创业企业可以被分为种子期、成长期以及成熟期几个阶段，处于不同生命周期的创业企业，在企业规模、风险和资金需求上都体现着不同特征。

（4）创业板市场。资本市场是创业资本退出的主要途径，只有多层次、高度发达的资本市场，才能为创业投资成功退出并实现超额收益提供便利。在中国，深圳中小企业板和创业板市场的建立使这一目标得以初步实现，这对于中国创业投资行业的发展也同样具有举足轻重的意义。

3.1.2 创投公司与资本市场

1. 创投公司的投资目标

创投公司只投资于还没有公开上市的企业，他们的兴趣不在于拥有和经营创业企业，其兴趣在于最后退出并实现投资收益。由于创业投资的资本较公共股票市场投资资本流通性要低很多，所以其追求的回报率也相对高一些。大部分创投公司为了减少风险，不谋求在企业的控股地位，只有在投资公司谋求控制被投资公司的经营方向时才会刻意追求成为最大股东；投资公司管理人员一般也不参与被投资企业的日常管理，主要依赖于在投资前用一套详细的项目可行性审查程序，评估投资成功的可能性。分红不是创业投资家经营运作追求的目标，创投公司的唯一目的就是希望通过被投资企业的快速发展来带动它的投资增值，并在恰当的时候套现退出。退出的方式可以是公开上市（IPO）、出售股权给第三方（trade sale）、创业企业家回购（buy back）、清盘结算（liquidation）。

2. 创投公司的资金来源

创投公司可以被视为资金的零售商，它们从大的基金（fund of fund）如退休基金、保险基金、大型银行、上市公司或政府机构（我们可把这些基金看作资金的批发商）那里融来资金（raise fund）并成立创业投资基金，然后创投公司再把钱投给有潜力的、高速发展的成长型企业（通常是高科技公司），并拥有这些被投资企业的股份。一般而言，创投公司的资本投入期在 2～7 年。

创投公司关注的是资金来源、有潜力的企业和套现出路。创业投资公司的赢利方法（ways of making profit）主要是把先期投资的股权以高于原价的价钱售出。创业投资的退出主要有三种方式，就是股票上市、股份转让和清算。其中股份转让的接受方可以是其他投资公司、企业并购的买方或创业企业家。

3. 创投公司的收入来源

创投公司一般都有自己的投资资金，同时也代理其他基金的投资业务。对于代理投资业务，创业投资公司一般收取 1.5%～3% 的代理费，另外再收取资金增值部分的 20%～25%。创业投资公司的收入来源除了增值转让股权和投资管理代理费外，可能还包括债券或债权的利息，股票投资收益以及咨询收入。

4. 创投公司的退出途径

创业投资退出，是指创业企业发展到一定阶段以后，创投公司认为有必要将资本从企业中退出，因而选择一定的方式，通过资本市场将资本撤出，以实现投资收益或降低损失，为介入下一个项目做准备。创投公司资金的成功退出是实现高收益的保证，可行的退出机制是创投公司成功的关键。

创投公司的资金退出通常有如下几个渠道：

（1）竞价式转让——股份公开上市（IPO）。这是指创投公司通过创业企业的股份公开上市，将拥有的私人权益通过资本市场转手出售以实现资本增值。股份公开上市被一致认为是最理想的退出渠道，其主要原因是在证券市场公开上市后可以使创投公司取得高额的回报。

创业企业股份上市离不开"第二证券市场"的作用。在欧美发达国家中，著名的"第二证券市场"有：美国专为没有资格在纽约证券交易所等主板市场上市的较小的企业的股票交易而建立的 OTC（柜台交易）市场以及在此基础上发展起来的纳斯达克市场（全国证券自营商协会自动报价系统）；英国于 1980 年建立的 USM（未正式上市公司股票市场）；日本政府于 1983 年在大阪、东京和名古屋建立的"第二证券市场"等。

（2）契约式转让——出售或回购。这是指其他企业按协商的价格收购或兼并创业企业或创投公司所持有的股份的一种退出渠道，也称收购。股份回购是指创业企业或企业家本人出资购买创投公司手中的股份。由于 IPO 门槛和上市费用较高、上市资源较为稀缺，随着企业间兼并的发展，创投公司更多地采用回购或出售的方式退出。

（3）强迫式转让——破产清算。对于创投公司来说，一旦确认创业企业失去了发展的可能或者成长太慢，不能给予预期的高额回报，就要果断地撤出，将能收回的资金用于下一个投资循环。不同退出方式的优缺点比较，如表 3.1 所示。

表 3.1 不同退出方式的优缺点比较

退出渠道	优　点	缺　点
公开上市（IPO）	（1）投资获益最高，往往是投资额的几倍甚至几十倍，有的甚至更高；（2）创投公司获得大量现金流入，增强了流动性；（3）提高了创业企业的知名度和公司形象，便于获得融资便利；（4）对参加回购计划的职员，股票上市乃是很大的激励，可以留住核心层人员并吸引高素质人才进入；（5）风险投资家以及创业企业的创始人所持有的股权可以在股票市场套现	（1）有上市限制；（2）对出售股权的限制会影响投资创始人投资收入的变现；（3）上市成本很高，上市的费用十分昂贵
出售或回购	（1）这种契约式转让最大的优点在于符合风险资本"投入——退出——再投入"的循环，创投公司可以在任意时期将自己拥有的投资项目股权限时变现，使创投公司的收益最大化；（2）操作相对 IPO 简单，费用低，可以实现一次性全部撤出且适合各种规模类型的公司；（3）股份的出售或回购还可以作为创投公司回避风险的一种工具	（1）由于收购方太少，导致创业企业价值被低估，收益率与公开上市相比明显偏低，只有它的大约 1/4～1/5；（2）就出售而言，创业企业被收购后就不易保持独立性，企业管理层有可能失去对企业的控制权；（3）就回购来说，如果企业创始人用其他资产（如其他公司股票、土地、房产等）和一定利息的长期应付票据支持回购，涉及变现及风险问题；（4）我国许多高科技企业是从原国有企业或研究机构中诞生，产权界定不清晰，再加上国有产权交易市场不发达，产权交易成本过高，阻碍这种退出渠道的运用
清算	是创投公司投资不成功时减少损失的最佳退出方式	（1）承担很大程度上的损失，是投资失败的必然结果；（2）我国《公司法》要求在出现资不抵债的客观事实时才能清算，从而很可能错过投资撤出的最佳时机，也就在无形中扩大了创投公司的损失

资料链接 1　红杉资本、优势资本、达晨创投、中科招商四大机构投资情况及退出率分析

1. 红杉资本中国基金

红杉资本于1972年在美国成立，是全球著名的风险投资公司之一。曾先后投资了苹果、思科、甲骨文、谷歌等著名科技公司。红杉资本中国基金于2005年9月在中国成立，截至2016年11月，红杉中国投资了494个项目，其中包括：京东商城、聚美优品、饿了么、诺亚财富、大众点评网、美团网等诸多国内知名企业。主要关注的细分领域有企业服务、电子商务、医疗健康、金融、本地生活、文化娱乐和教育。

据统计，从2005年成立至2016年11月，红杉中国共完成投资514.3亿元。其中，数千万元级的投资和上亿元的投资在总的投资项目中占比分别为55%和31%。红杉中国的投资阶段为天使阶段、A轮、B轮和C轮，这3个阶段的投资数量占投资总量的92%。在红杉中国所投资的494个项目中，有近1/2的项目进入了后面的融资，有54个项目的估值超过了10亿元。

据统计，在红杉中国所投资的494个项目中，有48个是通过IPO退出的，有24个通过并购退出，7个通过股权转让退出，3个通过管理层回购退出。总共退出项目82个，投资项目退出率为16.6%。其中的代表性项目——聚美优品的投资回报倍数高达88。

2. 优势资本

优势资本创立于2002年，集团总部位于中国上海，其秉承"发现价值、挖掘价值、提升价值"的核心投资理念，贯穿于创业企业发展全周期：风险投资、私募股权投资、产业并购及资产管理业务。优势资本致力于成为"立足中国、面向世界，具有国际竞争力的世界一流投资控股集团"。

优势资本具有敏锐的投研能力，在所关注的几个特定领域进行持续深入的行业研究，深刻理解行业长期内在发展规律和业务逻辑，并能准确地把握行业与市场的变革要素和时间。持续深入的复合式行业研究，长期结构性业务模式偏好，集中投资、轮轮追加、长期持有，关注风险调整后收益，成就优势资本良好的投资回报率及品牌美誉度。

优势资本自2002年以来一直是国内领先的股权投资机构，管理规模达80亿元、累计投资项目152个。据统计，在优势资本所投资的已上市项目中，市值逾100亿元的企业有10家。在所投资的项目中，有42家企业在国内外资本市场IPO上市或并购退出，投资项目退出率为27.63%。

3. 达晨创投

成立于2000年4月的达晨创投是国内最早的市场化运作的本土创投机构之一。达晨创投是伴随着中国私募股权投资市场一同成长发展的。达晨创投在17年的发展历史中经历的潮起潮落是中国私募股权投资市场跌宕起伏发展史的真实写照。2006年6月，达晨创投6年前投资的同洲电子在中小板上市成为本土风投公司在国内资本市场退出的第一个成功案例。同洲电子的上市也是达晨创投发展史上的转折点，从那时起，中国私募股权投资市场也步入了发展的快车道。

根据该公司官网的披露，截至2017年年初，达晨创投共管理18期基金，管理基金总规模200亿元。成立至今，累计投资了385个项目（后续投资于同一个项目仅算1个），累计投资金额近150亿元。达晨创投除了关注TMT、消费服务、医疗健康、节能环保4大热点方向之外，同时，也在军工、智能制造和大数据等3个特色细分行业进行了广泛布局。

据统计，在达晨创投385个项目中，有56个通过IPO（1家借壳上市）退出，有14个通过并购退出，32个项目通过转让或管理层回购退出，项目退出率为26.49%。

4. 中科招商

中科招商成立于2000年，是国内最早的私募股权投资机构之一。经过10多年的发展，中科招商已经成为国内私募股权投资行业中具有举足轻重的机构之一。中科招商将文化消费、健康医药、节能环保、电子信息、现代农业、先进制造、新材料七大行业作为主要的投资关注方向。

根据公司新三板挂牌时所披露的数据，截至2014年8月底，公司在管基金111只，基金认缴总额为607亿元。根据2015年和2016年上半年的增量数据可以推算出中科招商在2015年年底和2016年年中所管理的基金数量和基金规模。截至2016年6月30日，中科招商管理共有132只私募投资基金，累计认缴资金820亿元，共完成投资项目342个，投资金额超过200亿元。在342个投资项目中，38个通过IPO退出，12个通过并购退出，1个通过借壳上市退出，项目退出率为14.91%。

数据来源：清科私募通，公司公告，中国股权转让研究中心整理．

资料来源：http://www.sohu.com/a/160629925_355027．

3.1.3 我国创业投资市场环境

一个完善的多层次资本市场，对于经济转型、新兴产业发展都将发挥关键性的推动作用。目前，我国多层次资本市场体系已构建起包括主板、二板、中小板、创业板在内的场内市场，以及包括全国股转系统和地方区域性股权市场在内的场外市场。这样的市场格局将成为我国创业创新的重要支撑，有助于创业投资市场的发展。

1. 创业投资市场的重要作用

（1）资本市场是资源配置的重要平台。一个成熟的多层次资本市场的功能就是优化资源配置效率，提升市场微观经济主体活力。也正因此，关于大力发展多层次资本市场的相关举措频频，尤其是近几年来，资本市场加强监管转型创新，不断夯实市场发展的制度基础，加大对投资者的保护力度，着眼点就是要让资本市场担起促进实体经济发展的重任，让金融成为一池活水，更好地浇灌实体经济之树。国务院提出的发挥主板、创业板和地方性股权交易场所功能，完善全国中小企业股份转让系统交易机制，显然有助于创新创业企业发展，有助于创业投资机构实现可持续发展的资源配置。

（2）资本市场是创业投资退出的重要渠道。对于股权投资来说，除了前期的资金募集、项目投资以外，后续投后管理尤其是创业资本的退出，无疑是另一个重要的维度，也直接影响着一些创业投资的投资风格和风险偏好。在股权投资退出方面，除了重组并购、协议转让等方式之外，所投企业通过资本市场挂牌交易退出，是非常重要的途径。统计显示，2016年上半年，中国股权投资市场共发生退出案例2 053笔，其中80%为新三板挂牌退出。而此前设立的中小板和创业板，都曾成为前些年创业投资退出的重要场所，也曾造就了不少创业投资的"神话"。

2. 我国创业投资市场不完善的表现

（1）创投基金机构逐年减少。在经历过去几年创业投资的高增长后，2017年年底我国的股权投资市场却出现明显下滑，甚至有人将其称为中国创业投资与私募股权投资的"寒冬"。创业投资与私募股权研究机构（清华科技研究中心）发布的2016年上半年中国股权投资市场数据显示，2016上半年，天使投资人、VC和PE机构共新募集909只可在投资于中国大陆的基金，新募基金数量同比下降46.2%。在投资方面，2016上半年股权投资市场避险情绪较重，早期投资缩量明显。另据统计，中国私募股权投资市场2016年上半年共计完成3 476起投资事件，投资案例数同比下滑24.7%。这组数据在一定程度上说明，要更好地推动中国创业创新的发展，除了使创业投资的上市、股权转让、并购重组等退出渠道通畅外，无疑对当前多层次资本市场发展提出了新的要求，同时更需要重视对创业投资机构的政策扶持。

（2）创投资本退出渠道严重不畅。我国资本市场的快速发展在促进创业投资行业健康成长的同时，依然不能忽视我国间接融资比例过大对创业企业的不利影响。以美国为例，美国创新企业能蓬勃发展，如雨后春笋般不断涌现，和美国的资本市场能很好地对接创新性企业，为企业提供必要的融资是密不可分的。美国为创新企业融资的典型路线是天使投资，A、B、C轮，每轮都能有一个比较明显的估值提升，这也是伴随着公司的快速发展而发生的。创业公司发展到一定规模，挂牌、上市，创投公司成功退出或者继续进行战略投资。因为创投的性质，必然是小公司死亡率极高，依靠成功公司的极大盈利去平衡收益风险比。因此，在创投公司成长期各个阶段都应该有适应的退出机制。有新的投资人对接各个阶段的创投投资退出资金，形成一个完整的创投生态圈。中国的资本市场，由于过去不能有效对接创投的这个退出需要，才使得很多优质的企业去美国上市这在很大程度上削弱了国内创业投资市场的重要功能。

3. 完善我国创业投资市场环境的政策举措

（1）改善创业投资市场流动性。2016年，我国发布了《国务院关于促进创业投资持续健康发展的若干意见》，专门就拓宽创投资本退出通道做出了规定。此次公布的意见提出，充分发挥主板、创业板、全国中小企业股份转让系统以及区域性股权市场功能，畅通创业投资市场化退出渠道，完善全国中小企业股份转让系统交易机制，改善市场流动性。支持机构间私募产品报价与服务系统、证券公司柜台市场开展直接融资业务。鼓励创业投资以并购重组等方式实现市场化退出，规范发展专业化并购基金。

（2）规范化创业投资市场正常有效的运转。《国务院关于促进创业投资持续健康发展的若干意见》中提出了建立多渠道创业投资资本退出方式的要求，有利于鼓励创投机构加大投资；而鼓励创业投资以并购重组的方式退出，在解决目前股权投资退出难问题的同时也整合了社会资源并提高了资源配置效率；同时还从政策面加强了创投和并购行为的关联度，让更多的优质项目以并购的形式更早进入开放性的资本市场，通过市场化的选择为二级市场快速置入更多的优质标的，同时也通过二级市场更有效率地满足优质企业的资金需求。此外，2017年证监会还提出研究建立所投资企业上市解禁期与上市前投资期限长短反向挂钩的制度安排，这一政策是在挤压交易型风格的股权投资基金生存空间，鼓励这部分资本向价值挖掘和价值创造转型。

资料链接2　　企业如何成功挂牌

（1）中小企业在新三板和新四板市场挂牌需应具备的条件：公司依法设立且存续满两年，有限责任公司按原账面净资产值折股整体变更为股份有限公司的，存续时间可以从有限责任公司成立之日起计算。申请时股东人数未超过200人（含200人）的股份公司，直接向全国股份转让系统公司申请挂牌；申请时股东人数超过200人的股份公司，取得中国证监会核准文件后，向全国股份转让系统公司申请办理挂牌手续。提出申请的公司专注主营业务，公司自成立以来有持续的经营且具有持续经营力；公司治理机制健全，合法规范经营；公司成立、出资、增资行为合法合规，公司历次股权转让合法合规，公司股权明晰，不存在法律纠纷。此外，参与申请的企业还需得到主办券商的推荐及持续督导，双方签署《推荐挂牌并持续督导协议》，主办券商应完成尽职调查和内核程序，对公司是否符合挂牌条件发表独立意见，并出具推荐公示。

（2）新四板的挂牌条件则相对简单：依法设立、权属清晰、规范经营的各行各业的中小微企业，都可以在区域性股权交易市场挂牌，无财务指标、成立时间以及企业规模大小的限制，有上市意愿的企业可根据公司的实际情况去选择适合自己的板块挂牌。

3.2　创业投资政策环境

由于创业投资政策是影响创业活动和新创企业的公共政策，这决定了创业政策结构与创业活动结构必须具有一定同构性。换言之，从理论上讲，完全的创业投资政策是对创业活动要素的全对应,完全的创业投资政策体系结构是对创业投资活动结构维度的全组合。以我国为例,我国的创业投资政策框架大体上可以分为创业投资的舆论宣传政策、教育培训政策、开业优惠政策、财政及金融政策和产业引导及综合服务政策等,除此之外还有所有制优惠政策、企业退出政策、社会保障政策、生活配套政策、风险规避政策等其他服务政策。因此,创业投资政策的基本框架是上述各项政策的总和。

3.2.1 大学生创业政策环境

1. 大学生创业政策文件条目

近年来,中国每年有数百万的高校毕业生,大学生就业形势严峻。失业人数的增多无疑是一个社会问题,会危害到社会的稳定与和谐。因此,我国各级政府不断出台鼓励大学生创业的各类政策文件,积极树立"以创业带动就业"的意识,鼓励引导大学生创业,给大学生提供大量创新创业的优惠服务和相关优惠政策,不断改善创业环境和条件,使大学生的创业意识明显增强,创业活动和创业人数逐年增加。表 3.2 中列举了中央各部门颁布的相关大学生创业政策。

表 3.2 我国大学生创业政策相关文本

政策文件名	发布时间	发布部门	政策文号
关于做好 2016 届全国普通高等学校毕业生就业创业工作的通知	2015.11	教育部	教学〔2015〕12 号
关于深化高等学校创新创业教育改革的实施意见	2015.05	国务院办公厅	国办发〔2015〕36 号
关于实施大学生返乡创业行动的通知	2015.04	共青团中央办公厅等	中青办联发〔2015〕3 号
《关于高校共青团积极促进大学生创业工作的实施意见》的通知	2015.01	共青团中央办公厅	中青办发〔2015〕2 号
《关于做好 2015 年全国普通高等学校毕业生就业创业工作》的通知	2014.12	教育部	教学〔2014〕15 号
关于做好 2014 年全国普通高等学校毕业生就业创业工作的通知	2014.05	国务院办公厅	国办发〔2014〕22 号
人力资源社会保障部等九部门关于实施大学生创业引领计划的通知	2014.05	人力资源社会保障部	人社部发〔2014〕38 号
关于做好 2013 年全国普通高等学校毕业生就业工作的通知	2013.05	国务院办公厅	国办发〔2013〕35 号
关于进一步做好普通高等学校毕业生就业工作的通知	2011.06	国务院	国发〔2011〕16 号
关于大力推进高等学校创新创业教育和大学生自主创业工作的意见	2010.05	教育部	教办〔2010〕3 号

续表

政策文件名	发布时间	发布部门	政策文号
关于加强普通高等学校毕业生就业工作的通知	2009.01	国务院办公厅	国办发〔2009〕3号
关于引导和鼓励高校毕业生面向基层就业的意见	2005.06	中央办公厅、国务院办公厅	中办发〔2005〕18号
关于做好2003年普通高等学校毕业生就业工作的通知	2003.09	国务院办公厅	国办发〔2003〕49号
关于2003年普通高等学校毕业生从事个体经营有关收费优惠政策的通知	2003.06	国家工商行政管理总局	工商局〔2003〕第76号
关于进一步深化普通高等学校毕业生就业制度改革有关问题意见的通知	2002.03	国务院办公厅	国办发〔2002〕第19号

2. 大学生创业政策的特点

从表3.2中可以看出，与大学生创业投资相关的政策呈现以下两个特点：

（1）大学生创业政策文件的发布部门较多，其中有多个政策文件为多个部门联合印发，参与制定及发布的部门有国务院办公厅、教育部、财政部、共青团中央、人力资源社会保障部等，仅国务院及其办公厅发布或参与制订的文件多达8个，教育部发布的政策文件有4个。上述情况表明了政府层面对于大学生创业的高度重视。

（2）大学生创业政策内容涵盖范围较广。从政策工具的内容上划分，可以分为供给类、需求类和环境类三种。每种政策工具在大学生创业阶段所起的作用不同，其中供给类政策在大学生的创业初期能够给予相关支持，是推动大学生在创业阶段进行技术研发、成果转化等方面的政策支持，能够帮助大学生更好地开发新的技术并顺利进行成果转化。这方面的政策主要包括教育辅导类、资金扶持类和公共平台类。环境类政策则在大学生创业的过程中提供各类政策的扶持，主要是间接对大学生创业产生影响的政策因素，包括对大学生创业的整体引导、风险及产权保护、人力管理及法律援助等方面。需求类政策则在大学生创业成果的转化上给予了支持，主要以帮助大学生创客完成研究成果的市场转化为目的，是为大学生创客的产品营销平台提供支持，从而促进了大学生不断对研究成果进行创新和深化，主要包括采购平台的搭建、市场拓展的控制及政府采购行为等。

3. 大学生创业政策的主要内容

大学生创业政策基本包含以下五个方面的内容：

第一，制定大学生创业的战略，为大学生创业政策的制定设定总体目标和方向。为了引导和支持更多的大学生创业，人力资源社会保障部、国家发展改革委、教育部、科技部、工业和信息化部、财政部、人民银行、工商总局、共青团中央决定，2014—2017年实施新一轮"大学生创业引领计划"。该计划就普及创业教育、加强创业培训、便于工商登记和银行开户、提供多渠道资金支持、提供创业经营场所支持、加强创业公共服务等方面创业政策的制定设定了总体目标和方向。

第二，优化监管政策环境，减少进入障碍，创造有利于大学生创业投资的制度环境。为了鼓励大学生创办新企业，减少金融门槛，针对大学生的开业优惠政策主要有开业指导、放宽出资方式、放宽住所登记条件、放宽经营范围、放宽创业行业和领域、简化登记程序、开辟"绿色通道"等优惠政策。部分有关政策具体包括以下内容：

（1）大学毕业生在毕业后两年内自主创业，到创业实体所在地的工商部门办理营业执照，注册资金（本）在50万元以下的，允许分期到位，首期到位资金不低于注册资本的10%（出资额不低于3万元），1年内实缴注册资本追加到50%以上，余款可在3年内分期到位。

（2）凡应届高校毕业生从事个体经营的，除国家限制的行业（包括建筑业、娱乐业以及广告业、桑拿、按摩、网吧、氧吧等）外，自工商部门批准其经营之日起，1年内免交登记类和管理类的各项行政事业性收费，免收的具体收费项目主要包括：法律、行政法规规定的收费项目，国务院以及财政部、国家发展改革委（含原国家计委、原国家物价局，下同）批准的收费项目。例如，工商部门收取的个体工商户注册登记费；税务部门收取的税务登记证工本费；卫生部门收取的民办医疗机构管理费、卫生监测费、卫生质量检验费、预防性体检费、预防接种劳务费、卫生许可证工本费；民政部门收取的民办非企业单位登记费（含证书费）；劳动保障部门收取的劳动合同鉴证费、职业资格证书费；公安部门收取的特种行业许可证工本费；烟草部门收取的烟草专卖零售许可证费（含临时的零售许可证费）；国务院以及财政部、国家发展改革委批准的涉及个体经营的其他登记类和管理类收费项目以及各省、自治区、直辖市人民政府及其财政、价格主管部门批准的涉及个体经营的登记类和管理类收费项目。从事个体经营的高校毕业生，应当向工商、税务、卫生、民政、劳动保障、公安、烟草等部门的相关收费单位出具本人身份证、高校毕业证以及工商部门批准从事个体经营的有效证件，经收费单位核实无误后按规定免交有关收费。

（3）政府人事行政部门所属的人才中介服务机构，免费为自主创业毕业生保管人事档案（包括代办社保、职称、档案工资等有关手续）2年；提供免费查询人才、劳动力供求信息，免费发布招聘广告等服务；适当减免参加人才集市或人才劳务交流活动收费；优惠为创办企业的员工提供一次培训、测评服务。

第三，提高大学生创业教育和技能开发，使大学生为创业做好精神和物质准备，为他们成功创业打下基础，这方面的政策主要包括以下几方面：

（1）加强创新创业教育课程体系建设。把创新创业教育有效纳入专业教育和文化素质教育教学计划和学分体系，建立多层次、立体化的创新创业教育课程体系。

（2）加强创新创业师资队伍建设。引导各专业教师、就业指导教师积极开展创新创业教育方面的理论和案例研究，不断提高在专业教育、就业指导课中进行创新创业教育的意识和能力。

（3）广泛开展创新创业实践活动。通过举办创新创业大赛、讲座、论坛、模拟实践等方式，丰富学生的创新创业知识和体验。省级教育行政部门和高校要积极创造条件对创新创业活动中涌现的优秀创业项目进行孵化，切实扶持一批大学生实现自主创业。

（4）建立质量检测跟踪体系。省级教育行政部门和高等学校建立在校和离校学生创业信息跟踪系统，以反馈和指导高等学校的创新创业教育、教学，建立有利于创新创业人才脱颖而出的教育体系。

（5）加强理论研究和经验交流。教育部成立高校创业教育指导委员会，开展高校创新创业教育的研究、咨询、指导和服务。省级教育行政部门和高等学校要加强先进经验材料汇编和大学生创业成功案例集，定期组织创新创业教育经验交流会、座谈会、调研活动，总结交流创新创业教育经验。

（6）积极开展创业培训。加强对在校生的创业风险意识教育，帮助学生了解创业过程中可能遇到的困难和问题，不断提高防范和规避风险的意识和能力。

（7）全面加强创业信息服务。省级教育行政部门和高等学校要利用就业信息服务平台，广泛收集创业项目和创业信息，开展创业测评、创业模拟、咨询帮扶，有条件的要抓紧设立创业咨询室，开展"一对一"的创业指导和咨询，增强创业服务的针对性和有效性。

（8）高等学校要出台促进在校学生自主创业的政策和措施。高校可通过多种渠道筹集资金，普遍设立大学生创业扶持资金；依托大学科技园、创业基地、各种科研平台以及其他科技园区等为学生提供创业场地。同时，有条件的高校要结合学科专业和科研项目的特点，积极促进教师和学生的科研成果、科技发明、专利等转化为创业项目。

第四，促进技术交流和创新，为大学生高端创业提供外部条件和创业平台，具体主要包括以下几个方面：

（1）全面建设创业基地。教育部会同科技部重点建设一批高校学生科技创业实习基地。省级教育行政部门通过多种形式建立省级大学生创业实习和孵化基地，推动本地区大学生创业实习或孵化基地建设。

（2）明确创业基地功能定位。大学生创业实习或孵化基地是高等学校开展创新创业教育、促进学生自主创业的重要实践平台，主要任务是整合各方优势资源，开展创业指导和培训，接纳大学生实习实训，提供创业项目孵化的软硬件支持，为大学生创业提供支撑和服务，促进大学生创业就业。

（3）规范创业基地管理。大学科技园作为"高校学生科技创业实习基地"的建设主体，要确定专门的管理部门负责基地的建设和管理；加强与依托学校和有关部门的联动，高度重视大学科技园在创新创业人才培养中的作用，出台有利于大学科技园开展学生创业工作的政策措施和激励机制。

（4）提供多种形式的创业扶持。大学生创业实习或孵化基地要结合实际，开辟较为集中的大学生创业专用场地，配备必要的公共设备和设施，为大学生创业企业提供至少12个月的房租减免；要提供法律、工商、税务、财务、人事代理、管理咨询、项目推荐、项目融资等方面的创业咨询和服务，以及多种形式的资金支持；要为大学生开展创业培训、实训，建立公共信息服务平台，发布相关政策、创业项目和创业实训等信息。

第五，改善金融支持，为大学生创业者提供多种财税政策支持，具体主要包括以下几个方面：

（1）大学毕业生新办咨询业、信息业、技术服务业的企业或经营单位，经税务部门批准，免征企业所得税两年；新办从事交通运输、邮电通信的企业或经营单位，经税务部门批准，第一年免征企业所得税，第二年减半征收企业所得税；新办从事公用事业、商业、物资业、对外贸易业、旅游业、物流业、仓储业、居民服务业、饮食业、教育文化事业、卫生事业的企业或经营单位，经税务部门批准，免征企业所得税一年。

（2）各国有商业银行、股份制银行、城市商业银行和有条件的城市信用社要为自主创业的毕业生提供小额贷款，并简化程序，提供开户和结算便利，贷款额度在 2 万元左右。贷款期限最长为两年，到期确定需延长的，可申请延期一次。贷款利息按照中国人民银行公布的贷款利率确定，担保最高限额为担保基金的 5 倍，期限与贷款期限相同。

（3）对拥有《就业失业登记证》的，在 3 年之内根据每一户每一年 8 000 元的标准作为限定数额挨次扣减其该年原本该交纳的税额。对于有关规定之内的企业，在最新增添的岗位中，对于其中新录用的拥有《就业失业登记证》的相关人员，同其签订 1 年以上期限的劳动合同并且依照法律缴纳社保费用的，于 3 年之内根据现实情况中录用的人数给予根据一定数额挨次扣除、减免相关税额。

（4）免予征收部分费用。在相关部门登记过失业的大学生并且进行自主创业的，如果没有足够的资金，能够申请低于或等于 5 万元的贷款；对于在相关大学生本地政府规定内的部分小型微利项目，能够根据相关规定在一定程度上享用贴息扶持。

资料链接 3　2017 毕业生自主创业优惠政策

（一）初创企业的优惠政策

（1）初创企业时，允许按行业特点放宽资金、人员准入条件，注册资金可分期到位。

（2）按照相关规定可将家庭住所、租借房、临时商业用房等作为注册地点及创业经营场所。

（二）享受资金扶持政策

（1）在当地人力资源和社会保障机构登记求职后从事个体经营，自筹资金不足的，可按规定申请小额担保贷款，从事微利项目的，可按规定享受贴息扶持，合伙经营和组织起来就业的，贷款规模可适当扩大。

（2）视当地情况，可申请"大学生创业资金"。

（三）实行税费减免优惠

（1）毕业两年以内从事个体经营时，自在工商部门首次注册登记之日起三年内，可免交管理类、登记类和证照类等有关行政事业性收费。

（2）从事农、林、牧、渔、环境保护、节能节水等行业，开办高新技术企业、软件企业、动漫企业或小型微利企业等，均可依法享受国家现行规定的税费减免政策。

（四）提供培训指导服务

（1）登记求职后，可参加当地人力资源社会保障部门举办的不少于10天的创业培训，符合条件的可领取创业培训补贴。

（2）进入"高校学生科技创业实习基地"创办企业，可以享受减免12个月的房租、专业技术服务与咨询、相应的公共设施以及公共信息平台服务等。

（3）在办理自主创业行政审批事项时，可以通过"绿色通道"享受联合审批、一站式服务、限时办结和承诺服务等。

（4）自主创业的高校毕业生申报灵活就业时，可以免费享受劳动保障和人事代理服务。

资料链接4　　大学生创业如何申请无息贷款

（一）申请条件

大学生想要自主创业，但是又没有创业资金，这个时候很多人会想到去申请贷款。其实国家有专门针对大学生创业推出的一系列的贴息政策，只要申请到了，在它所规定的期限里都是可以享受无息贷款的。那么，大学生创业无息贷款要如何申请呢？首先申请者需要满足申请贷款的条件，这些条件具体有：（1）年龄在18周岁或18周岁以上，有自己有效的身份证和自己贷款行所在地的合法的居住证明，有自己固定的住所或工作的地方；（2）申请人必须从事正当的生产经营项目，并有当地工商管理部门颁发的营业执照，有稳定的收入和偿还贷款的能力；（3）申请人申请的贷款要符合法律规定以及银行信贷政策的规定；（4）在申请贷款进行的投资项目里，要存在一定的流动资金，并且在申请贷款的银行开设一个结算账户，项目执行后营业收入需经过银行结算。

（二）申请程序

1. 大学生创业申请贷款相关事宜请向银行部门咨询。

2. 办理营业执照程序包括：（1）到市工商局及各分县工商局登记注册大厅领取登记表格；（2）向登记机关申请公司名称预先核准登记；（3）填写公司登记表格并提交验资报告、公司章程及场地证明，向登记机关递交公司登记申请。

（三）相关申报材料

在满足以上申请大学生创业无息贷款的条件后，申请人就可以拿着相关的资料到人事局进行申请，然后把资料交由人事局并由他们进行初步的审核，如果初审通过后，人事局会给你填写一个推荐表，并且进行申请者创业能力评估。然后申请人拿着推荐书回到你所在地的人事局交由他们进行复审，复审通过后，他们会将结果报给当地的担保机构，担保机构同意后会为申请人担保，最后申请人带着以上办理好的资料，再到银行进行审批。如果审批通过后，就可以办理贷款了。

4. 地方政府关于大学生创业的激励政策

为了激发地方经济活力，促进产业结构调整，各地方政府均结合各地实际情况对中央各部委的创业政策进行细化落实。由于各地区经济条件差异大，产业结构和资源禀赋不同，各地方政府促进大学生创业的政策也有不同。整体来看：沿海地区、一线城市和高等教育资源丰富的省市政策支持力度相对较大。曾建国（2014）通过调研、比较分析北京、上海、长沙地区大学生社会创业环境状况后发现北京、上海、长沙三个城市社会创业环境呈现出不同态势，上海最优，北京次之，长沙最不理想。下面以北京、深圳和陕西为例介绍地方政府的大学生创业政策内容。

（1）北京大学生创业政策内容。北京市各部门先后出台一系列政策文件，从创业设施、教育培训、资金支持等多方面提供扶持。如《北京市关于进一步促进大学科技园发展的若干意见》提出通过财务补贴等方式，支持大学科技园发展。《中关村国家自主创新示范区大学科技园及科技企业孵化器发展支持资金管理办法（试行）》要求通过直接财政资金扶持、推动大学科技园及科技企业孵化器发展。《加快推进高等学校科技成果转化和科技协同创新若干意见（试行）》提高高校科技成果转化所获收益比例，鼓励大学生创业。对高校教师作为天使投资人投资的学生科技创业项目，政府会给予股权投资的配套支持。《关于做好 2014 年普通高等学校毕业生就业创业工作的实施方案》对高校毕业生创办的小型微型企业，实施税收优惠。《北京地区大学生创业引领计划实施方案》开展创业及相关内容培训，对支持创业早期企业的投资，给予税收优惠或其他政策鼓励。《关于支持北京高校大学生创业的实施细则》要求投入专项资金，用于支持大学生创业团队和初创企业，鼓励高校开展系统化、专业化的大学生创业培训，发挥其示范引领作用。《北京高校高质量就业创业计划》设立北京高校大学生就业创业专项资金，支持市校两级创业园建设、示范性创业中心建设、创业团队及创业实践项目。《北京高校大学生就业创业项目管理办法》支持北京高校大学生创新、创意、创业实践项目，专项资金对创意团队进行支持。

系列政策的出台和实施，使得北京大学生创新创业环境持续优化，创业氛围愈加浓厚，创业人数逐年增多，创业成果不断涌现。北京共有包括北京大学科技园、清华大学科技园和北京理工大学科技园等 15 家国家级大学科技园和中关村国际孵化园、海淀留学人员创业园等数十家留学生创业园及各类创业孵化器。在中关村诞生了一批以 3W 咖啡、创客空间为代表的创新型孵化器，成为大学生创新创业重要平台。2014 年起，启动北京地区高校大学生创业优秀团队评选，给予优秀创业团队（企业）最多 20 万元资助，并优先入驻大学生创业园。首批 103 个大学生创业优秀团队扶持资金 1 300 万元。2015 年预计资助 400 个优秀团队，扶持资金 3 200 万元。开展"北京高校大学生创新、创意、创业实践项目"支持，计划支持 100 个左右大学生创业团队、400 个左右大学生创新创意、创业实践团队。设立北京青年创业小额贷款担保基金，推出 10 万元以下初创型企业小额贷款和 500 万元以下成长型企业小额贷款项目。将个体工商户小额担保贷款最高担保额度和享受财政贴息最高贷款额度提高至 20 万元，将小微企业担保贷款最高担保额度和享受财政贴息最高贷款额度提高至 100 万元。

（2）深圳大学生创业政策内容。在国家宏观创业政策的指导下，深圳市政府、人力资源和社会保障局等有关部门近年来制定多项优惠政策大力鼓励和支持大学生创业。但是对深圳市 1992—2015 年创业政策梳理后发现：深圳市大学生创业政策比较少，而为引进人才的创业政策比较多，这主要与深圳市以吸引优秀人才为主的人力资源发展模式有关。深圳本土院校数量少，主要以吸收海外留学生、国内知名高等院校大学毕业生为主，针对大学生创业的扶持政策略显不足。深圳市大学生创业促进政策措施包括以下三方面：

①创业教育政策，具体包括：鼓励普通高校加快推进创业教育，积极培养创业型人才；鼓励社会上有丰富创业经验的企业家、专业管理人员加入师资队伍；激励教师开设创业教育课程，积极构建创业平台；鼓励学生修读创业指导课程，激发大学生的创业意识；深圳市大学生毕业后可以免费参加创业培训。

②创业孵化政策，具体包括：积极扶持大学生创业孵化基地建设，充分利用高新科技园、工业区、文化产业园等机构组织，积极开展创业孵化基地建设；对符合深圳市认定的创业孵化基地，给予免费创业实训场地和资金补贴支持；对于深圳市认定的孵化基地进行创业的大学生，按月给予租用场地补贴；对于在非深圳市认定的孵化基地租用场地从事创业活动的大学生，给予一定的租金补贴。

③创业支持政策，具体包括：对于符合创业规定的创业大学生可给予一次性创业资金资助；对于创业大学生，免收前三年的登记类、管理类和证照类等行政事业性收费；从事个体经营的大学生，可在规定年限内减免城市维护建设税、营业税、个人所得税和教育附加费等。

（3）陕西大学生创业政策内容。由于陕西是教育大省，高校资源丰富，在校大学生人数众多，为了减少毕业生外流，增加高端人才本地就业创业的吸引力，陕西省出台了许多优惠政策。陕西省大学生创业政策措施包括如下三方面：

①创业教育政策，具体包括：鼓励高校推进创业教育，鼓励社会上有丰富创业经验的企业家、专业管理人员加入师资队伍；积极构建创业平台，推动教师开设创业教育课程，激发大学生的创业意识；运用优惠政策鼓励大学生参加创业培训等。

②创业孵化政策，具体内容包括：积极扶持大学生创业孵化基地建设；对符合认定的创业孵化基地，给予免费创业实训场地和资金补贴支持；鼓励高校加强创业实践、推进创新创业基地建设、积极扶持大学生创新创业；支持陕西省博士后创新基地建设，吸引高端人才，经批准新设立的陕西省博士后创新基地，由省财政一次性给予每个新设站单位 10 万元奖励；大力支持博士后创新创业，凡在我省创办高新技术企业的博士后科研人员，经申请，由省财政一次性给予 50 万元启动补助资金；支持省级以上高新区建立科技创业基地，支持社会资本在高新区组建公司性质的科技企业孵化器，对孵化成效明显的，给予 100 万元奖励；省政府先期投入 5 000 万元设立"陕西省高校毕业生创业基金"，用于扶持高校毕业生自主创业；建设完善一批投资小、见效快的高校毕业生创业园和创业孵化基地，并

给予相关政策扶持。

③创业支持政策,具体包括:第一,放宽科技型中小企业注册条件,科技人员创办、领办的企业,符合条件的,可享受西部大开发有关政策;第二,省级以上企业技术中心、高新技术企业和创新型企业研发经费占销售收入的比重必须高于国家有关规定1个百分点,对投入超过上述规定标准的部分,按实际发生额的2%给予不超过100万元的奖励;第三,创业投资企业采取股权投资方式,投资于未上市的科技型企业2年以上的,可以按照其投资额的70%,在股权持有满2年的当年抵扣该创业投资企业的应纳税所得额;当年不足抵扣的,可以在以后纳税年度结转抵扣;第四,扩大小微企业享受减半征收所得税优惠范围,年应纳税所得额上限由30万元提高到50万元,实施"小微企业创新创业基地建设行动计划",对认定的省级小微企业创业创新示范市(县)、示范基地分别给予不低于400万元和50万元奖励资金,扶持培育省级中小微企业创新研发中心,推行科技创新,实施中小微企业"专精特新"培育行动,鼓励科技成果向小微企业转移,支持小微企业协同创新;第五,经专家论证、评审等级为优秀的创业项目,可申请3万至10万元的免担保贷款,创业贷款期限一般为3年,对于经营周期较长的项目,经审批可延长至5年,而创业贷款的还款额设一年的宽限期,即创业贷款自放款之日起一年内不还款,第二年起按月等额还款,创业贷款用于高校毕业生自主创业或合伙经营,不得挪用;第六,扩大享受优惠政策的高校毕业生范围,免收高校毕业生申办个体工商户各项费用,高校毕业生创办的企业减半收取企业开业注册登记费,积极引导高校毕业生选择申办不同类型的企业自主创业;第七,加大小额担保贷款工作力度,完善创业资金支持体系,建立创业载体和平台,完善创业服务体系,培育创业主体,完善扶持政策,强化服务意识,优化创业环境。

资料链接 5 **2017年全国大学生创业重点优惠政策汇总**

江西:高校学生休学创业最多可保留7年学籍,财政每年注入1 000万元资金充实青年创业、就业基金,每年重点支持1 000名大学生返乡创业。

天津:对高校毕业生、留学回国人员注册资本50万元以下的公司可零首付注册,开辟"绿色通道"支持自主创业。

浙江杭州:大学生创业项目申请无偿创业资助的,资助金额的额度从原来的最高10万元提高到20万元;"实行房租补贴机制"——大学生创业园所在城区政府为入园企业提供两年50平方米的免费用房,对在创业园外租房用于创业的,由纳税地财政在两年内按标准给予房租补贴,补贴标准为第一年补贴1元/平方米·天、第二年补贴0.5元/平方米·天(实际租用面积超过100平方米的,按100平方米计算;房租补贴超过实际租房费用的,按实际租房费用补贴)。

重庆:半年以上未就业有固定户口的大学毕业生可在其户口所在地居委会登记,申请3000—4000元人民币的银行抵押和担保贷款;自谋职业的毕业生,根据本人意愿,可将户口和人事档案暂存就读学校2年或由市大中专毕业生就业指导中心存管2年,存管期间免收档案管理费。

四川:大学生创业可享有万元创业补贴、创业培训补贴和在校大学生创业担保贷款贴息等福利。

福建:2014—2017年,引领3万名大学生实现创业,在全省各地和高校扶持建设50个创业孵化基地(创业园)。每年为1 000名创业大学生提供孵化服务,评选资助一批优质大学生创业项目。

江苏南京:河西金融集聚区的专项资金将由每年6 000万元,扩充至每年1亿元。建邺区财政将每年安排3 000万元,设立专项扶持资金,用于扶持大学生创业小额担保贷款贴息等,凡在建邺区工商登记注册的初始创业大学生,按每人1 000元的标准给予创业补贴。凡经市级验收评定为"大学生创业园"的,给予30万元的一次性建园奖励补贴。

陕西:高校毕业生可接受SYB模块培训("创办你的企业"),培训合格后6个月内成功开业且在开业后6个月内提供不少于3次后续跟踪指导服务、开业单位(企业)正常经营的,再按800元/人对创业培训机构给予补贴;每人每年可享受一次;组织相关专家对创业项目进行论证,提供开业过程中的信息咨询,指导办理工商、税务注册登记手续;个人自主创业且符合申请小额担保贷款条件的,可申请不超过10万元的贷款扶持;合伙经营或组织起来就业的,可申请不超过50万元的贷款扶持。

资料链接6　陕西省高校毕业生创业基金贷款须知

(一)创业贷款的对象、期限和还款方式

(1)创业贷款的对象是毕业五年以内、本人档案在陕西省内各级政府所属人才交流服务中心管理的普通高校毕业生。

(2)省内户籍、大专以上学历、在省内创办公司制企业;非省内户籍、本科以上学历、在省内创办公司制企业。

(3)对有过"农村基层人才队伍振兴计划""高校毕业生到村任职计划""大学生志愿服务西部计划"项目经历的高校毕业生给予优先扶持。

(4)创业贷款为无息贷款,期限为3年。对于经营周期较长的项目,经审批可将贷款期限延长至5年。

(5)创业贷款自放款之日起一年内不还款,第二年起按月等额还款。

(二)创业贷款类型

(1)担保贷款:①创业担保贷款,可申请3万至10万元贷款;②合伙经营性贷款,借款人数不超过5人,可申请50万元以下的贷款。

(2)免担保贷款:对于符合省人力资源和社会保障厅、省财政厅批准的《陕西省高校毕业生创业基金（贷款）免担保项目评选办法（试行）》的项目，经专家论证、评审等级为优秀的，可申请3万至10万元担保贷款。

（三）贷款追加

公司首次申请的借款人已进入还款期并无逾期等情况发生，该公司方可追加借款人。

3.2.2 科技型中小企业创业政策

20世纪80年代以来，我国陆续颁布并实施了一系列有利于促进科技型中小企业发展的法律法规，主要包括两部分内容：一是明确指向科技型中小企业的法律法规；二是在促进技术创新和知识产权保护的法律法规中，对科技型中小企业发展有间接促进作用的法律法规。2003年我国颁布并开始实施《中华人民共和国中小企业促进法》，明确提出要鼓励发展科技型中小企业进行技术创新。随后，国务院有关部门又先后制定多项配套文件，主要包括：国务院2005年发布的《国务院关于鼓励支持和引导个体私营等非公有制经济发展的若干意见》；国家发改委、财政部、科技部等12部委2007年发布的《关于支持中小企业技术创新的若干政策》；国务院2009年发布的《国务院关于进一步促进中小企业发展的若干意见》；科技部2011年发布的《关于进一步促进科技型中小企业创新发展的若干意见》等。这些法律法规完善和补充了《中小企业法》有关中小企业技术创新的内容，成为我国促进科技型中小企业发展的主要政策依据。总的来说，我国明确支持科技型中小企业的法律法规主要从资金支持、技术创新、技术创新服务体系、产业发展和市场保障几个方面，规定了促进科技型中小企业发展的政策框架。

1. 支持科技型中小企业设立与发展的政策内容

（1）资金支持，主要包括：中央预算安排中小企业专项资金、设立中小企业发展基金，通过信贷支持、直接融资、风险投资、信用担保等方式为科技型中小企业提供多层次的融资渠道。例如，中央财政自2006年起实施了中小企业信用担保业务鼓励政策，主要采取业务补助、保费补助及资本金投入等支持方式，支持信用担保机构增强信用担保能力，扩大中小企业担保业务。

（2）技术创新，主要包括：鼓励科技型中小企业通过产学研合作、科技成果转化、科技人员创业等方式进行技术创新；通过补贴机制、创新基金、各类科技计划鼓励科技型中小企业加大研发投入。

（3）技术创新服务，主要包括：通过建设公共服务平台，实现科技资源共享；通过加强技术信息服务、提供知识产权与标准服务、鼓励通过政府购买服务的方式提高服务质量；加强创业服务机构和科技中介服务机构建设。

（4）财税政策，包括预算直接投入政策、杠杆性投入政策和税收政策。预算直接投入政策是指政府以无偿资助、财政补贴等方式为科技型中小企业提供资金支持。杠杆性投入政策是政府通过少量财政资金投入，引导更多社会资本投入到科技型中小企业的发展之中，起到"四两拨千斤"的作用。对科技型中小企业实行的税收政策，主要包括用于促进科技型中小企业技术创新、减少科技型中小企业经营成本、对服务于科技型中小企业的科技中介服务机构进行税收减免等。

2. 科技型中小企业设立与发展的税收优惠政策

根据我国《国家中长期科学和技术发展规划纲要（2006—2020年）》若干配套政策的精神，可以梳理出2006年以来我国政府支持科技型创新创业企业和项目的税收优惠和激励政策，其内容如表3.3所示。

表3.3 我国政府支持科技型创新创业企业和项目的税收优惠和激励政策

具体项目	税收激励政策内容
技术开发费	企业为开发新技术、新产品、新工艺发生的研究开发费用，未形成无形资产计入当期损益的，在按规定据实扣除的基础上，按照研究开发费用的50%加计扣除；形成无形资产的，按照无形资产成本的150%摊销
技术转让所得税	企业一个纳税年度内技术转让所得不超过500万元的部分，免征企业所得税；超过500万元部分减半征收
职工教育经费	企业提取的职工教育经费在计税工资总额2.5%以内的在企业所得税前据实扣除
加速折旧	企业用于研发的仪器设备，单位价值在30万元以下的，可一次或分次计入成本费用，在企业所得税税前扣除；单位价值在30万元以上的，可采取适当缩短固定资产折旧年限或加速折旧的政策
高新技术企业	国家高新技术产业开发区内新创办的高新技术企业自获利年度起两年内免征所得税，两年后减按15%的税率征收企业所得税
创业投资	创业投资企业采用股权投资方式投资于未上市的中小高新技术企业2年以上的，可以按照其投资额的70%在股权投资满2年的当年抵扣该创业投资企业的应纳税所得额；当年不足抵扣的，可以在以后纳税年度结转抵扣
社会资金捐赠创新活动	对市场主体向科技型中小企业技术创新基金和其他激励企业自主创新基金捐赠给予税前扣除问题
转制科研机构的税收政策	从转制注册之日起，5年内免征科研开发自用土地的城镇土地使用税、房产税和企业所得税

3. 与科技型中小企业有关的金融政策

支持科技型中小企业创业投资的金融政策主要有：政策性银行对科技型中小企业的金融支持；商业银行中小企业贷款优惠；通过建立中小企业集合信托债券基金、发行中小企业集合债扩大融资渠道；建立多层次的创业投资引导基金加大对科技型中小企业的风险投资；推出新三板交易市场、中小企业板和创业板市场等多种退出机制。

3.2.3 科技企业孵化器发展政策

科技企业孵化器是培育和扶植高新技术中小企业的服务机构。孵化器通过为新创办的科技型中小企业提供物理空间和基础设施，提供一系列服务支持，降低创业者的创业风险和创业成本，提高创业成功率，促进科技成果转化，帮助和支持科技型中小企业成长与发展,培养成功的企业和企业家。它对推动高新技术产业发展,完善国家和区域创新体系、繁荣经济,发挥着重要的作用,具有重大的社会经济意义。

1. 中国科技企业孵化器的发展演变

中国科技企业孵化器起源于20世纪80年代中后期,1987年中国诞生了第一个科技企业孵化器——武汉东湖创业服务中心。经过30来年的发展,科技企业孵化器的数量持续增长,孵化能力不断增强。据2003年年底的统计,全国已有包括创业服务中心、留学人员创业园和大学科技园在内的各类科技企业孵化器489家。截至2010年年底,全国纳入火炬计划统计体系的科技企业孵化器达到896家(其中国家级346家),孵化面积超过3 000万平方米,服务和管理人员队伍达1.5万余人,在孵企业56 382家,其中留学生企业7 677家,留学回国人员16 184人。我国孵化器的数量和规模均跃居世界前列,中国孵化器事业发展进入历史最好时期,初步完成了全国区域布局。到"十二五"期间,我国孵化器发展突飞猛进,数量全球领先,并已完成全国布局。2015年年底,全国纳入火炬计划统计的孵化器达2 530家,其中国家级孵化器736家,从业人员近4.3万人,孵化面积超过8 600万平方米。京津冀、长三角、珠三角、川渝等成为孵化器重要集聚区,实现对欠发达地区全覆盖,省级地区80%以上建立了孵化器协会体系。我国孵化器为社会贡献了大量高成长企业。2011年至2015年,累计毕业企业数量从39 562家上升为74 838家,呈不断增长态势。专业孵化器与综合孵化器、留学人员创业园、国际企业孵化器等面向不同创业主体的孵化器深化发展。国有企事业孵化器与民营孵化器协同共进,孵化器的社会公益性与营利性融合互补。众创空间、孵化器、加速器形成了服务种子期、初创期、成长期等围绕创业企业发展的全孵化链条,创业孵化作为科技服务业的重要组成部分显现出勃勃生机。

目前,我国孵化器行业进入全面深化发展阶段,创业企业对各种创业要素和孵化服务的需求正在发生深刻变化。创新创业空前活跃导致创业服务的巨量需求,孵化质量提升要求孵化器向专业化、链条化、多层次、立体化方向发展;新型创业服务平台大量出现,带动孵化器的建设主体更加广泛,管理团队更加专业;创业社区、集团发展、连锁经营等新组织模式出现逐渐实现了孵化器跨地区、跨行业发展。孵化器行业正经历的变革,需要更多、更好的创业孵化载体和更多元化的孵化服务,强化资源集聚、人才团队、运营管理等多方面的能力建设,以更高水平的孵化器行业规范迎接历史发展新阶段。

2. 发展科技孵化器的具体政策

为了迎接全球新一轮科技和产业革命浪潮,紧抓我国"大众创业、万众创新"的时代契机,促进创新型经济发展,激发全社会创新创业活力,持续推进我国从孵化器大国向孵化器强国迈进,提出了创新发展科技孵化器的如下政策要求:

(1)市场主导,政府引导。发挥市场在资源配置中的决定性作用,加强政府在宏观规划、政策支持和资源整合等方面的引导作用。

(2)多元共存,协同发展。坚持孵化器建设主体多元化、运行机制多样化,促进孵化器新模式、新类型和新机制的不断衍生和发展。

（3）强化服务，持续创新。综合运用众创、众包、众扶、众筹等手段，提升服务深度和广度，推动孵化资源基础化、创新技术资本化、孵化资本密集化、孵化流程链条化、服务行为职业化、服务要素生态化、孵化过程定制化。

（4）面向大众，服务实体。扩大"双创"的源头供给，推进龙头企业、高校、科研院所开放共享创新资源，以科技型创业为引领，构建经济发展新功能。

（5）科学评价，分类指导。发挥科学合理的考核、评价、跟踪监测体系的作用，加强分级分类指导，促进孵化器绩效提升。

3. 创新发展科技孵化器的政策目标

（1）总体目标：到 2020 年，围绕大众创新创业需求，完善多类型、多层次的创业孵化服务体系，汇聚国内外资源、融合全球各类孵化要素，以强化导师辅导与资本化服务促进高水平创业，以打造一支职业化孵化队伍提升服务能力、质量和效率，以孵化未来、成就梦想的孵化文化引领更加浓厚的创新创业氛围，激发创业企业和高成长企业大量涌现，催生新技术、新服务、新产品、新产业快速发展。

（2）具体目标：①载体建设呈现新格局。到"十三五"末，全国各类创业孵化载体达到 10 000 家，国家级孵化器超过 1 500 家，国家备案众创空间超过 3 000 家。30% 的国家级孵化器建成科技创业孵化链条，专业孵化器超过 40%，形成一批特色众创集聚区。②孵化绩效达到新水平。五年累计新增孵化创业企业和创业团队达 20 万个，孵化毕业企业达 5 万家；对在孵企业累计投入超过 1 000 亿元，获得有效知识产权超过 20 万件；创造就业岗位超过 300 万个，吸纳大学生就业 50 万人，上市和挂牌企业超过 2 000 家。③服务能力实现新提升。到"十三五"末，国家级孵化器和国家备案众创空间中，50% 以上具有创业投资功能，60% 搭建或共享公共技术服务平台，70% 以上从业人员接受专业培训，80% 形成创业导师辅导体系，孵化器从业人员突破 10 万人，孵化器合作中介服务机构超过 2 万家。④开放发展迈上新台阶。"十三五"期间，累计吸引超过 10 万个留学生和海外创业者来华创业，引进海外孵化机构 100 家，在海外建立孵化机构 100 家。

4. 创新发展科技孵化器的九大重点任务

（1）服务大众创业，支持孵化器多元化发展。具体来讲，即加强创业孵化链条建设，推动众创空间质效提升，实现专业化发展，促进科技企业加速器发展，加大专业孵化器布局力度。鼓励孵化模式创新，支持集团连锁孵化、企业内生孵化、平台开放孵化等新型孵化器建设，形成多元孵化、协同促进的孵化器发展新格局。

（2）优化金融服务，推进投资孵化融合发展。具体来讲，即强化孵化器投融资服务，加强资本驱动功能，围绕创业链部署资金链，建立由孵化器自有资金和外部资本共同构成的多层次创业孵化投融资服务体系，满足不同阶段的创业企业对资金的需求，深化"投资＋孵化"发展模式。

（3）提升孵化质量，带动创业服务精益发展。具体来讲，即以创业者的需求为导向，强化"创业导师＋创业辅导师"制度和职业化管理服务队伍建设,扩大孵化器与第三方专业服务机构合作,建立专业化、网络化、开放化的服务机制,扩大创业服务供给,提升增值服务水平。

（4）促进开放协同,加速创业孵化生态发展。具体来讲,即运用互联网思维和信息技术手段提升孵化器开放发展水平,实现线上、线下服务协同,强化市场化资源整合链接能力,整合各类创业要素。支持各类创新创业孵化集聚区建设,构建开放协同的创业孵化生态。

（5）增强区域合作,构建孵化器协调式发展。具体来讲,即加强区域内和跨区域孵化器的交流合作,完善区域孵化器网络,发挥行业组织促进区域合作的平台作用,强化中心城市和高新区对周边县市区的辐射带动作用,推动形成区域内部协同、跨区域协调、各层级全覆盖的孵化器发展格局。

（6）融入全球网络,注重孵化器国际化发展。具体来讲,即加强创新创业的全球链接,支持孵化器"走出去"和"引进来",通过参与和举办国际性的孵化器行业活动,促进全球创新创业要素的资源流动和跨国配置,进一步增强国内外孵化器间的交流合作,全面提升我国孵化器发展水平。

（7）推动改革创新,促进孵化器可持续发展。具体来讲,即继续推动国有企事业孵化器转制,鼓励各类孵化器开展机制创新,推动孵化器探索政府采购、市场化服务及创业投资相结合的多维运营模式,鼓励孵化模式创新,实现健康可持续发展。

（8）营造创业氛围,引领创业文化繁荣发展。具体来讲,即紧抓"大众创业、万众创新"战略机遇,以实施"创业中国"行动和举办"孵化器30周年系列活动"为契机,开展全方位、多层次、立体化的创业孵化活动,加强创业文化宣传推广。

（9）强化自律规范,促进孵化行业健康发展。具体来讲,即为顺应大众创新创业需求、不断创新服务模式和提升服务能力的现实要求,充分发挥各层次行业组织的统筹协调作用,加快建立孵化服务行业标准体系,推动孵化器行业研究常态化,形成规范与发展并重、有序与创新并举的良性局面。

3.3 创业投资法规环境

3.3.1 美国的创业投资法规

美国的创业投资是指风险投资,其风险投资业的真正发展开始于1958年美国国会通过的《小企业投资法案》。该法案授权小企业管理局制定和实施小企业投资计划,其目的是通过设立政府风险投资基金,引导并带动民间资本进入风险投资领域。该法案规定:由小企业管理局批准设立的小企业投资公司，每投资1美元可以从政府得到4美元的低息优惠贷款，并享受政府提供的特殊税收优惠。在《小企业投资法案》的激励下，美国的风险投资业得到了迅速发展。

然而，在20世纪70年代，美国的风险投资业由于美国股市的下跌及美国的税务改革，陷入了长达8年的持续低迷状态。到了20世纪80年代，美国政府为了拯救风险投资市场，1978—1981年，美国国会连续通过了一系列鼓励和促进风险投资业发展的法案，在这些法案的保障和刺激下，美国的风险投资业又得到了迅速发展。1980—1987年的8年期间，风险投资资本总额增长了4倍，年平均增长率为22.3%。到了20世纪90年代，美国对原来的小企业投资计划进行了较大的改革，如1990年，美国证券交易委员会通过了《144A法案》。在这种法规下，美国的私募证券无须注册即可自由在某些机构投资者之间自由交换，与有组织的私人权益资本市场相比，144A法规所规范的私人证券发行方大多数都是上市公司，而不是非上市股份公司或私人公司。这些上市公司之所以进入市场，是因为它们在法规下想快速地投资并避免注册。又如1992年，美国国会又通过了《小企业股权投资促进法案》，提出了"证券参与计划"，法案规定，小企业管理局以政府信用为基础，可为从事股权类投资的小企业投资公司提供公开发行长期债券的担保，规定长期债权自然产生的定期利息由小企业管理局代为支付，当小企业投资公司实现了足够的资本增值后才一次性偿还债券本金，小企业管理局分享10%的收益提成。这些法案的推出再次推动了美国风险投资业的进一步发展，使得美国风险投资业出现了前所未有的繁荣景象。

3.3.2 我国创业投资法规的形成与发展历程

随着改革开放的不断深入和非公有制经济合法地位的逐步确立，我国创业投资法规的形成经历了一个历史变迁过程。创业投资相关法规制度的历史变迁与经济体制改革是同步的，并受社会就业形势的影响，大体可分为四个发展阶段。

1. 第一阶段：鼓励个体经济发展的相关法规（1978年10月—1987年10月）

1981年《关于城镇非农业个体经济若干政策规定》明确规定了城镇个体经济的性质、经营范围及相关政策。同年国务院又出台了《关于广开门路 搞活经济 解决城镇就业问题的若干决定》，改变那种歧视、限制、打击、并吞集体经济和个体经济的政策措施，相应采取引导、鼓励、促进、扶持的政策措施。1984年在《关于农村个体工商业若干规定》中国家鼓励和支持农村剩余劳动力去经营社会急需的行业。1987年《关于进一步推进科技体制改革的若干规定》提出，要有计划地组织科技人员或鼓励和支持科技人员走出科研机构或高等院校，兴办技术开发、技术服务、技术贸易机构，以及创办中小型股份公司等，允许他们为社会创造财富的同时取得个人合法收入或红利，让部分科技人员先富起来。1986年，经国务院批准，国家科委、财政部共同出资成立了我国第一家创业投资公司——中国新技术创业投资公司（以下简称中创公司），成立的初衷是为了配合国家"火炬计划"

的实施。相关科技创业政策的出台，对科技成果转化为生产力、科技型企业的产生起到了有利的推动作用。

2. 第二阶段：鼓励私营经济发展的相关法规（1987年10月—1992年9月）

1987年党的《十三大报告》明确规定了非公有制经济，特别是私营经济存在和发展的必要性，此后，鼓励创办私营企业的创业投资法规开始加速发展。1988年《中华人民共和国企业法人登记管理条例》建立了企业法人登记管理制度，对企业法人登记注册、开业、变更和注销等事务做出了规定。同年《中华人民共和国私营企业暂行条例》规定，私营企业可以在国家法律和政策允许的范围内从事工业、建筑业、餐饮业、服务业等生产和经营活动。1988年，由科学技术部（原国家科委）组织实施了"火炬计划"。"火炬计划"明确了高新技术成果转化可以通过创办企业来实现。1988年北京中关村科技园区作为我国第一个高新技术产业开发区成立，全国各地结合自身的实际情况，陆续创办高新技术开发区。1991年《关于批准国家高新技术产业开发区和有关政策规定的通知》指出，在全国已有的高新技术产业开发区中，再选定一批开发区作为国家高新技术产业开发区，条件比较成熟的可创办风险投资公司。1991年以来，国务院先后批准了53个国家级高新区，加上宁波高新技术产业开发区（2007年增），我国有54个国家级高新技术产业开发区。

3. 第三阶段：鼓励非公有制经济发展的相关法规（1992年10月—2007年9月）

1993年党的十四届三中全会决定提出："在积极促进国有经济和集体经济发展的同时，鼓励个体、私营、外资经济发展，并依法加强管理。"2002年党的《十六大报告》提出，"必须毫不动摇地鼓励、支持和引导非公有制经济发展"，非公有制经济从作为社会主义市场经济的必要补充变成了重要组成部分，其地位得到了进一步的确立和巩固。非公有制经济合法地位的确立，使支持创办非公有制企业的相关政策与法律法规也得到了不断完善。1993年《中华人民共和国公司法》规定了有限责任公司和股份有限公司设立的程序、组织机构、股权转让、破产与清算等。1997年《中华人民共和国合伙企业法》对合伙企业的设立程序、企业财产、运营过程、入伙与退伙、解散与清算等进行了规范。1999年《中华人民共和国个人独资企业法》对个人独资企业的设立程序、投资人及事务管理、法律责任等进行了明确规范。一系列相关政策从法律上确认了个人创办企业的合法行为。2002年《中华人民共和国中小企业促进法》作为我国第一部中小企业法律，规定国家要对中小企业实行积极的扶持政策，并且加强对其进行引导，为中小企业创立和发展创造了良好的社会环境。政府相关职能部门应当为中小企业提供必要的信息咨询服务，为中小企业发展创造更有利的条件。

4. 第四阶段：鼓励以创业带动就业的相关法规（2007年10月至今）

根据国家统计部门统计，2009年我国登记失业人数首次突破900万，失业率为4.3%。农民工、大学生和残疾人等社会弱势群体就业矛盾更加突出。创业不仅可以解决个人就业，还可以带动他人就业。因此，创业带动就业成为了我国实施扩大就业发展战略的重要内容。2007年党的《十七大报告》指出："实施扩大就业的发展战略，促进以创业带动就业。"2008

年《中华人民共和国就业促进法》规定："国家倡导劳动者树立正确的择业观念，提高就业能力和创业能力；鼓励劳动者自主创业、自谋职业。各级人民政府和有关部门应当简化程序，提高效率，为劳动者自主创业、自谋职业提供便利。"同年9月，人力资源和社会保障部等部门联合发出《关于促进以创业带动就业工作通知》，就完善创业扶持政策，改善创业环境；强化创业培训，提高创业能力；健全创业服务体系，提供创业优质服务等做了明确的规定。2011年《"十二五"中小企业成长规划》强调，鼓励创办小企业，开发更多的就业岗位。2012年以后，随着我国产业升级的需要，创业投资备受中央关注，相关的法规持续出台。2016年国务院印发《国务院关于促进创业投资持续健康发展的若干意见》（也称为"创投二十二条"），体现了党中央、国务院对创业投资发展的高度重视，标志着中国创业投资行业发展进入新的历史时期。

综上所述，我国创业投资法规经历了一个从无到有、从不完善到逐渐完善的过程。从创业主体的角度看，从最初支持城乡无业人员的少数群体创业，到目前鼓励多数劳动力自谋职业、自主创业；从创业行业的角度看，从最初允许创业者从事服务、餐饮、运输等少数行业，逐步扩展到创业涉及多种行业特别是鼓励高科技技术创业；从创业带动就业效应的角度看，从改革开放初期为了解决创业者自身的就业问题，发展到现阶段以创业带动他人就业，我国创业投资法规变迁的轨迹印证了改革开放的历史过程。特别是2015年3月5日，提出"大众创业、万众创新"的战略部署以来，党中央和地方政府关于鼓励支持创新创业及加强创业投资管理方面的法规建设也得到了进一步的丰富和发展。

3.3.3 我国具体的创业投资管理法规

创业投资的成功发展离不开国家政策的支持和管理法规的不断完善。具体来讲，我国促进创业投资行业发展并规范其投资活动的法规条例主要包括三大方面：一是内资企业创业投资管理法规；二是外资企业创业投资管理法规；三是关于（外资）创业投资管理企业相关审批事项。

1. 创业投资企业管理暂行办法

《创业投资企业管理暂行办法》是于2005年11月15日由国家发展改革委、科技部、财政部、商务部、中国人民银行、国家税务总局、国家工商行政管理总局、中国银监会、中国证监会、国家外汇管理局联合发布，自2006年3月1日起施行的一部为促进创业投资企业发展，规范其投资运作，鼓励其投资中小企业特别是中小高新技术企业的法规文件。

该办法规范了在我国境内注册、设立的主要从事创业投资的企业组织。凡遵照本办法规定完成备案程序的创业投资企业，应当接受创业投资企业管理部门的监管，投资运作符合有关规定的可享受政策扶持。未遵照本办法规定完成备案程序的创业投资企业，不受创业投资企业管理部门的监管，不享受政策扶持。创业投资企业的备案管理部门分国务院管理部门和省级（含副省级城市）管理部门两级。国务院管理部门为国家发展和改革委员会；

省级（含副省级城市）管理部门由同级人民政府确定，报国务院管理部门备案后履行相应的备案管理职责，并在创业投资企业备案管理业务上接受国务院管理部门的指导。外商投资创业投资企业适用《外商投资创业投资企业管理规定》。依法设立的外商投资创业投资企业，投资运作符合相关条件，可以享受本办法给予创业投资企业的相关政策扶持。

该办法规定创业投资企业可以以有限责任公司、股份有限公司或法律规定的其他企业组织形式设立。申请设立创业投资企业和创业投资管理顾问企业，依法直接到工商行政管理部门注册登记。在国家工商行政管理部门注册登记的创业投资企业，向国务院管理部门申请备案。在省级及省级以下工商行政管理部门注册登记的创业投资企业，向所在地省级（含副省级城市）管理部门申请备案。该办法具体规定了创业投资企业向管理部门备案应当具备的条件、应当提交的文件、管理部门在收到创业投资企业的备案申请后的回复期限等具体事项。

该办法还规定了创业投资企业在投资运作方面的相关事项，如创业投资企业的经营范围，创业投资企业不得从事担保业务和房地产业务，创业投资企业可以以全额资产对外投资（其中，对企业的投资，仅限于未上市企业；对单个企业的投资不得超过创业投资企业总资产的 20%），创业投资企业可以以股权和优先股、可转换优先股等准股权方式对未上市企业进行投资等。

该办法明确对创业投资企业的监管规定包括：管理部门已予备案的创业投资企业及其管理顾问机构，应当接受管理部门的监管；应当在每个会计年度结束后的 4 个月内向管理部门提交经注册会计师审计的年度财务报告与业务报告，并及时报告投资运作过程中的重大事件；管理部门应当在每个会计年度结束后的 5 个月内，对创业投资企业及其管理顾问机构进行年度检查。在必要时，对其投资运作进行不定期检查；对未遵守相关规定的，管理部门应当责令其在 30 个工作日内改正；未改正的，应当取消备案，并在自取消备案之日起的 3 年内不予受理其重新备案申请等。

2007 年新《公司法》取消或修改了原《公司法》在投资方式、股东人数、注册资本数额、出资时间等方面的规定，从根本上改变创业投资运作的商业环境，对创业投资发展产生了积极影响，具体内容如下：

（1）新《公司法》取消了股份有限公司的设立审批程序，并将注册资本最低限度降为 500 万元，引入授权资本制度，将发起人股份转让限制缩短为一年，使社会资本向创业资本聚合更容易。

（2）从国家法规层面上明确创业资本的基金管理模式，使创业投资的运作与国际接轨。

（3）《合伙企业法》修订案中新增加了"有限合伙的特殊规定"，搭建了一个"能人和富人共舞"的平台，建立了一种有利于风险投资企业运作的组织形式，以优化风险投资公司的运行结构。

（4）新《公司法》取消了对外累计投资额不得超过公司净资产 50% 的限制，规定创业投资企业可以以股权和优先股、可转换优先股等准股权方式对未上市企业进行投资。缩短创业企业股东股份转让的最低时间到一年之内。

（5）新《公司法》扩大了创业企业股东投资的范围和方式，提高了无形资产投资比例。

近年来，国家相关管理部门对上述管理法规进行了多次补充和完善。

2. 外商投资创业投资企业管理规定

《外商投资创业投资企业管理规定》，自2003年3月1日起施行，并根据2015年10月28日《商务部关于修改部分规章和规范性文件的决定》进行修正，以鼓励外国投资者来华从事创业投资，建立和完善我国创业投资机制的法律法规。

本规定在界定外商投资创业投资企业和创业投资的基础上，主要明确了以下几点：

（1）创投企业可以采取非法人制组织形式，也可以采取公司制组织形式。创投企业应遵守中国有关法律法规，符合外商投资产业政策，不得损害中国的社会公共利益。创投企业在中国境内的正当经营活动及合法权益受中国法律的保护。

（2）设立创投企业应具备的六项条件和必备投资者应当具备的六项条件。

（3）设立创投企业按报送设立申请书、省级外经贸主管部门15天内完成初审并上报对外贸易经济合作部、审批机构45天内做出批准或不批准的书面决定、获得批准设立的创投企业应持《外商投资企业批准证书》向国家或省级工商行政管理部门申请办理注册登记手续。

（4）非法人制创投企业的投资者出资及相关变更应符合本规定的相关条款。创投企业设立后，如果有新的投资者申请加入，须符合本规定和创投企业合同的约定，经必备投资者同意，相应修改创投企业合同和章程，并报审批机构备案。非法人制创投企业向登记机关申请变更登记时，上述规定中审批机关出具的相关备案证明可替代相应的审批文件。非法人制创投企业投资者根据创业投资进度缴付出资后，应持相关验资报告向原登记机关申请办理出资备案手续。非法人制创投企业超过最长投资期限仍未缴付或缴清出资的，登记机关根据现行规定予以处罚。公司制创投企业投资者的出资及相关变更按现行规定办理。

（5）组织机构方面，非法人制创投企业设联合管理委员会。公司制创投企业设董事会。联合管理委员会或董事会的组成由投资者在创投企业合同及章程中予以约定。联合管理委员会或董事会代表投资者管理创投企业。

（6）受托管理创投企业的创业投资管理企业应具备以受托管理创投企业的投资业务为主营业务、拥有三名以上具有三年以上创业投资从业经验的专业管理人员和完善的内部控制制度这三项条件。创业投资管理企业可以采取公司制组织形式，也可以采取合伙制组织形式。同一创业投资管理企业可以受托管理不同的创投企业。

（7）此外，本规定还就创投企业经营管理的业务范围、投资方向、禁止投资领域、对外投资期限约定、出售或以其他方式的退出机制、依法申报纳税、属于外国投资者的利润等收益汇出境外的规定、创投企业清算的相关规定等事项进行了详细说明。

3. 商务部关于外商投资创业投资企业、创业投资管理企业审批事项

2009年3月5日发布并施行的《商务部关于外商投资创业投资企业、创业投资管理企业审批事项的通知》，是为进一步转变政府职能，规范外商投资审批工作，提高工作效率，就外商投资创业投资领域审核管理事项的相关文件，该通知主要规定如下：

（1）资本总额1亿美元以下的（含1亿美元）外商投资创业投资企业、外商投资创业投资管理企业的设立及变更由省、自治区、直辖市、计划单列市、哈尔滨、长春、沈阳、济南、南京、杭州、广州、武汉、成都、西安、新疆生产建设兵团商务主管部门（以下简称省级商务主管部门）和国家级经济技术开发区依法负责审核、管理。

（2）省级商务主管部门和国家级经济技术开发区应严格按照《外商投资创业投资企业管理规定》及国家有关法律法规和相关政策要求审核，在收到全部上报材料之日起30天内做出批准或不批准的书面决定。

（3）商务部批准设立的外商投资创业投资企业、外商投资创业投资管理企业后续变更事项（外商投资创业投资企业单次增资超过1亿美元和必备投资者变更的除外），由省级商务主管部门和国家级经济技术开发区审批。

（4）省级商务主管部门和国家级经济技术开发区不得再行下放其他地方部门审批，且应及时将审核管理过程中出现的问题上报商务部，如有违规审批行为，商务部将视情况给予通报批评甚至收回审核、管理权限。

（5）创投企业应于每年3月填写《外商投资创业投资企业情况备案表》，将上一年度的资金筹集和使用等情况报省级商务主管部门和国家级经济技术开发区。省级商务主管部门和国家级经济技术开发区应出具备案证明，作为创投企业参加联合年检的审核材料之一。省级商务主管部门和国家级经济技术开发区应于5月份将情况汇总报商务部。

2016年10月8日，国家商务部发布了《外商投资企业设立及变更备案管理暂行办法》，进一步细化和完善了创业投资企业备案管理的相关规定。该《办法》明确要求国务院商务主管部门负责统筹和指导全国范围内外商投资企业设立及变更的备案管理工作。各省、自治区、直辖市、计划单列市、新疆生产建设兵团、副省级城市的商务主管部门，以及自由贸易试验区、国家级经济技术开发区的相关机构是外商投资企业设立及变更的备案机构，负责本区域内外商投资企业设立及变更的备案管理工作。备案机构通过外商投资综合管理信息系统（以下简称综合管理系统）开展备案工作。该《办法》明确规定外商投资企业的备案程序、监督管理、法律责任等方面的细则。要求本《办法》实施前商务主管部门已受理的外商投资企业设立及变更事项，未完成审批且属于备案范围的，审批程序终止，外商投资企业或其投资者应按照本《办法》办理备案手续。商务部于本《办法》生效前发布的部门规章及相关文件与本《办法》不一致的，适用本《办法》。自由贸易试验区、国家级经济技术开发区的相关机构依据本《办法》第三章和第四章，对本区域内的外商投资企业及其投资者遵守本《办法》情况实施监督检查，且本《办法》自公布之日起施行。《自由贸易试验区外商投资备案管理办法（试行）》（商务部公告2015年第12号）同时废止。

2017年7月30日商务部进一步完善外商投资企业设立及变更备案管理，发布了《关于外商投资企业设立及变更备案管理有关事项的公告》，公告主要内容如下：

（1）自由贸易试验区内，国家规定实施准入特别管理措施的范围，自 2017 年 7 月 10 日起，依照《自由贸易试验区外商投资准入特别管理措施（负面清单）（2017 年版）》的规定执行；自由贸易试验区外，国家规定实施准入特别管理措施的范围，自 2017 年 7 月 28 日起，依照《外商投资产业指导目录（2017 年修订）》中《外商投资准入特别管理措施（外商投资准入负面清单）》的规定执行。

（2）外商投资企业设立及变更适用备案管理的，应按照《备案办法》第五条、第六条、第七条的规定，通过外商投资综合管理系统在线填报《外商投资企业设立备案申报表》（以下简称《设立申报表》）或《外商投资企业变更备案申报表》（以下简称《变更申报表》）。其中，境内非外商投资企业变更为外商投资企业的，应当填报《设立申报表》。

（3）《备案办法》中所称"并购"是指《商务部关于外国投资者并购境内企业的规定》（商务部令 2009 年第 6 号）中规定的外国投资者并购境内企业；《备案办法》中所称"战略投资"是指《外国投资者对上市公司战略投资管理办法》（商务部、证监会、税务总局、工商总局、外汇局令 2005 年第 28 号）中规定的外国投资者对上市公司的战略投资。

本章小结

（1）创业投资本质上是一种权益资本投资，作为优化资本配置、支持实体经济发展、促进经济结构调整的重要投资方式，创业投资已经成为多层次金融体系和资本市场的重要组成部分。一个完善的多层次资本市场，对于经济转型、新兴产业发展都将发挥关键性的推动作用。目前我国多层次资本市场体系已构建起包括主板、二板、中小板、创业板在内的场内市场，以及包括全国股转系统和地方区域性股权市场在内的场外市场。

（2）创业投资政策是影响创业活动和新创企业的公共政策。我国的创业投资政策框架大体上可以分为创业投资的舆论宣传政策、教育培训政策、开业优惠政策、财政及金融政策和产业引导及综合服务政策，除此之外还有所有制优惠政策、企业退出政策、社会保障政策、生活配套政策、风险规避政策等其他服务政策。

大学生创业投资政策内容涵盖范围广，其中供给类政策在大学生的创业初期能够给予相关支持，主要包括教育辅导类、资金扶持类和公共平台类的政策。环境类政策主要是间接对大学生创业产生影响的政策因素，包括对大学生创业的整体引导、风险及产权保护、人力管理及法律援助等方面。需求类政策则在大学生创业成果的转化上给予支持，主要包括采购平台的搭建、市场拓展的控制及政府采购行为等。促进科技型中小企业设立及发展的法律政策主要有资金支持、鼓励技术创新、技术创新服务、财税优惠政策、金融支持政策、发展科技企业孵化器以及做好市场保障等方面。

（3）美国的风险投资业起始于 1958 年美国国会通过的《小企业投资法案》。20 世纪 80 年代，美国政府为了拯救风险投资市场，美国国会连续通过了一系列鼓励和促进风险投资业发展的法案，推动了美国风险投资业的进一步发展，使得美国风险投资业出现了前所未有的繁荣景象。我国创业投资法规的形成经历了一个历史变迁的过程，与经济体制改革是同步的，并受社会就业形势的影响，大体可分为四个发展阶段。我国促进创业投资行业发展并规范其投资活动的法规条例主要包括三大方面：一是内资企业创业投资管理法规；二是外资企业创业投资管理法规；三是关于（外资）创业投资管理企业相关审批事项。

案例分析

扫描此二维码 案例学习

关键术语

创业投资市场　创业投资政策　创业投资法规　创业板　金融政策　税收政策　科技企业孵化器

思考题

1. 我国资本市场的主要构成因素有哪些？
2. 我国创业投资政策的发展演变历程是什么？
3. 创业投资政策的内容主要包含哪些方面？
4. 大学生创业投资政策的主要内容是什么？
5. 促进科技型中小企业设立以及发展的政策有哪些？
6. 我国促进创业投资的法规内容主要是什么？
7. 外商创业投资企业管理法规和审批事项的主要规定是什么？

第4章

创业投资决策

创业投资决策是指创业投资者为了实现其预期的创业投资目标,运用一定的科学理论、方法和手段,通过一定的程序对投资的必要性、投资目标、投资规模、投资方向、投资结构、投资成本与收益等经济活动中重大问题所进行的分析、判断和目标选择。创业投资决策是创业者创业初始面临的重要环节。

4.1 创业投资市场调查和预测

创业投资的市场调研主要指创业投资的必要性分析和评价,即对拟投资的市场产品或所提供的服务是否能满足市场需求和得到社会承认所进行的审查、分析和评价。这是创业投资能否实施的先决条件。如果一个创业项目根本没有投资的必要,或者这个项目的产品或提供的服务没有市场需求或需求量较小,这个项目投资的必要性相对就小。因此,只有对投资项目必要性进行严格审查、分析和评估,才能确认其投资的必要程度,从而保证项目投资决策的正确性和合理性。确认投资必要性的主要根据是拟投项目将来的市场需求。

4.1.1 创业投资必要性分析

1. 创业投资项目概况审查

对投资项目概况的审查,主要是依据对创业投资项目调查所得的资料,结合创业项目有关内容着重审查、分析项目投资背景、目的,找出项目目标中存在的问题,判断其是否符合国家、部门、地区的建设方针与产业政策。在审查投资目标时,既要分析确立项目目标的必要性、合理性,也要估计该项目实现目标的可能性,为进一步审查、分析拟投资项目的必要性做好准备。

2. 创业拟投资项目的市场需求与供给分析

市场将来需求与供给分析是确定创业投资项目的基础,是项目评估的前提和重要组成部分,是决定投资项目生命力的重要环节。

市场需求包括具有支付能力的生产消费需求和生活消费需求两个主要方面。决定市场需求的两个基本因素,一是社会需求,二是支付能力,这二者均是市场需求的实质性因素。没有社会需求,就不能产生市场需求;没有支付能力,只有社会需求也不会产生市场需求,这二者缺一不可。

掌握了市场需求之后就要了解市场供给,从而判断将来市场的供求关系,为创业项目投资的必要性提供依据。市场供给是指商品生产者以一定价格向市场提供可供销售的一定数量的商品。市场供给既包括国内供给，也包括国外供给。凡有国际贸易的国家或地区，进口量也是对国内市场的一种供给。

根据拟投资项目生产产品市场需求量和供给量的数据资料，可进行该产品市场供求的综合分析和评价。如果投资项目寿命期内总的预测需求量都超过供给量，说明这个项目产品有比较稳定、可靠的市场；如果需求与供给相比忽高忽低，则说明这个项目产品市场是不稳定的；如果需求与供给基本持平，则认为这个投资项目的产品市场不一定可靠。在后两种情况下，就应该采取进一步分析。例如，这个项目产品的性能、价格、质量如何，是否优于其他同类产品，在市场竞争中能否处于有利地位等。又如，本项产品有无替代产品，后者有无直接出口的可能，其他拟投资项目有无更强的市场竞争力等。如果总的供给量已经大于总需求，那这个项目就没有投资必要了。

3. 拟投资项目的产品竞争能力分析

拟投资项目的产品有市场需求，只是说明该产品有进入市场的可能性，但要使这种进入市场的可能性变为占有市场的现实，还必须靠产品的竞争能力。产品的竞争是同类产品的不同生产者在占领市场方面的竞争，是一种"争夺市场的比赛"。因此，产品竞争能力是某一产品占领市场或夺取市场的能力，它是创业企业综合素质的集中表现。

决定产品竞争能力的基本要素有多个方面，包括产品质量、价格、售后服务等。在以上各要素中，产品质量和价格是产品竞争力的最基本要素，在项目评估中应重点对这两个要素进行分析。一般来讲，在价格相同的同类产品中，质量好的产品竞争力强；在质量相同的同类产品中，价格低的产品竞争力强。但是在两种同类产品中，一种产品的质量好，而另一种产品价格较低，这就需要借助"产品价值"的概念来进行分析了。产品价值分析需要采用一定的方法，一般方法是邀请产品质量评估专家对相互竞争的产品进行质量评价和比较，进而选择市场价值高的产品进行投资。当然，创业项目市场价值的高低主要取决于该产品的技术是否先进，属于国内外领先技术的产品，其市场竞争力自然很强。

4.1.2 创业投资市场调查

创业投资的市场调查是指对拟投资项目产品市场销售和供给两方面的资料进行系统的收集、记录和分析，以了解产品的现实市场和潜在市场，确定其需求量，为将来市场预测和确定是否投资及投资规模大小提供科学的依据。从创业投资角度来看，市场调查主要包括以下基本内容：

1. 市场需求调查

市场需求是指消费者在一定时期和一定市场范围内有货币支付能力购买产品的总数量。一定时期是指投资项目经济寿命期，一定市场范围是指投资项目产品的销售范围，即项目产品所能占有的市场空间。有的可以外销，出口创汇；有的可以替代进口，节省外汇。

当然，还有一些产品只能在国内销售，满足国内消费者的需求。因此，产品市场需求调查包括国内市场需求和国外市场需求调查。市场需求量可区分为市场实际需求量和潜在需求量。实际需求量是指预测市场上的产品实际销售量，潜在需求量是指在预测时，随其影响因素变化的可能增加量，两者之和为产品市场需求量。

（1）国内市场需求调查。产品国内市场需求受到很多客观因素影响，因此不能简单地把每个人的平均需求量乘以全区或某一地区的人口总数来估算，而应先认真调查这些产品目前的国内需求量，再在此基础上预测未来需求量。国内市场需求调查主要是要搞清国内市场最近或前一段时期对该投资项目产品的需求情况，以便对未来的市场需求进行预测。市场需求的数据来源主要包括商业和物资等产品销售部门、统计部门、主管部门和综合经济部门等。

通过广泛的调查，可以测定过去一定时期内社会对该种产品需求情况的发展趋势，据此推测未来需求。同时也应调查目前是否尚有一部分需求未得到满足，潜在空间有多大。对未满足的需求量调查是很重要的，因为未满足的需求量既可能为产品提供目前的市场，也会影响未来市场需求预测。未满足的市场需求量虽然很难准确估计，但商业部门会有一个大概数据。在某种情况下，现有的市场销售资料也可供参考。

（2）国外市场需求调查，是指调查预测该投资产品现在与将来有无进入国际市场的可能，以及其数量的多少。开展这项工作时，可先向外贸部门了解情况，尤其是要了解该投资产品的目前出口数量、出口国家地区、过去的出口增长率以及今后的出口计划和前景。对上述调查资料的分析比较，可大体判断产品进入国际市场的可能性及其数量的大小。为了在激烈的国际市场竞争中取胜，应了解国际市场对产品规格、性能、型号、质量等方面比较具体的要求，还要考虑可能受到政治、经济、贸易政策等方面的影响。因此，在调查预测国外需求时，必须充分估计多方面的因素，同时应加强对国外竞争对手的分析，采取有效措施占领和扩大国外市场。

2. 市场供给调查

市场供给是指在一定时期和一定市场范围内可提供给消费者的某种商品或劳务的总量。一定时期是指创业项目经济寿命期内，市场范围包括国内市场和国外市场。市场供给可分为实际供给和潜在供给，前者是指市场的实际供给能力，后者是指可能增加的供给能力，两者之和为市场总供给量。

（1）调查预测国内供给量。创业投资项目产品的国内供给量主要取决于其在国内的生产能力。因此，调查供给量，首先必须先调查全国或一定地区该同类产品现有的生产能力。所需资料一般可由相关统计部门、有关企业的主管部门以及金融等部门提供，也可以对现有生产企业进行一些实地调查，这些同类产品企业可以提供一些重要的第一手资料。在掌握了目前的供给量后，就可以预测未来的供给量。

（2）调查预测国外供给量。调查预测国外供给量是指国内可能进口这种产品的数量。如果国内这项产品需求要依靠一部分进口来满足，则应向外贸部门了解，掌握目前进口量和将来可能的增加量。一般原则是进口量以满足国内生产缺口为度。这样减少进口量就可为项目产品开辟国内市场；反之，如果增加进口量，就会使该项目产品的国内市场缩小。根据经验可知，国外供给往往对产品市场产生很大影响。有的产品原来国内供应很小，显然是短线产品；但由于没有进行有效的控制，各地纷纷盲目进口，使项目投产后产品销不出去。得出产品市场需求和供给后，就可进行市场的综合分析，求出总需求缺口：

$$总需求缺口 = 总需求 - 总供给$$
$$总需求 = 国内需求 + 未满足需求 + 同类产品出口$$
$$总供给 = 国内同类产品现有生产能力 + 进口$$

总需求缺口，即潜在的创业项目产品市场，往往是决定项目产品生产规模的基础。

3. 市场调查程序和方法

（1）制订调查计划，即根据所要调查的问题，明确调查目标、对象、范围、方法、进度、分工等。

首先，是明确调查目标，所谓调查目标就是在市场调查中要解决的问题。

其次，是确定调查对象和范围，即在制订调查计划时要根据调查内容选择合适的调查对象和范围，如判断调查对象是单位还是个人，是全面调查还是抽样调查等。

再次，是选择合理的调查方法，因为调查方法选用是否合理得当关系所调查效果的好坏及调查费用的多少。因此，必须根据不同情况，选择合理的调查方法。

复次，是调查数据汇总，即对各类问题的调查结果，应设计出数据汇总表以便整理、分析和汇总。

最后，是明确调查进度与分工。由于市场调查应在规定时间内完成，因此应根据调查目的、对象、范围和要求，合理安排调查时间和人员分工。

（2）实地调查和收集有关资料。由于实地调查是将调查计划付诸实践的过程，所以应该根据进度要求，选择正确的调查方法，分工协作进行实地市场调查，收集有关资料数据。具体实地调查程序如下：

首先，应利用政府统计部门公布的统计数据和年鉴中的资料，因为这些官方资料是最真实的，应尽量避免在网上搜集的第二手资料。

其次，针对一些市场行情变化迅速的行业，调查人员需要收集内容新颖和信息准确并能反映实际情况的第一手资料。由于市场是经常变化的，因此在调查时可能会出现一些预想不到的情况。这时就要求调查人员深入市场第一线，始终保持客观的态度，绝不能用主观想象代替客观事实。

最后，整理资料并编写调查报告，即鉴别资料的真实性，去伪存真，将可靠、准确的资料进行归纳处理并制作统计图表，以便分析研究并完善编写调查报告。调查报告是调查工作的总结，要求要点清晰、简单明了、结论明确，至少包括以下三方面的内容：

①总论。详细说明市场调查目的、对象、范围、方法等。

②结论。在得出市场调查结论之后，应对其进行论据充足、观点明确的说明和解释，

并提出相应的建议。

③附件。相关资料，包含市场调查所得到的图、表、信息等。

（3）市场调查法。市场调查法包括全面调查法和抽样调查法两种。

全面调查法是以访谈或问卷的方式全面地向被调查者提出询问，以获得所需要资料的一种调查方法。此法是市场调查中最常用的方法，特点是全面、精确、范围广、内容深、类型多，但所花时间较长，费用也较高，一般调查者可根据需要选用。全面调查法具体包括以下两种：

①调查表法，即事先准备好调查提纲，设计一套精确而便于明确回答的调查表格，用电话、通信或网络方式进行调查，获取所需调查资料。电话调查仅限于市内和简单问题的调查。

②询问法，即调查人员直接向被调查的单位和个人当面进行调查，这是一种被广泛采用的方法，调查人员可以比较深入地进行了解，发现其中可能存在的新问题。

抽样调查是按随机的原则从总体中抽取样本进行调查，从而推算总体的一种调查方法。随机抽样同样具有相当的准确性，耗用的经费和时间也比较少，因此也是市场调查中比较常采用的一种调查方法。随机抽样法具体包括以下三种：

①简单随机抽样。这种方法是在总体样本中不进行任何有目的的选样，完全按随机原则抽选调查样本，进而推算总体的一种方法。

②分层随机抽样。这种方法是将总体样本按其属性分为若干层或类型，然后在各层中随机抽取样本进行调查。分层随机抽样可以避免简单随机抽样过于集中于某个地区或某个层次的缺陷，从而增加样本的代表性和普遍性。

③分群随机抽样。这种方法是从总体中按随机原则，成群地抽取样本进行调查，从而推算总体的一种调查方法。其方法是先将总体按某个标准分为许多群（组），然后成群地抽选，对抽中的每个群中所有单位全面进行调查，然后推算总体。分群抽样与分层抽样在抽样形式上基本一致，但在分类上有较大差异。分层抽样适于界限分明的母体，层间个体有差异性，层内个体有相同性；分群抽样则正好相反，适合于不宜归类的调查对象，因为群间个体有相同性，而群内个体有差异性。

4.1.3 创业投资市场预测

创业投资市场预测是指在市场调查的基础上，运用科学的方法和手段，对未来一定时期内项目投资产品的市场供求变化及其发展趋势进行分析测算。它是创业投资市场价值评估和预测的一个重要方面。市场预测的方法种类繁多，大体上可分为定性预测和定量预测两大类。

1. 定性预测方法

定性预测方法是预测者依据经验和分析能力，利用所掌握的信息资料，通过对影响市场变化的各种因素的分析、判断和推理来预测市场未来的发展变化。其特点是简便易行，不需要复杂的运算过程，特别是当不具备定量分析条件时，就要通过市场发展变化性质的分析，对未来的市场进行判断，预测市场未来的发展趋势。定性预测方法的确定往往不能提供以精确数据为依据的市场预测值，而只能提供未来发展的大致趋势。定性预测法主要包括以下具体方法：

（1）专家调查法。专家调查法是在20世纪40年代由美国兰德公司研究人员创立的一种定性预测方法，也称"德尔菲法"。具体操作是根据市场预测目的和要求，向有关专家提供一定的背景资料和调查表格，请专家就市场未来发展变化进行判断，最后汇总预测结果，其具体步骤如下：

①拟定调查提纲。提纲内容应包括预测目标、期限、要求等，要设计出简单明了并能正确征询专家意见的表格；

②挑选专家。专家调查法执行的结果是否正确和有效，很大程度上取决于对专家的选择。所选择的专家应对预测对象和问题有比较深入的研究，具有一定的理论水平，有丰富的实践经验和渊博的知识，平时掌握大量相关方面的动态信息和资料。其人数要根据预测性质和问题大小而定。

③征询专家意见。通常的做法是以通信和网络方式向专家发送征询意见表。征询表中不应有倾向性意见，要有利于专家充分发表各自的意见。在专家之间互不交换意见的前提下请专家进行积极的判断。

④整理、集中专家意见，即将各专家的意见进行归纳整理，列出不同的看法及其依据，并反馈给各个专家，请专家再作出判断，征询和反馈一般要重复进行多次，直至专家意见大致相近时为止。对专家意见的处理方法，因预测对象和要求而异，通常用中位数反映预测结果。

⑤整理预测结果。经过反复征询，在专家意见比较集中的基础上，进行分析、处理、判断，最后得出预测结果——通常是专家意见的集中。

（2）相关预测法。市场上各种经济现象之间是互相联系的，某一因素发生变化时，另一种因素也随之而变，这两种因素之间的关系称相关关系。利用经济因素之间的相关关系进行市场预测的方法被称为相关预测法。市场的经济因素之间亦有各种不同的相关关系：一是正相关，即一个经济因素增加，另一个相关因素也增加；二是负相关，即一个经济因素增加，另一个相关因素减少。若两种商品的需求量成正比例变化，则称这两种商品为正相关关系。如果两种商品需求量成反比例变化，则称为负相关关系。因此，在预测时可根据已知经济因素与未知经济因素的正或负相关关系来推测未知经济因素的预测值。一般研究经济因素之间的相关关系，要收集的数据在30组以上，只有利用大量的数据才能回归推出经济因素之间的相关关系。相关预测法计算简单，结果准确，但使用范围小，一般应结合其他预测方法应用。

（3）产品寿命周期预测法。所谓产品寿命周期是指产品从开始投放市场直到被市场淘汰的全过程。通过研究产品的寿命周期进行产品市场预测的方法称为产品寿命周期预测法，这是常用的一种市场预测方法，可以纠正其他预测方法的偏差，尤其在创业投资市场预测中常采用此方法。产品寿命周期大致可分为如下几种：

① 试销期。新产品投放市场后，消费者对这种产品并不熟悉，销售量小，产品成本高，盈利小，也可能亏损，经过一段时间的推广，销售量会缓慢上升。

② 成长期。产品为消费者熟悉并接受，销售量迅速增长，利润也随之上升。

③ 成熟期。产品已逐步满足市场需要，销售量和利润均达到高峰，同时，竞争产品进入市场，使产品销售量和利润不再增长，反而出现下降趋势。

④ 衰退期。产品老化消费者转而购买新产品，销售量和利润额急剧下降，甚至开始出现亏损。

产品寿命周期预测法一般采用定量分析和定性分析相结合的方法。

2. 定量预测方法

定量预测是在充分掌握有关资料的基础上，依据历史和现在的统计资料，选择或建立适当的数学模型，对市场的供应、需求、价格等发展变化规律进行分析研究并对未来变化趋势做出预测。定量预测中常用到的数学计算方法有计算绝对数、平均数、移动平均数、概率等。这种方法适用于历史统计数据相对完整、准确，市场发展变化相对比较稳定，即在发展过程中较少出现突变的过程。定量预测对产品处于成长期或成熟期的市场需求及销售预测也是很适用。定量的预测偏重于从数量方法分析市场的发展，重视并量化市场变化的程度，受主观的影响较小。定量预测方法一般通过现代化的计算工具进行大量的计算处理，设计最佳的数学模型，可以很好地进行客观预测。但是，定量预测方法的采用对于数据质量要求较高，方法机械，不易灵活掌握，在预测市场质的变化方面也存在一定的困难。

定量预测方法可分两大类：一是时间序列预测法，包括移动平均法、指数平滑法、季节指数法、趋势预测法；二是因果关系分析法，主要有线性回归法、非线性回归法、经济计量模型法等。

（1）时间序列预测。时间序列预测是根据预测对象的历史时间序列数据，运用一定的数学方法找出随时间推移的变化规律，从而通过趋势来预测市场未来变化趋势的方法。时间序列数据是指某一经济变量按间隔相同时间的时间顺序排列起来的一组连续的观察值。时间序列数据反映了外部因素综合作用下预测对象的变化过程。时间序列数据的变化主要受两类因素的影响：对市场供求关系起主导作用的规律因素和对市场供求起辅助性及临时作用的偶然因素。时间序列预测法假定市场供求关系只受规律性因素支配，通过对过去及现在市场供求变化的分析来预测未来的市场供求情况，简化了外部的复杂因素，使预测的研究更为直接简便。也正由于这种方法强调规律性因素的作用，所以运用此方法进行预测必须具有一定的前提条件：第一，预测变量的过去、现在和将来的客观条件保持基本不变，即影响未来市场供求的各种因素仍与过去相似，用历史数据解释的规律可以延续到未来；第二，市场的发展过程是渐变的，而不是剧烈变化和大起大落的。

时间序列数据有四个特征：趋势性、季节性、周期性和随机不规则性。一般是利用前三个特性，通过数据处理，设法消除第四个特性，找到预测对象的发展趋势和周期性的变化规律，建立相应的预测模型，得到预测结果。时间序列的预测方法适用于中短期的预测，常见的方法主要有移动平均法、指数平滑法、趋势预测法和季节指数法。

①移动平均法。移动平均法是时间序列预测法中最常见、最简单的一种方法，在短期预测中应用较多。它的基本原理是将时间序列中的观察值以相等的时间间隔划分成不同的间隔段，分段逐点推移进行平均，寻找规律，并依此类推，每推进一个单位时间就舍去最前面一个单位时间段的数据，再进行平均，直到全部数据都处理完毕，最终得到的是一个由移动平均值组成的新的时间序列。移动平均法包括简单移动平均法、二次移动平均法、三次移动平均法、加权平均法等。一次移动平均法适用于实际的时间序列数据没有明显的周期变动并且近期移动平均没有明显的增长或下降趋势的情况，这种方法存在一定的滞后性；二次移动平均法就是在简单移动平均值的基础上再做一次移动平均，适用于实际时间序列数据有明显的周期变动，而且近期移动平均也呈线性增长或下降趋势的情况。

②指数平滑法。指数平滑法又称指数加权平均法，是移动平均法的改进形式。其基本思路是在预测研究中，越近期的数据越应受到重视，时间序列数据中各个数据的重要程度由近及远呈指数规律递减。指数平滑法对时间序列数据的处理采用加权平均法，这就弥补了移动平均法中两个明显的缺陷：第一，移动平均法要求有大量的历史数据，这在实际创业项目评估中往往很难做到；第二，移动平均法还要求对每个观察值的重视程度一样，而最近的观察值往往包含较多的未来情况的信息，所以应该赋予比较远的观察值更大的权数。采用指数平滑法进行预测可以消除历史统计序列数据中的随机波动，从而找出主要的发展趋势。

根据平滑次数的不同，指数平滑法可以分为一次指数平滑法、二次指数平滑法、三次指数平滑法和高次指数平滑法。当实际时间序列数据的变动是随机的，无明显的周期变化或上升下降趋势时可以运用一次指数平滑法，它利用本期的实际观察值和预测值加权平均求得一个指数平滑值，并将其作为下一期的预测值；二次指数平滑法就是在一次指数平滑的基础上再进行一次指数平滑，然后结合长期趋势进行调整预测的方法，适用于预测对象的变动呈线性的情况。

指数平滑法在使用时假定过去存在的各种因素对今后的影响仍会存在，它对短期预测误差较小，对中长期预测会有较大的误差，所以指数平滑法更适合于短期预测。

③趋势预测法。趋势预测法又称趋势外推法，是指对过去的时间序列数据进行外推，拟合一条最适合的趋势线（可以是直线、二次曲线、指数函数、幂函数），然后用这条曲线外推未来时间序列对应的值。若时间序列数据大体上呈等差级数，则其变化趋势可以用直线方程表示；若时间序列数据大体上呈等比级数或抛物线形趋势，则其变化趋势可以用曲线方程表示。曲线的拟合度需达到一定的检验标准，否则将被认为是无效拟合曲线。趋势预测法一般适用于中长期市场变化预测，包括直线趋势预测法和曲线趋势预测法。

（2）回归分析法。以上的各种定量预测方法都只考虑时间因素对于预测对象的影响，但在实际的问题中，经常会涉及几个变量或几种经济现象，它们之间相互关联，并且与时间无直接关系，这就需要研究它们之间的相互关系。对客观存在的现象之间相互依存的关系进行分析研究，测定两个或两个以上变量之间的关系，从而找到它们发展变化的规律来进行推算和预测，这种方法就是回归分析法。简单来讲，回归分析法就是运用事物发展内部因素的因果关系来建立回归分析模型，从而进行分析预测的一种方法。

进行回归分析时，必须选择其中的一个变量作为因变量，其他变量作为自变量，然后根据已知的数据资料，在研究因变量和自变量之间关系的基础上，形成一条直线或曲线，这条直线或曲线代表两者之间的数量变化关系，称为回归直线或曲线，而表示这条线的方程就是回归方程。因变量就是要预测的变量，即预测对象；自变量是影响预测对象的因素。根据自变量的个数，回归方程可以分为一元回归分析和多元回归分析；根据研究问题的性质，回归分析可以分为线性回归分析和非线性回归分析。

运用回归分析法进行预测一般包括：收集整理资料，确定变量；根据散点图及最小二乘法计算回归系数，求得回归方程；计算相关系数，进行相关检验，判断方程可靠性；最后求出置信区间并用回归方程进行测试。

3. 综合预测

综合预测是将定性预测和定量预测结合起来，发挥各自的优点，弥补缺点，从宏观角度对关系市场全局的因素进行综合分析和科学预测，从而求得符合客观实际数据的科学预测方法。该方法适于对民生、社会发展有重大影响的市场产品进行分析预测。当运用单纯的定性预测或定量预测不能准确地进行预测时，也可以选择综合预测的方法。显然，综合预测的工作量较大，实际应用起来有一定的难度，通常用于农产品产销预测、中药工业品的需求预测、社会商品购买力的预测等。

4.2　创业投资价值及风险评估

4.2.1　创业投资项目价值评估

创业投资项目价值评估的主要作用是为投资决策提供依据。在评估中，为了帮助投资者合理地分配金融资源，使一定量的资源对投资目标的实现发挥最大的贡献，就必须使用各种投资效果评价指标从不同角度来反映投资项目的效果，并用相应的评价标准判断其可否接受，同时在多个方案中进行选优。经过人们长期的研究、试验和实践，专家们提出了一系列评价指标及其评价标准，它们有各自的适用条件和特点。正确地理解和采用各种评价指标，是创业投资项目价值评估中决定性的一环。

1. 创业投资项目价值评估指标

按不同的评价标准分类,可以将评价指标分为绝对效果评价指标和相对效果评价指标,静态评价指标和动态评价指标,价值型评价指标和效率型评价指标等。

(1)绝对效果评价指标和相对效果评价指标。其中,绝对效果评价指标是用来判断投资项目或方案是否可行的一类指标。通过项目或方案本身的基础数据计算出来的绝对效果评价指标,要受其相应的判据——评价标准(指标参数)的检验:满足标准者——项目或方案在经济上可行,可被接受;不能满足者,则被认为在经济上不可行,被否决。相对效果评价指标是用于在多方案中进行选优的一类指标。在对投资方案进行评价时,一般分两步:首先要使用绝对效果评价指标判断各个方案是否可行,然后在可行的多个方案中选出最优者。需要注意的是,第一步绝对不可省略,因为相对效果评价指标可以比较出方案的优劣,但并不一定能保证参加比选的方案都在经济上可行。通常两个经济上不可行的方案也有优劣之分,从它们中选出较好的方案,没有任何意义。因此,一般在对具有多个方案的投资项目进行经济评价时,绝对和相对效果指标都要使用。

(2)静态评价指标和动态评价指标。它们是按是否考虑资金的时间价值来分类的。其中,动态评价指标考虑资金的时间价值,因而更符合资金随时间的推移不断增值的实际情况。应用动态评价指标对投资者和决策者树立资金周转观念、充分利用资金、提高投资经济效益具有重要意义,是在可行性研究阶段普遍应用的主要评价指标;而静态评价指标并不考虑资金的时间价值,因而计算简单直观、使用方便,一般多用于经济数据不完整或不够精确的机会研究、初步可行性研究或短期投资项目的评估。在创业投资项目的评价中,应根据工作阶段和要求的深度不同采用不同的评价指标。通常以动态评价为主,计算必要的静态指标进行辅助分析。

(3)由于投资者一般追求的目标是利润最大和效率最高,因此按投资者追求不同目标分类,投资价值评估指标又可分为价值型评价指标和效率型评价指标。其中价值型评价指标是一类以货币为计量单位的评价指标,它反映投资的净盈利。在不考虑其他非经济目标的情况下,投资者追求的目标一般可以简化为同等风险条件下总体净盈利的最大化,因此这种评价指标是最普遍应用的一类指标;而效率型评价指标是比率型指标,它反映的是资金的利用效率。但是,效率型评估指标只能作为绝对效果评价指标(判断项目是否可行),如果不使用其相应的增量差额指标,而直接作为相对效果评价指标对项目比选,其结论有可能与价值型评价指标的结论不一致。这是因为净盈利最大的项目或方案不一定资金利用率最高。由于大多数投资者所追求的目标一般可以简化为净收益最大,因此最终的决策一般应以净收益最大为准则,在投资项目的经济评价中,一般应该尽量选用价值型和效率型两种指标对项目或方案进行评价,以便从净收益和资金利用效率两方面考察投资效果。

2. 创业投资项目静态价值评估公式

(1)投资回收期 P(payback period),它是一个静态绝对评价辅助指标,代表从项目投建时算起,以项目的净收益回收(抵偿)全部投资所需要的时间,用符号 P_t 表示。

其表达式为:

$$\sum_{t=0}^{P}(CI-CO)_t = 0 \quad (4-1)$$

式中:CI 表示现金流入;CO 表示现金流出;(CI-CO)$_t$ 即第 t 年的净现金流量。

公式(4-1)表明,累计净现金流量等于零的年份就是项目的投资回收期。投资回收期以年表示,一般是从建设开始年算起。如果从投产年算起,应予以特别说明。

(2)总投资收益率(ROI)

$$ROI = \frac{EBIT}{IT} \times 100\% \quad (4-2)$$

式中,EBIT(息税前利润)=利润总额(所得税前利润)+(已经计入成本的)利息支出;TI(项目总投资)指发生在各年的投资之和。

(3)项目资本金利润率(ROE)

$$ROE = \frac{NP}{EC} \times 100\% \quad (4-3)$$

式中,NP 指年净利润(所得税后利润);EC 指项目资本金(项目的权益资金)。

以上两个指标公式中的分子一般可取投资项目达到设计能力后的正常年份的年息税前利润或净利润。对于生产或经营期内各年上述数据变动幅度比较大的项目,可取各年数据的平均值。

3. 创业投资项目动态价值评估公式

创业投资项目动态价值评价指标中不仅包含了资金的时间价值,而且考察了项目在整个寿命期内的全部经济数据,所以比静态评价指标更为全面、合理和科学。创业项目动态价值评价指标中涉及有关项目寿命期的三个具体指标术语包括服务寿命、计算期和经济寿命。其中,服务寿命是评价人员认定的、项目建成后能提供产品或服务的年限;计算期是对于服务寿命相当长的项目,由于现值系数随 n 的增大而数值渐小,因此对评价结论的影响(特别是项目可行性的影响)微乎其微,故在评价中可取一适当的计算期,一般小于实际服务寿命期;经济寿命是从经济角度来看,项目最为经济合理的使用年限,即项目出现年均使用成本最低值的年份,可作为经济寿命年限。

(1)净现值。净现值(net present value,NPV)是指按行业的基准收益率或设定的折现率,将项目计算期内各年净现金流量折现到项目建设期初的现值之和,其计算公式如下:

$$NPV = \sum_{t=0}^{n}(CI-CO)_t(P/F, i_c, t)$$
$$= \sum_{t=0}^{n}(CI-CO)_t(1+i_c)^{-t} \quad (4-4)$$

式中:n 为项目的计算期(一般情况下为项目的寿命期);t 为年份;i_c 为行业的基准

收益率或设定的折现率。在实际的应用中，NPV 的另一种更常用表达和计算公式是：

$$NPV = NB_p - K_p \tag{4-5}$$

上式中，NB_p 为各年净收益现值之和；K_p 为各年投资现值之和。

（2）净年值。净年值（net annual value，NAV）是指通过等值计算，将 NPV 分摊到项目计算期（寿命期）内各年（n 年）中的等额年值，其计算公式如下：

$$NAV = NPV(A/P, i_c, n) = \left[\sum_{t=0}^{n}(CI-CO)_t(P/F, i_c, t)\right](A/P, i_c, n) \tag{4-6}$$

式中，n 为项目或方案的计算期（寿命期）。

4. 创业投资项目价值评估分析

（1）静态价值评估分析。由于投资是用每年的净收益来回收的，因此 P_t 所反映的投资回收的快慢，实际上反映的是项目的盈利能力。由于项目面临着未来诸多不确定因素的挑战，而不确定因素带来的风险一般是随着时间的延长而增加的，因此 P_t 还在一定程度上反映了项目风险的大小。这一点使投资回收期指标具有独特的地位和作用，因而其成为在项目的可行性研究中必须计算的静态指标之一。另外，ROI 和 ROE 的判据参数应当是一个合理区间，可以通过多种方法进行测算，将结果互相验证，经协调后确定。一般是在统计的基础上取各项目样本的平均值，再取两个边界值组成一个合理区间。只要项目的 ROI 和 ROE 的计算值位于区间内，项目才可行。但这两个指标不能直接用于方案比选，因为作为效率型指标，ROI 或 ROE 最多可反映资金的利用效率较高，不能反映净收益最大，故不能直接用于项目间的比选。在现实中，一般可以使用它们的增量指标进行项目之间的比较。以 ROI 为例，现有如下公式：

$$\Delta ROI = \frac{\Delta EBIT}{\Delta TI} \times 100\% \tag{4-7}$$

如果 ΔROI 达到了可行标准，则说明增量投资产生的增量息税前利润是经济合理的，则投资大的方案为优；反之，如果 ΔROI 没有达到可行标准，则说明增量投资产生的增量息税前利润是不够经济的，即多投资的经济效果不好，故投资小的项目为优。

（2）动态价值评估分析。首先，在净现值指标中的 NPV 作为绝对效果评价指标用于判断项目或方案是否可行时，NPV ≥ 0，则项目可行，否则予以否决。其中，i_c 是事先设定的盈利水平，即 NPV 是基于 i_c 计算出来的。若 NPV=0，说明项目刚好达到了 i_c 所要求的盈利水平（净收益的现值 NB_p 刚好抵偿投资的现值 K_p）；若 NPV>0，则说明项目超过了 i_c 的盈利水平；若 NPV<0，则说明项目未达到 i_c 的盈利水平。

其次，在净年值作为绝对效果评价指标时，NAV ≥ 0，则项目可行；否则该项目被否决。作为相对评价指标时，在方案可行的条件下，NAV 大者优。由于 NAV 是与 NPV 等效的评价指标，由公式（4-6）可以看出，因为 $(A/P, i_c, n)$ 是正数，所以 NPV 与 NAV 对项目经济评价的结论总是一致的。也就是说，NPV 与 NAV 是等效的评价指标，只不过

NPV 是项目在整个寿命期内获取的在 i_c 水平上的超额净盈利的现值，NAV 是项目寿命期内每年等额的超额净盈利的现值。

此外，在项目的寿命期不同时，NAV 使用更为方便。因为在项目寿命期不等时，由于失去了在时间上的可比性，如果使用 NPV，则需要对其进行一些相应的变换，故比较烦琐。而使用 NAV，则具有在时间上的可比性，且比使用 NPV 更为简便、好用。因此，NAV 在项目经济评价中具有更重要的地位。

4.2.2 创业投资企业价值评估

对创业投资企业价值的评估，是创业投资者决定是否投资的关键因素。对具有较规范财务数据的标的公司，可以采用经典折现模型法和比较法；但对于缺乏可靠财务数据的初创企业，很难用稳健的定量方法评估，通常使用定性加上比较法判断价值。

1. 评估目标价值

评估目标价值就是评估在若干年后退出时的价值，也称为标的企业的退出价值。常用的比例指标包括市盈率、市净率、市销率等。例如，根据企业当前财务数据，预计在投资后 5 年可以退出，退出时的预期销售额为 10 亿元且盈利为 1 亿元。若同类上市公司同期的市盈率平均水平为 25，使用市盈率法便可估计出资本退出价值为 25 亿元。然而，对于目标价值的评估，还需考虑企业的持续融资以及创业投资者给予企业的增值服务发挥的作用。这是一个综合评估，而不是简单的趋势外推。上述标的企业在 5 年后的盈利是否能够达到 1 亿元，其实很难通过数据模型来预测，更多的是创业投资者凭借多年的投资经验、创业经验来进行判断。

2. 折现目标价值

所谓折现目标价值，就是将目标价值折合到投资时点的价值。进行折现时，使用创业投资者所期望获得的收益率作为折现率，一般为 40%～75%。在此区间内，收益率高低根据标的企业风险而定。如果取折现率为 50%，投资期 5 年，目标价值为 25 亿元，则折现目标价值计算如下：

$$\frac{25}{(1+50\%)^5} = 3.29(亿元) \tag{4-8}$$

3. 计算融资后价值

标的企业在实现目标价值之前，估计相继还会有新的关键员工入股和风险资本融资。一般先是关键员工入股，在关键员工入股的基础上，风险资本再投资。这在一定程度上会稀释原创业投资者的股权，降低其所占的股权比例。融资后价值就是计算股权被稀释后目标价值的折现价值。例如，前述标的企业新近的关键员工入股和风险资本持股的比例均为 5%，则创业投资者所能够享有的价值就有变化，即融资后价值为：

$$融资后价值 = 3.29 \times (1-5\%) \times (1-5\%) = 2.97（亿元） \tag{4-9}$$

4. 计算投资持股比例

计算出稀释股权后的融资价值，用创业投资基金的投资额，除以融资后价值，即为投资持股比例。如果创业投资基金准备投资 5 000 万元，则持股比例计算如下：

$$持股比例 = 0.5 \div 2.97 \approx 16.8\% \qquad (4\text{-}10)$$

在实践中，该价值的确定不仅需要评估，还取决于创业投资家和创始人之间的讨价还价。如果创业投资者的议价能力强，则融资前价值会降低；如果创始人议价能力强，则融资前价值会提高。

5. 设立对赌

如果讨价还价过程中出现争议，通常的解决方法是签订对赌协议。对赌内容根据争议而定，如果在业绩评估方面有争议，则对赌内容针对业绩评估而确定；如果在上市时间方面有争议，则对赌内容针对上市时间而确定。在上述计算中，如果创始人认为融资前估值过低，投资人 5 000 万元投资所占股份比例过高，应该仅占 12% 股份比例。风险投资家利用 12% 的持股比例，根据上述过程，倒推上市时的财务业绩。假如在 5 年内创业投资基金希望获得年化 50% 的收益率，则对应的上市时稀释前目标价为：

$$\frac{0.5 \times (1+50\%)^5}{12\%} = 31.64(亿元) \qquad (4\text{-}11)$$

考虑稀释效果，上市时的目标价值应该为：

$$\frac{31.64}{(1-5\%) \times (1-5\%)} = 35.06(亿元) \qquad (4\text{-}12)$$

按照 25 倍的市盈率，利润需要达到 1.40 亿元。

根据计算，创业基金投资时则会设定对赌协议：同意当前持有 12% 的股份比例，要求企业利润在 5 年内达到 1.40 亿元。如不能达到利润目标，则创始人需要向投资人无偿转移 4.8 % 的股份，使得投资人的持股比例达到 16.8%。实践中的数据还需要根据实际情况调整决定。

4.2.3 创业投资企业风险评估

需要说明的是，在了解创业投资时，我们应树立这样一种观点：尽管创业投资经常是从某种高新技术产品出发来做出投资决策的，但创业投资不仅是培育一种或一类产品，更重要的是在培育一个企业。确切来说，创业投资是从创办企业的成长中获利，而不是从某种产品的发展中获利。由于创业投资企业发展的各阶段所面临的风险各不相同，因此，对创业企业的风险进行评估时，必须先明确拟投资对象企业所处的发展阶段，然后再针对性地分析和评估其风险状况，进而为是否投资和如何投资，投资多少和条件如何等提供决策依据。

1. 创业投资企业种子期面临的风险与评估

创业投资企业种子期面临的风险主要是技术风险和资金风险。其中，技术风险主要表现在两方面：一是技术成功的不确定性，虽然新技术、新产品的设想令人神往，但它能否按预定目标开发出来则无法确定；二是技术完善的不确定性，因为新技术、新产品在诞生之初都是十分粗糙的，它能否在现有的技术条件下很快得以完善，也是没有确切答案的。

创业投资企业种子期的资金风险是指企业因得不到资金支持而无法生存下去的风险。该风险与技术风险紧密相连，在一定程度上从属于技术风险。通常来讲，风险投资不会让风险企业无限期地研制下去，一般会为企业设定一个达到技术标准的最后期限。如果届时技术标准仍未达到，企业就必须关门，因此继续投资的必要性几乎就不存在了。

由于种子期的风险企业具有风险大、成功率低的特点，大部分的"种子"都被现实无情地淘汰掉。因此，创业投资企业对资金的投放必须十分慎重。但是，相对于那些真正的风险投资机构而言，它们仍然可以采用广撒网，以分散投资的方式消化风险，以投资组合10%~15%的资金比例投入种子期的创业企业。当然，分散投资不应该是盲目的，应该根据风险企业所在行业、地区、技术水平等方面的不同，按照投资组合原则进行分布投资。同时，还应在管理方面向风险投资企业尽力提供帮助。

2. 创业投资企业初创期面临的风险与评估

创业投资企业进入初创期，企业已掌握了新产品的样品、样机或较为完善的生产工艺路线和工业生产方案，但还需要在许多方面进行改进，尤其需要在与市场相结合的过程中加以完善，使新产品成为市场乐于接受的定型产品，为工业化生产和应用做好准备。这一阶段的投资主要用于形成生产能力和开拓市场，由于需要的资金较大，而且风险企业没有以往的经营记录，投资风险仍然比较大。据测算，一般情况下大约有30%的风险企业在初创期败下阵来。因此，风险企业从以稳健经营著称的商业银行那里取得贷款的可能性很小，更不可能从资本市场上直接融资。

创业投资初创期的风险企业仍将面临各种不同的风险，主要包括技术风险、市场风险和资金风险。

（1）技术风险。技术风险来自于三方面：首先，是新产品生产的不确定性。新产品的生产往往会受到工艺能力、材料供应、零部件配套及设备供应能力的影响。一旦达不到生产的要求，创投企业的生产计划、市场开拓就会因此而受阻。其次，是新产品技术效果的不确定性。创投企业在开发、生产新产品的过程中，难以事先预料产品的技术效果。尤其是那些需要较长时间才能显示出来的效果，更让创业者对产品能否达到消费者和社会的要求难以确定。另外，有些产品在使用过程中会暴露出较大的副作用，如对人体的伤害，对环境的污染，对生态平衡的破坏等。如果创投企业不能从技术上克服造成副作用的因素，企业的这个产品差不多就失败了，因为它会受到来自政府方面的限制或有关方面的反对，这一点在生物行业中体现得尤其明显。最后，是新技术替代的不确定性。新技术的出现会使原技术的生产工艺和生产材料发生很大变化，原有的投资会产生风险，特别是在电子行业。

（2）市场风险。在初创期的企业，其新产品开始真正进入市场，只有那些能够赢得市场的产品才能获得继续发展的机会。企业所面临的市场风险体现在以下几方面：

首先，市场对新产品接受能力的不确定性。对一项新产品，特别是那些尚未有市场基础的产品，消费者有一个熟悉的过程。对于市场最终能否接受新产品，以及接受的容量有多大，是很难加以估计的。

其次，市场对新产品接受时间的不确定性。即便新产品能够被市场所接受，其推出的时间与诱导出真正需求的时间之间还会有一个时滞。由于市场千变万化，时滞越长，产品所承受的压力就越大。

再次，新产品市场扩散速度的不确定性。对新产品市场扩散速度估计得过分悲观，创投企业容易错过大好的发展机会；而对新产品市场扩散速度估计得过分乐观，也会导致企业陷入困境。

最后，新产品市场竞争力的不确定性。处于初创期的企业还是小企业，其开发的高新技术产品往往要面对激烈的市场竞争。创投企业的产品能否经得起竞争，能夺得多大的市场份额，都是未知数。

（3）资金风险。与种子期的资金风险极为相似，其大小主要依附于前述两大风险。只要技术完善、市场开发按计划顺利展开，资金风险相应就小；反之压力较大。

3. 创业投资企业成长期面临的风险与评估

经受了初创期的考验后，创投企业在生产、销售、服务方面基本上有了成功的把握。新产品的设计和制造方法已定型，创投企业具备了批量生产的能力。这时，企业的主要工作就是要大力开拓国内、国际市场，牢固树立起企业的品牌形象，确立企业在业界的主导地位。另外，由于高新技术产品更新换代的速度快，企业应在提高产品质量、降低成本的同时，着手研究开发第二代产品，以保证企业的持续发展。

成长期创投企业所面临的风险与种子期、初创期相比，其发展前景大多比较明朗，影响企业发展的各种不确定因素大为减少，风险也随之降低。在这一快速成长阶段中，企业会面临较为特别的管理方面的风险——增长转型期问题，即创业企业的管理能力跟不上企业快速膨胀而带来的风险，这是快速增长的创投企业常常遇到的问题之一。不少创投企业克服重重困难，发展到成长期，满以为成功在望，高额回报唾手可得时，没想到会栽倒在自己企业的内部管理上。增长转型期问题之所以成为创投企业的特有风险，有两个原因：一是高新技术产业具有收益大、见效快的特点，此阶段的企业增长速度都比较快，有时甚至达到300%～500%的惊人速度，但创投企业组织结构的调整、管理人员的扩充却需要一定的时间，这就会在许多问题上出现"心有余而力不足"的现象；二是创投企业的创业者们大多是技术背景出身，对企业管理、财务和法律事务所知不多，他们习惯于将精力、工作重点放在技术创新上，而忽视了企业在组织管理方面应根据企业的发展阶段不断进行调整。这一阶段创投企业的领导者管理经验不足，往往会给生产经营带来很大的负面影响，甚至造成前期创业成果功亏一篑的风险。

在创业投资企业的成长期阶段,创业投资机构应主要考察拟投资企业的市场扩张能力、管理计划能力等不能适应管理需求的风险。如认为投资可行,则应以 25%～30% 的投资组合资金比例投入企业。同时,应在管理上帮助企业建立有效的内部治理结构,使企业管理能够跟得上业务发展的需要,以降低管理风险带来的负面影响。

4. 创业投资企业成熟期面临的风险与评估

在这一时期,创投企业经营进入平稳时期。一方面,企业经营步入正轨,产品市场较为稳定,企业内部机制走向健全,企业创业高管已经可以较为自如地独立管理企业;另一方面,这时企业所需的资金数量已不是小额投资所能满足的。因此,创投企业在这一成长阶段面临的风险又会转为资金风险和寻求创业资本适时退出机会难觅的风险。必要时应尽可能求助专业机构,如投资银行等。当然,对于风险基金或投资银行来说,它们可以在创投机构和企业的任何阶段介入。不过,介入得越早,风险越大,其投资回报期望值越高;介入得越晚,风险越小,回报期望值也就越低。

4.3 创业投资对象筛选与确定

4.3.1 创业投资对象的筛选步骤

1. 创业投资对象的初步筛选

在进行了投资市场调研及项目企业评估以后,创投企业需要做的最后一步则是选择什么样的项目或企业作为投资对象,这是创业者和风险投资家最为关心的。一般情况下,创业者在搜集了大量投资对象信息的基础上,将根据市场提供的经济信息对拟投资项目企业进行初次审查,将所有信息浏览一遍,用较短的时间对审查结果进行初步筛选,并以此为下一步的专业评估及确定投资对象提供判断依据。一般情况下,初步筛选将会淘汰掉 99% 的项目或企业,只留下 1% 左右的项目或企业在以后的工作环节进行详细的调查与评估。

2. 创业投资对象的专业评估

经过初步筛选阶段后,创业者和投资机构需对备选企业(项目)再进行深入、复杂且耗时的市场调查和专业评估,以验证拟投资(项目)企业所提交材料的准确性,发掘可能遗漏的重要信息,并对收集到的信息加以详细地分析与评估,以决定是否投资、如何投资以及投资多少。此环节由创投团队亲自或委托投资顾问专家进行,评估小组通常包括会计师和律师。

3. 创业投资对象的筛选标准

市场调查和专业评估环节大约需要数周的时间。在此期间,创业投资对象评估小组需要与潜在的投资客户接触、向技术专家咨询并与管理队伍举行几轮会谈，认真细致地对拟投资对象（项目）企业现状、成功前景及其经营团队开展调查，详细研究和考察产品市场、人员素质以及经济核算等。对目标企业进行筛选的标准如下：

（1）杰出的管理团队。投资于拥有成功经验和创业精神、执行力强、团结、开明的管理团队是第一重要的标准。这里主要强调的是，投资人（机构）需要从各个不同角度对该创业者或创业者队伍进行考察。具体问题包括主要管理人员简历和学历水平、其是否具有持续奋斗的禀赋、是否非常熟悉产品的目标市场、是否具有很强的综合管理能力、技术能力和市场开拓能力、内部是否团结等。投资人（机构）期望的管理队伍是由一批具有高度成就欲的人所组成，他们都是各自领域内的专家，如工程、市场、销售和研究开发等领域。

（2）有效的商业模式和技术。在通常情况下，投资者（机构）更愿意投资于国家大力支持且处于盈利阶段的（项目）企业，并有销售额和利润增长的业绩。目标企业应具有已验证有效的商业模式和技术，行业进入门槛较高，不易被新技术所替代。一般而言，一个成功的创业企业必须具有先进性和排他性的技术。投资机构要判断创投企业（项目）中技术是否首创、其市场前景或产业化的可能性如何、采用该技术之后的新产品是否可靠等。一般来讲，投资人（机构）会选择他们熟悉的专业领域进行创业投资。

（3）产品快速增长的能力。目标企业能够通过有机增长或收购的方式进行快速扩张。投资的目标企业其增长来自于自身不断提升的竞争力和良好的行业状况。投资人（机构）希望目标企业今后年份的销售额和净利润增长率高于同行业。而且，目标企业（项目）的产品最好是市场上独一无二或远远优胜于其他同类产品的产品。通常创业投资机构感兴趣的都是有申请专利潜质或已申请了专利的产品，其市场份额应该潜力较大。因为任何一项技术或产品如果没有广阔的市场前景，其潜在的增值能力就是有限的。因此，创业投资机构需要从以下几个方面了解市场的具体情况：目标细分市场的容量、特点；主要竞争对手及其市场份额；产品进入市场的适当时机；产品或其替代品预期的市场价格；预期的分销渠道和预期的利润状况；准备使用的市场策略及手段；未来3～5年目标市场的发展情况等。一般而言，创业企业所开发的产品应该具有非常广阔的市场前景和非常迅速的市场开拓速度，预期能够使其投资在5到10年内至少能获得数倍的收益回报。

（4）谨慎的财务预算和可行的退出方案。创业投资者（机构）需要极为谨慎地为目标企业（项目）进行财务预算，这是决定其投资是否可行的又一关键环节。常常是要计划三至五年或八年甚至更长时间的预算，具体需要估算一个刚起步的企业由开始投资到产品盈利所需的总资本，还需要知道这个企业（项目）由起步到盈利的大概时间，评估项目计划运营期投资企业的收入和利润，从而判断其投资的投资收益目标是否能够达到。同时，投资者更期望目标企业能够在有限的时间里创造投资退出的条件，使其初期及后续的投资能够顺利完成退出。

应当指出的是，创投机构对目标企业（项目）的评估是理性与灵感的结合。其理性分析与一般的商业分析大同小异，所不同的是灵感在创业投资中占有一定比重，如对技术的把握和对人的评价等。

4.3.2 创业投资对象筛选后的尽职调查

创业投资对象筛选是投资活动的起点，对随后的一系列活动有着重要影响。一般来讲，在每100～1 000个备选项目中，大致有10个进入预调查阶段，2～3个可进入尽职调查阶段，仅1个能最终签订投资协议。创业投资者对投资对象的衡量聚焦于五个方面：一是市场吸引力，包括产品或者服务的市场容量大小、成长空间和客户来源等；二是产品异质性，包括独特品质、专利保护、技术优势、毛利率等；三是管理能力，包括企业家特质、营销、经营管理、融资等；四是环境压力，包括技术生命周期、进入壁垒、经济环境波动时的稳健性、下行风险保护等；五是退出的便利性，即IPO和并购的可能性。在上述五个方面中，第一个和第二个是获利的决定性因素，第三个和第四个是获利的保障性因素，决定性因素比保障性因素更重要。显然，创业投资对象的尽职调查便是对上述五大因素的再调查，其结果构成是否投资的主要依据。

1. 尽职调查的目的

确定筛选的重点后，即进入收集信息和评价阶段。尽职调查是指对标的企业经营管理现状进行调查，以确认标的企业管理层提供信息的准确性。尽职调查的工作可以分为两项内容，一是确认所获得的信息，二是获取当前的未知信息。确认信息是指核实企业提供的信息。核实的原因有两点：第一，对创业投资资金出资人履行应尽的谨慎义务；第二，标的企业与创业投资者之间通过进一步沟通以加强理解，确定信息的准确含义，降低由于故意隐瞒或理解偏差带来的信息不对称性。

2. 尽职调查的信息

在尽职调查中，需要确认和获取的信息大致包括六个方面：（1）标的企业基本信息，如注册文件、公司组织、会议记录、重大事项、股东及高管材料等；（2）各种资产，包括专利、设备等；（3）各种负债，包括可能产生的或有负债；（4）重大合同，包括正在执行和将要执行的合同，如采购合同、供货合同等；（5）员工，包括核心员工、高管情况、员工和高管激励等；（6）财务信息，即历年财务报表及附注。

3. 尽职调查的内容

（1）管理团队。一个优秀的创业团队是创业企业实现高成长性的核心要素之一。企业未来发展的各种可能性在很大程度上依赖于管理团队的经验和能力。对管理团队的评估需要考虑企业所处的阶段，处于不同成长阶段的企业对管理的要求不同。当企业处于技术开发阶段时，作为技术出身的创始人更适合处理相关的问题；当企业处于市场开发阶段，具有企业管理经验的管理人员更适合处理企业事务。在进行尽职调查时，创业投资者需要重点考察三方面内容：第一，当前管理团队的优势和劣势是什么；第二，当前企业需要什么样的管理团队；第三，随着企业的成长，当前管理团队是否能适应不断变化的要求。

（2）客户与销售。创业投资者需要了解标的企业的大客户情况和重大合同情况。通过对大客户的访谈，获取客户对企业产品或者服务的看法，判断企业产品或服务受市场欢迎的程度、满足客户需求的程度。对大客户的访谈，需要注意对访谈结果进行必要的信息加工和筛选，防止因客户和投资者不同的立场而可能出现的信息失真。在评估销售情况时，创业投资者应关注企业产品与市场需求的耦合度以及标的企业使用的营销策略是否足以支撑企业产品和服务在市场上获得竞争优势等。评估上述问题既需要营销专业知识，又需要具备丰富的营销工作经验。

（3）财务数据。调查财务数据，需注意三方面问题：第一，新创企业的财务数据是否规范，是否需要按照会计准则对照修正；第二，调查财务数据的目的是为了估值，以判断企业的未来趋势，应特别重视财务指标与企业历史研判状况的吻合性；第三，对于不同阶段的企业，应侧重关注不同的财务指标。在种子期应重点关注企业的成本结构，如办公费用、研发费用等构成。成本结构可反映企业投资的方向，对企业未来发展会产生重要影响。在初创期应重点关注企业销售收入的成长性；在成长期则还需同时关注企业销售收入和利润增长之间的关系。

（4）产品和技术特点。标的企业的投资价值源自产品的竞争优势，竞争优势通过某种技术专利或其他垄断因素获得。对企业产品技术的评价包括技术影响力、技术成熟度、技术可替代性等。技术影响力大则创新性强，可应用于商业领域，其可预期的成长空间就大。技术成熟度影响技术的可应用性。技术的可替代性表明企业依靠技术可以获得的竞争优势，以及是否具有发展的可持续性。与此同时，技术创新与适当的商业模式相结合，才更能体现出商业价值。随着互联网技术的发展，越来越多的创业企业可以通过盈利模式创新对传统行业或技术造成破坏性影响，并获得创业投资基金的青睐。例如，软件行业的奇虎360公司利用免费网络安全平台的商业模式构建新的价值链和盈利模式，获得美国高原资本、红点投资、红杉投资等创业投资机构的联合投资。

（5）公司治理结构。健全的公司治理结构有助于降低企业决策风险，降低损害投资者利益的可能性。现代公司治理结构是企业所有权和经营权分离的产物，是降低代理风险的机制。众多企业实践表明，在初创企业中，当存在多个创始合伙人时，平分股份在事后出现纠纷的可能性加大。如果前期有创业投资机构进入，并且投资机构持有股份比例较大时，创始人的地位容易受到威胁，创始人创造价值的动力就会减弱影响创业企业未来的发展。创业投资基金所关注的公司治理结构，更多的是指建立合理治理结构的可能性，防止投资被"套牢"和无法制约管理层的独断专行而带来投资损失。

（6）法律风险。对法律风险进行尽职调查，主要目的是确保目标企业依法成立并拥有经营其业务的营业执照，找出任何实际的和潜在的法律诉讼。尽职调查的重点内容包括：目标企业成立的相关手续和证件是否齐全，营业执照是否有效，是否按时年检；房产证和土地使用证是否完备；企业拥有的资产是否存在纠纷，是否对主要资产进行投保；企业所有权结构是否明确，是否存在股权抵押或质押的情况；企业过去签订的合同是否合法合规；

是否存在知识产权、劳资关系、产品责任等方面的诉讼或者诉讼威胁；现行法律以及未来法制进展会对企业发展产生什么样的影响等。

4.3.3 创业投资目标确定

通过尽职调查和专业评估环节，创投机构尽可能地了解目标企业（项目）的信息，并从多个角度对目标企业（项目）是否具有投资价值进行评估。接下来，创业投资机构就要在这些信息和评估结果的基础上做出是否投资的决策。

1. 创业投资决策三原则

创业投资决策三原则是指投资者在决定投资标的企业或项目时应该遵循的三个基本标准和行为准则，具体内容如下：

（1）风险最小化原则，即决不选取超过两个风险以上的企业（项目）。创业投资常见的风险包括五个，即研究开发风险、生产产品风险、市场营运风险、企业管理风险和成长风险。若一个企业有两个或两个以上的风险，一般就不应该投资。

（2）价值最大化原则。投资价值计算公式：$V=P \cdot S \cdot E$。其中 V 代表投资价值，P 代表产品的市场需求大小，S 代表产品、服务或技术的独特性与可行性，E 代表管理队伍（企业家）的素质。在选择创业企业时通常要选 V 值最高的项目。如果定义 P、S、E 有效的比值系统是 $0 \sim 3$，那么 V 值应为 $0 \sim 27$。一般而言，在这样的系统中只有 V 值达到 20 以上，创业企业（项目）才具有投资价值。

（3）标的最优化原则，即投资 P 值最大的企业（项目）。在风险和收益相同的情况下，创业投资方更应该投资产品市场更大的企业或项目。

2. 交易条款构思与谈判

一旦进行了投资的决策，投资者（机构）下一步的工作就是要确定同目标企业（项目）的交易条款。交易谈判是协调投资者（机构）和目标企业（项目）双方的不同需求而对交易结构进行的谈判。在谈判中，投资者（机构）主要考虑相对于目标企业（项目）的风险而赚取的合理回报、对目标企业施加足够的影响、在任何情况下都要保证投资顺利撤出等方面；而创业者更关心对目标企业的领导权和企业未来的发展前景。

投资者（机构）与目标企业（项目）谈判的主要内容包括以下方面：

（1）投融资工具的种类、组合以及资本结构；

（2）投资交易定价；

（3）确定企业控制权；

（4）对未来融资的要求；

（5）管理的介入和资金撤出方式的安排。

在通常情况下，谈判的结果形成时，谈判双方均会得到一个条款清单，其可概括出涉及的全部内容，但这个过程往往可能要持续数周甚至数月。

3. 签订投资协约

只要事实清楚，一致同意交易条件和细节，谈判双方就可以签订最终资金交易文件。一旦最后的协议签订程序完成，资金需求方便能得到协议商定的投资资金，以继续实现其经营计划中拟定的目标。在多数协议中，一般还包括资本退出计划，即简单概括出投资者（机构）如何撤出其资金以及当遇到预算、重大事件和其他目标没有实现的情况时将如何处理等内容。

本章小结

（1）创业投资决策前需要通过市场投资的必要性分析，以及市场需求和供给的调查、预测来获取决策的信息依据，这是创业投资决策的前提。如何进行市场调查和预测，以及采取什么指标，均需认真选择，这是创业投资决策必备的基本态度。

（2）创业投资项目和企业价值评估的主要作用是为投资决策提供依据。创业投资的价值主要是通过各种财务指标来进行投资效果评价，指标可从不同角度反映投资项目的效果，并用相应的评价标准判断其是否接受，同时在多个方案中进行优选。创业投资企业的风险评估需要根据企业发展的不同阶段及其风险特征进行认真选择，这是决策前的另一重要工作。

（3）创业投资价值及风险评估后可进行投资对象的筛选，通过创业投资对象筛选后的尽职调查来进一步确定创业投资对象；和投资对象进行投资前的谈判及最终签订投资协议需要依据三个基本原则，即风险最小化原则、价值最大化原则和标的最优化原则。

案例分析

扫描此码 案例学习

关键术语

市场调查　市场预测　市场供给　市场需求　投资必要性　企业价值评估
企业风险评估　投资对象筛选　投资谈判条件　创业投资决定

思考题

1. 创业投资项目必要性评估及其内容有哪些？

2. 市场预测及其程序和方法是什么？
3. 市场预测定性分析法和定量分析法各自的特点和适用条件是什么？
4. 创业投资企业的价值评估方法是什么？
5. 创业投资企业不同发展阶段的风险如何评估？
6. 如何筛选创业投资对象？
7. 创业投资决策有哪三项基本原则？试述其含义。

第5章

创业投资基金

5.1 创业投资基金概述

5.1.1 创业投资基金的概念及本质

1. 创业投资基金的概念

创业投资基金又叫风险投资基金,是以一定的方式吸收机构或个人的资金,形成基金,由具有资本管理专业知识和经验的团队进行统一投资,统一管理,投资结束后统一分配投资收益的基金组织。

2. 创业投资基金的本质

从性质上讲,创业投资基金是一种特殊的金融资本。一般情况下,创业投资基金是以私募的方式积累起来,积聚到一定数额后,专门用于投资目标创业企业或创业项目,并在适当时期,采取合适的方式退出所投资本,以期获得高于一般投资的丰厚回报。然而,创业投资基金之所以又称风险投资基金,是因为受各种不同因素的影响,被投资的创业企业或项目成功率相对较低,失败的风险相对较高,因此创业投资基金的资本从投入到运营全过程需要由专业机构参与管理,以确保高收入回报的及时实现。

从创业投资基金的概念和本质可以得出:创业投资基金是一个间接金融中介机构,同时也是一种有特定来源和特定用途的特殊金融资本形式。创业投资基金从形成到使用的全过程如图 5.1 所示。

图 5.1 创业投资基金资金流动示意图

由图 5.1 可以看出,创业投资基金形成于多个投资人将资本投入创业投资基金,进而获得基金份额;创业基金管理人则使用募集到的资本,进行以股权方式为主的投资,进而获得被投资企业即标的企业(或项目)的权益。因此,创业投资基金是一种特殊的权益资本。

5.1.2 创业投资基金的特点

创业投资基金为创新创业型企业提供创业资本,这类企业的股票一般非上市,流动性比较差，投资风险较高；但这类企业有可能出现难以预期的成长，或称为突变式成长。从投资的目标来讲，创业投资基金的投入就是为了促使创新创业企业快速成长，从而实现获取高额回报的目的。在具体的创业投资运作中，它具有如下几方面的特点。

1. 投资对象限定

企业生命周期从理论上可划分为六个阶段：种子期、初创期、成长早期、扩张期、成熟期和衰退期。当企业处于种子期和初创期时，对资金的需求量大，但融资非常困难。创业投资基金恰恰弥补了这一空白，它主要投资于一般投资者或银行不愿提供资金的高科技开发、新产品生产、处于种子期和初创期的创业企业。这些被投资的对象一般具备以下特征：（1）符合国家产业政策，技术含量较高，创新性较强的科技项目；（2）产品有较大的市场容量和较强的市场竞争力，有较好的潜在经济效益和社会效益；（3）投资以研发阶段项目为主。创业投资基金资本投入种子期和初创期的企业主要是为了将创始人拥有的新技术或新创意，转变为可以商业化的产品或者服务并尽快确定商业模式，加速其发展，助推其成长，以获取突发式成长可能带来的高收益回报。

2. 融资来源多头

创业投资基金的主要来源有：保险公司、退休基金、大学基金、家族信托基金、政府部门、上市私人企业、个别富有投资者等。创业投资基金的资金由基金管理人管理。为寻求长期投资、高额回报，他们将资金提供给需要创业或者扩张业务的企业以获取增值，最后将资本盈利中的大部分回馈出资人。创业投资基金经理每年收取2%～2.5%的管理费作为日常运作费用，在撤出资本后，收取20%～25%的盈利作为成功报酬。

3. 投资特定权益证券或创业实体

资本市场上的投资一般是指通过购买交易所的金融工具而进行交易的行为。如果买的是股权，则一般是指上市公司的股票；如果是债权，则是指上市流通的债券。但创业投资基金明显与资本市场上一般意义的金融投资不同，它主要是以支持"新创企业"为主，通过直接购买股票、认股权证、可转换债券、可转换优先股等方式进行投资，或通过直接投资于新创企业或项目，以促使新创企业（项目）快速发展，待企业价值和股权价值得到提升，其投资可获得最大回报时，便相继退出。

4. 提供专业资本管理

创业投资基金倾向于对新创科技企业进行投资，甘愿承担创业投资的风险，协助新公司开发新产品，提供技术支持及产品营销渠道，主要目的是追求较大的投资回报，而不是控制被投资公司的所有权。为了实现投资收益，创业投资基金不仅需要以股权的方式对被投资企业提供资金，也需要提供必要的财务监督与咨询，提供管理支持，使所投资的新创企业能够健全经营管理制度、实现价值的最大增值。由于处于种子期或初创期的新创企业，其创始人有些是科技人员，自身管理经验不足，也缺乏经营企业必要的社会网络，需要外部的管理支持。创业投资基金参与企业必要的经营决策与管理，有利于帮助被投资企业克服困难，提升附加价值，更有利于控制投资风险。同时，管理的机构化，也提高了创业投资基金的使用效率,缩短了投资回收期,提高了资金回报率。

5.1.3 创业投资基金的类型

按照不同的划分标准,创业投资基金可划分为不同的类型。

1. 按照国际市场的投资方式划分

按照国际市场的投资方式划分,创业投资基金可划分为风险投资基金(venture capital)、天使投资基金(angel capital)、成长基金(development capital)、多阶段资产配置基金(multistage asset allocation fund)、基础设施基金(infrastructure fund)、政府引导基金、FOF(fund of fund)基金等。

(1)风险投资基金。美国风险投资协会(NVCA)将其定义为:风险投资是由职业金融家投入新兴的、迅速发展的、有巨大竞争潜力的企业中的一种权益资本。世界经济合作组织(OECD)将其定义为:风险投资是一种向极具发展潜力的新建企业或中小企业提供权益资本的投资行为。我国国务院2016年9月20日印发的《关于促进创业持续健康发展的若干意见》(以下简称《意见》)对真正的创业/风险投资定义为:向处于创建或重建过程中的未上市成长性创业企业进行股权投资,以期所投资创业企业发育成熟或相对成熟后,主要通过股权转让获取资本增值收益的投资方式。

(2)天使投资基金。这种基金是自由投资者或非正式风险投资机构对原创项目起步阶段或小型初创企业进行的一次性前期投资所形成的基金。天使投资虽是一种风险投资,但它是一种非组织化的创业投资形式,资金大多来源于民间个人资本,投资门槛较低,有时即便是一个创业构想,只要有发展潜力,就能获取资金,而风险投资基金一般对尚未正式诞生的或刚刚创立的企业兴趣不大。

(3)成长基金。成长基金是对企业成长期的权益性投资,主要投资于发展到成长期的企业。这一时期,企业的经营项目已从研发阶段过渡到市场推广阶段,已经有了一定规模、营业收入和正现金流,企业的商业模式也得到市场认可,而且仍然具有良好的成长潜力。通常情况下,这一阶段的企业一般为经历2~3年的投资期,投资规模在3 000万元~2亿元,并在可控风险措施下,寻求4~6倍的可观回报。目前,成长基金在我国创业投资基金中占主流地位。

(4)多阶段资产配置基金。这是对企业发展各不同阶段按照多阶段资产配置模型设计出一定比例投资的基金,它期望资产价值更高,期望损失成本更小,承担的风险更少。

(5)基础设施基金。这种基金一般是政府专门投资于基础设施和公共事业领域的基金,该种基金力求通过基于宏观经济和基础设施研究的动态投资组合,以低于市场的波动性来创造绝对收益。

(6)政府引导基金。这种基金是政府主导成立的、专门投资于VC或PE基金的投资基金,其目的在于通过设立引导基金吸引社会闲散资本来投资,从而成立的一种创业投资基金。这种基金重在发挥政策引导作用和效应。

（7）FOF（Fund of Fund）基金。这种基金是指专门投资于基金的一种特殊基金，是结合基金产品创新和销售渠道创新的基金品种，是一种基金中的基金。它凭借专业的投资机构、科学的基金分析及评价系统，更有效地从品种繁多、获利能力参差不齐的基金中找出优势品种，最大限度地帮助投资者规避风险，获取收益。正是由于 FOF 具有上述专业基金操作能力，其可以充当基金出资人和基金管理者的中间桥梁，使资本管理更为有效，同时其本身具备分散投资和降低非系统性风险的作用，使得机构投资人更容易实现总体收益的稳定增长。政府引导基金就是一种带有政策性的 FOF 基金。

2. 按组织形式划分

按组织形式划分不同创业投资基金可分为契约型创业投资基金、公司制创业投资基金和有限合伙型创业投资基金。

（1）契约型创业投资基金。其基金持有人和基金管理人之间按照所签订的契约处置基金资产，由基金管理人行使基金财产权，并承担相应的民事责任。基金持有人以其持有的基金份额为限对基金承担责任，也可在基金契约中约定基金管理人承担无限责任，此种基金的持有人即投资人权力很小，不能参与基金决策，处于被动投资的状态，因此国际上很少采用此形式。

（2）公司型创业投资基金。该基金的投资者是公司的股东，并以其出资额为限对基金承担责任，基金以其全部资产对基金债务承担责任。基金享有由股东投资形成的全部法人财产权，依法享有民事权利和承担民事义务。基金与基金管理人之间遵循所签订的委托资产管理协议来处置金融资产。

（3）有限合伙型创业投资基金。有限合伙型基金是创业投资基金通常所采用的组织形式。有限合伙基金有两类合伙人组成，即普通合伙人或称为一般合伙人（General Partner）和有限合伙人（Limited Partner）。一般情况下，有限合伙人作为主要出资人，投入资本，获取收益。普通合伙人主要负责对基金的管理，并获取收益。在有限合伙基金中，有限合伙人与普通合伙人均为投资人，但是大部分资金由有限合伙人提供，实践中通常达到基金募集金额的 99%，而普通合伙人仅提供募集金额的 1% 左右。普通合伙人也就是风投管理公司，是投资基金的管理人。风险投资基金的管理人也称风险投资家（Venture Cap-itabsts）。风险投资家可以指自然人，也可以泛指风险投资管理公司。如果将风险投资家定义为自然人，一般指风险投资管理公司的高级投资经理，或者指风险投资管理公司的高级合伙人。

有限合伙基金为非法人企业组织，不作为所得税纳税人的主体，相关法律责任按照合伙协议由合伙人承担。当有限合伙基金获得投资收益后，不需要缴纳所得税而直接进行收益分配。合伙人获得收益分配后，根据合伙人的法律地位承担纳税义务。不作为所得税纳税人主体并不意味着免交所有的税种。在交易环节产生的税，以交易为对象进行缴纳，而不是以主体为对象进行缴纳，也就是创业投资基金即使采用合伙制，仍需要缴纳交易环节税，如交易印花税等。

5.2 创业投资基金设立

创业投资基金有三种主流的组织形式：公司制、有限合伙制和信托制（契约制）。这三种不同的组织形式在其设立时均有各自不同的设立条件和要求。

5.2.1 公司制创投基金的设立

1. 基金设立条件

《公司法》对于公司制创业投资基金的设立没有特别限制，主要是对一般有限责任公司和股份有限公司分别规定了设立条件，如《公司法》第23条规定：设立有限责任公司，应当具备以下条件：

（1）股东符合法定人数；（2）股东出资达到法定最低限额；（3）股东共同制定公司章程；（4）有公司名称，建立符合有限责任公司要求的组织机构；（5）有公司住所。这些是一般条件。

《公司法》第77条规定：设立股份有限公司，必须具备以下条件：

（1）发起人符合法定人数；（2）发起人认购和募集的股本达到法定资本最低额度；（3）股本发行、筹办事项符合法律规定；（4）发起人制定公司章程，采用募集方式设立的经创立大会通过；（5）有公司名称，建立符合股份有限公司要求的组织机构；（6）有公司住所。由此可见，设立公司制创投基金需要具备符合法定人数的股东、出资股东、公司章程、组织机构和公司住所。这些是必要条件。

虽然《创业投资企业管理暂行办法》没有对公司制创业投资基金设立条件做出特别约定，但是要求创业投资企业必须履行备案手续。在国家工商总局注册登记的创业投资企业，必须向国务院管理部门申请备案，而在省级及省级以下工商行政管理部门注册登记的创业投资企业，向所在地省级（含副省级城市）管理部门申请备案。该办法明确规定，凡按照该办法规定完成备案程序的创业投资企业，对外投资运作可享受政策扶持，否则不享受任何政策扶持。

在设立主体上，公司制创业投资基金的投资者不能超过200人。其中，有限责任公司设立主体不得超过50人，并且单个投资者出资不低于100万元。关于投资者人数，公司制创业投资基金跟《公司法》规定的股东人数是一致的，《公司法》规定有限责任公司股东人数上限是50人，股份有限公司股东人数上限是200人。

2. 出资制度

关于注册资本，依照《公司法》，有限责任公司最低注册资本为 3 万元，法律行政法规有较高规定的，从其规定。依照《创业投资企业管理暂行办法》，公司实收资本不低于 3 000 万元。值得注意的是，各地方就创业投资企业的注册资本进行了规定，如《天津市促进创业投资业发展暂行规定》第 17 条规定："创业投资管理企业、创业投资企业的注册资本为在工商登记机关登记的全体股东、合伙人所认缴的全部出资额。其注册资本金不得少于下列数额：（1）创业投资股份有限公司：人民币 5 000 万元；（2）其他组织形式的创业投资企业：人民币 1 000 万元；（3）各种组织形式的创业投资管理企业：人民币 100 万元。"但《上海市金融服务办公室、上海市工商行政管理局、上海市国家税务局、上海市地方税务局关于本市股权投资企业工商登记等事项的通知》则规定：（1）股权投资股东或合伙人应当以自己的名义出资，其中单个自然人股东（合伙人）的出资额应不低于人民币 500 万；（2）以有限公司、合伙企业形式成立的，股东、合伙人人数应不多于 50 人；（3）以非上市股份有限公司形式成立的，股东人数应不多于 200 人。股权投资管理企业以股份有限公司形式设立的，注册资本应不低于人民币 500 万元；（4）以有限责任公司形式设立的，其实收资本应不低于人民币 100 万元。其他省市地区的相关规定大同小异。

3. 出资方式和出资期限

关于出资方式，《公司法》规定，股东可以用货币出资，也可以是实物、知识产权、土地使用权，可以用货币估价或可以依法转让的非货币财产作价出资；全体股东的货币出资额不低于有限责任公司注册资本的 30%。《创业投资企业管理暂行办法》以及其他地方性关于创业投资企业有关规章制度均明确规定，创业投资基金以货币出资。从创业投资基金及创业投资在世界范围的惯例来看，基金以现金出资应为必然。

对于出资期限，《公司法》规定，有限责任公司的注册资本为在公司登记机关的全体股东认缴的出资额。公司全体股东的首次出资额不得低于注册资本的 20%，也不得低于法定注册资本最低限额。《创业投资企业管理暂行办法》规定，首期实收资本不低于人民币 1 000 万元，并且全体投资者承诺在注册后的 5 年内补足不低于人民币 3 000 万元实收资本。这与《公司法》的规定并不矛盾。

4. 创业投资基金设立流程

在设立流程上，根据我国《创业投资企业管理暂行办法》的规定，设立公司制创业投资基金需要按照《公司法》登记程序履行有关工商登记手续，然后向各地发改委完成有关备案手续。如果涉及外资的，在办理工商登记手续之前，还需要完成有关外资商务局或商务部的审批手续。

5.2.2 有限合伙制创投基金的设立

有限合伙制起源于美国，目前是美国最主流的创业投资基金组织形式。有限合伙制投资的投资额及资本管理额占整个创投行业的比率大大超过了公司制和信托制创业投资基金。2007年,《合伙企业法》修改后,我国有限合伙制创业投资基金逐渐确立并发展起来。

1. 基金设立条件

根据《合伙企业法》相关规定,设立有限合伙企业,应具备以下条件:(1)有2人以上50人以下的合伙人(法律另有规定的除外)。普通合伙人为自然人的,应该具有完全民事行为能力。有限合伙企业至少应有一名普通合伙人;(2)有书面合伙协议;(3)有合伙人认缴或者实际缴付的出资;(4)有合伙企业的名称和生产经营场所;(5)有限合伙企业名称中应当标明"有限合伙"字样;(6)法律、行政法规规定的其他条件。

2. 基金设立主体

(1)有限合伙人。根据我国《合伙企业法》规定,设立有限合伙,对有限合伙人并无特别要求。有限合伙人以其向合伙企业的出资额为限承担有限责任,并且不参与合伙企业的经营管理,其资质及资信问题不会对有限合伙企业的运营产生实质影响。因此,从法律层面上讲,任何主体,包括自然人和法人,只要具有完全民事行为能力,便可以成为有限合伙制创业投资基金的有限合伙人。

(2)普通合伙人。相对于有限合伙人,普通合伙人重要的特征是对合伙企业的债务承担无限连带责任。出于对特定资产或利益的保护,法律禁止两类主体成为有限合伙企业的普通合伙人:一类是国有独资企业、国有企业及上市公司;一类是从事公益性活动的事业单位和社会团体。具体而言,如果国有独资公司、国有企业、上市公司成为普通合伙人,就要以全部财产对合伙债务承担责任,这不利于保护国有资产和上市公司股东的利益。因此,不允许其成为普通合伙人。国有独资公司、国有企业、上市公司可以成为有限合伙人,以其出资额为限对合伙企业承担责任;从事公益性活动的事业单位及社会团体,因其从事的活动涉及公共利益,其自身财产不宜对外承担无限连带责任。因此,也不适宜成为对合伙企业债务承担无限连带责任的普通合伙人。

3. 出资制度

(1)出资额。《合伙企业法》对有限合伙企业的出资额并没有进行具体规定,只规定了合伙人应该按照合伙协议约定的出资方式、数额和缴付期限,履行出资义务。对于每位合伙人的最低出资额没有规定。一般来说,参照公司制创业投资基金,有限合伙人作为公司的投资人,最低出资额在100万元以上,但要依照合伙协议自行约定的具体内容而定。

(2)出资期限。根据《合伙企业法》,我国合伙企业实行承诺出资制度。承诺出资制度是指依普通合伙人或管理合伙人的要求,随时缴付所要求的金额进行出资。一般情况下,会提前10天通知有限合伙人,按其认缴出资额所占比例或其他合伙协议约定的特定比例缴纳出资。这种出资安排也可以激励基金管理团队,管理团队在取得项目后再要求缴纳所需金额进行投资,可以缩短资金闲置时间,极大改善其业绩。

(3)出资方式。《合伙企业法》第16条规定:"合伙人可以用货币、实物、知识产权、土地使用权或者其他财产权利出资,也可以用劳务出资。"然而,《创业投资企业管理暂行办法》以及其他地方性创业投资法规均明确规定，基金出资以货币形式，因此，不存在其他形式出资的可能。

4. 基金设立流程

有限合伙制创业投资设立流程相对简单，既不用像公司制创业投资基金那样需要履行有关验资程序，又没有强制出资的限制。其设立流程主要为履行有关合伙协议备案登记，以及按照创业投资企业履行有关备案手续。当然涉及外资的，需要履行有关商务审批程序。

5.2.3 信托制创投基金的设立

1. 基金设立条件

信托公司进行创业投资业务只能通过集合信托计划这种形式展开。因此，信托投资计划的设立条件，便是信托制创业投资设立的条件。根据《信托公司集合资金信托计划管理办法》第5条规定，信托公司设立信托计划，应当符合以下要求：

（1）委托人为合格投资人；

（2）参与信托计划的委托人为唯一的受益人；

（3）单个信托计划的自然人人数不得超过50人，合格的机构投资者数量不受限制；

（4）信托期限不少于一年；

（5）信托资金有明确的投资方向和投资策略，且符合国家产业政策以及其他有关规定；

（6）信托受益权划分为等份额的信托单位；

（7）信托合同应约定受托人的报酬，除合理报酬外，信托公司不得以任何名义直接或间接用信托财产为自己或他人牟利；

（8）中国银行监督管理委员会规定的其他要求。

根据《信托公司私人股权投资信托业务操作指引》第3条规定：信托公司从事私人股权投资信托业务，应当符合下列要求：

（1）具有完善的公司治理结构；

（2）具有完善的内部控制制度和风险管理制度；

（3）为股权投资信托业务配备与业务相适应的信托经理及相关工作人员，负责股权投资信托的人员达5人以上，其中至少3名具备2年以上股权投资或相关业务经验；

（4）固有资产状况和流动性良好，符合监管要求；

（5）中国银监会规定的其他条件。

2. 基金设立主体

根据《信托公司集合资金信托计划管理办法》第5条规定：单个信托计划的自然人人数不得超过50人，合格的机构投资者数量不受限制。

该《办法》第6条规定：前一条所称合格投资人，是指符合以下条件之一，能够判断和承担信托计划相应风险的人：

（1）投资一个信托计划的最低金额不少于人民币 100 万元的自然人、法人或者依法成立的其他组织；

（2）个人或家庭金融资产总计在其认购时超过 100 万元，且能提供相关财产证明的自然人；

（3）个人收入近三年内每年收入超过 20 万元人民币或者夫妻双方合计收入在近三年内每年收入超过 30 万元人民币，且能提供相关收入证明的自然人。

3. 基金出资制度和要求

上述信托计划的设立主体中，也体现了法律对信托计划出资人的最低出资额要求：投资于单个信托计划的最低投资资本为人民币 100 万元。同时，信托计划的出资人一般需要在信托计划要求的出资时间内将出资落实到位，否则视为放弃投资，并且信托计划运行期间，出资人不得要求退回出资，实行封闭式管理。出资人按照信托计划享有相应的收益或承担相应的风险。

4. 基金设立流程

信托公司设立私人股权投资信托，应在信托计划成立后 10 个工作日内向中国银监会或其派出机构报告，报告应包括但不限于可行性分析报告、信托文件、风险申明书、信托财产运用范围和方案、信托计划面临的主要风险及风险管理说明、信托资金管理报告的主要内容及格式、推介方案及主要推介内容、股权投资信托团队简介及人员简历等内容。

总之，三种创业投资基金的组织形式各有优缺点。公司制创业投资基金比较规范，但缺乏效率；有限合伙制创业投资基金效率比较高，但缺乏完善的法律制约；信托制创业投资基金灵活，但非法人实体。因此，各方投资者应该根据各自需要选择合适的创投基金组织形式。

5.2.4　创业投资基金的设立程序

1. 积极筹划设计，开始意向募集

（1）准备工作步骤如下：

第一步，准备发起基金的人（自然人或法人）考虑设计基金的构架，也就是基金的组织形式：公司制、有限合伙制还是信托制。以下内容均以有限合伙制为例（公司制和信托制的设立程序大致相同）。

第二步，准备发起基金的人选择独立或者联合其他有意向的合作者共同成为基金的发起人（法人、自然人均可，但至少有一位自然人）。

第三步，发起人在一起选定几个理想的名称作为该基金未来注册成立后的名称，随后选定谁来承担基金的执行事务合伙人（普通合伙人、GP，负责日常经营事务），确定该基金的投资方向以及该基金首期募集的资金数量。其中，发起人自己必须准备提供首次所需募集资金总额的 1% 作为自有资金。

第四步，确定基金成立后的工作地点（以可获地方政府支持为宜）。

（2）成立招募筹备组。上述准备工作完成后，发起人开始成立基金的招募筹备组或筹备委员会，落实成员分工。

（3）确定基金募集对象和投资者群体，即确定基金将需要引入的投资者范围（有限合伙人，LP）。

（4）制作相关文件，包括：初次联系的邮件、传真内容或电话联系的内容；基金的管理团队介绍和基金的投资方向；拟定基金名称；制作募集说明书；准备合伙协议。

（5）与投资者联系和接触，探寻投资者的投资意愿，并对感兴趣者传送基金募集说明书。

（6）召开募集说明会，确认参会者的初步认购意向，并加以统计。

（7）有意向的投资者进一步沟通，签署认缴出资确认书，并判断是否达到设立标准（认缴资金额达到预定募集总额的70%以上）。

（8）如果达到设立标准，基金招募筹备组成员会开始向指定地区的工商局进行注册预核名。在预核名时按照有限合伙企业归档，最终该基金在工商营业执照上表述为：某创业投资管理中心或某投资合伙企业。

（9）在预核名的同时，如果基金合伙人愿意，可以开始策划与当地政府金融主管部门进行接触，从而争取当地政府对该基金的设立给予政策支持（如给予基金总额10%～20%的配套资金）。

2. 注册登记，争取政策支持

（1）预核名通过后，举行第一次基金股东会，确认基金设立和发展的各种必要法律文件，发起设立基金的投资决策委员会。确定基金的投资决策委员章程、人员并确认需要外聘的基金管理公司（基金管理人）。

（2）基金执行事务合伙人和外聘基金管理公司（以下简称基金公司）共同准备基金在工商注册的必要资料（包括认缴出资确认书、合伙协议、企业设立登记书、委托函、办公地点证明、身份证或企业营业执照复印件、执行事务合伙人照片等）。

（3）资料准备完成后，由执行事务合伙人和基金公司负责向工商部门提交所有注册资料并完成注册。

（4）基金决策委员会负责人、执行事务合伙人和基金公司负责人与政府主管部门进行实质性接触，向政府提交基金设立计划和希望政府给予的支持计划。该基金如果能够得到政府的支持，可以让该基金未来在很多业务上得到实质性的帮助（如政府给予的配套资金、政府帮助下银行给予配套贷款、政府协助给予低价土地、国家给予财政补贴和税收优惠等），如果希望该基金得到政府的支持，设立该基金的计划书中可以写上准备投资的方向与政府未来的发展方向一致。

3. 银行开户，筹资到位

（1）基金领取营业执照并开立银行账户，完成基金税务登记手续。

（2）选定基金未来的托管银行，与银行接触并签署意向协议。

（3）投资人按照认缴出资确认书的规定出资，募资到位，会计师事务所验资。

（4）基金公司与投资决策委员会负责人共同商议、策划对外发布会，以便宣布基金成立。

（5）与政府金融主管部门继续接触，确认政府对基金的支持情况。

4. 召开发布会，确认首批投资方向

（1）基金发布会策划完成，发布会运行时间表和执行计划以及大会目标均须获得投资决策委员会通过。

（2）从发布会开始由基金公司操作、实施。

（3）基金公司寻找、确认基金未来的首批投资方向，并提交拟投资项目的基础资料给投资决策委员会。

5. 建立内部管理系统，准备投资

（1）基金公司对拟投资项目进行尽职调查，并制作相应的投资可行性研究、商业计划书并提交投资决策委员会讨论。

（2）投资决策委员会了解拟投资项目的所有情况并进行研究。

（3）基金公司同时开始进行基金内部管理体系的文案建设。

（4）基金公司开始进行对投资方向全面的项目接触和尽职调查。

（5）基金公司开始建立全面基金运行管理体系流程及人员准备。

6. 选派人员，投资运作

（1）投资决策委员会甄选项目后，一般获得2/3以上委员同意后，可以通知托管银行，进行投资准备。

（2）对投资比例较大的项目，基金公司可以委派财务总监或其他高管人员与资金共同进入拟投资项目，财务总监对项目资金支付使用具有一票否决权。

（3）财务总监每周向投资决策委员会提交财务流水，每月对投资项目进行阶段性审计，每季度邀请外界独立审计事务所对项目出具独立审计报告。

（4）执行事务合伙人和投资决策委员会开始大面积接触现有资本市场，获得信息、吸收经验、整合资源；物色合格目标公司并陆续向目标公司注入资金，开始正常运作。

7. 基金招募说明书主要内容

（1）基金募集申请的准予注册文件名称和注册日期；

（2）基金管理人、基金托管人的基本情况；

（3）基金合同和基金托管协议的内容摘要

（4）基金份额的发售日期、价格、费用和期限；

（5）基金份额的发售方式、发售机构及登记机构名称；

（6）基金规模、投资领域及方向；

（7）出具法律意见书的律师事务所和审计基金财产的会计事务所名称和住所；

（8）基金管理人、基金托管人报酬及其他有关费用的提取、支付方式与比例；

（9）基金的风险警示内容；

（10）监督管理机构规定的其他内容。

非公开募集基金应当向投资者募集，合格投资者累计不得超过 200 人。所称合格投资者，是指达到规定资产规模或收益水平，并且具备相应风险的识别能力和风险承担能力、其基金份额认购金额不低于规定限额的单位和个人。

5.3 创业投资基金募集

5.3.1 创投基金的资金来源

1. 部分西方国家创业投资基金的资金来源结构

美国创业投资起步早，发展快，较为成熟。美国创业投资基金的资金来源主要为保险公司、投资银行、养老基金、商业银行、实业公司、政府等。在创业投资发展早期，富有的个人和家庭占创业资金来源的比例较大。近年来，个人和家庭所占资金比例逐年递减，各类金融机构和实业公司资金所占比例越来越大。创业投资基金已经成为各类金融机构的必要资产配置。据统计，在 1978 年，个人与家庭为创业投资的主要提供者，所占比重为 32%；保险公司、养老基金、公司企业、捐赠与公共资金、国外供给者所占的比重分别是 16%、15%、10%、9% 和 18%。近年来，养老基金、保险公司、捐赠基金成为三个最重要的创业基金资金来源。在欧洲，创业投资资本来源排名靠前的分别是养老基金、保险公司、银行、政府、主权基金以及母基金等。以 2012 年数据为例，其中养老基金占比最大，为 22.1%；其次分别为母基金占比 14.2%，主权基金占比 11.7%，保险公司占比 8.8%，银行占比 7.5%。直至目前，其他发达国家的情况大致相同，主要资金来源基本上为养老基金、保险公司和银行。

2. 中国创业投资基金的资金来源结构

根据投中网——中国股权投资行业第一门户网站数据库收录数据，截至 2015 年 6 月，企业投资者是创业投资的主要资金提供者，排列第二位和第三位的资金提供者分别为各类投资机构和政府。与欧美市场形成鲜明对比，养老金、家族基金、保险、捐赠基金等机构投资者，在中国大陆的创业投资市场中占比较低。随着我国经济市场化不断加强，预期社保基金和保险资金将成为创业投资基金的重要资金来源。原因有两点：第一，社保基金和保险资金的投资期较长，与创业投资较长的投资期不冲突；第二，从整个市场平均情况看，创业投资的收益率经常超过股市指数收益率。根据投中研究院的研究报告，2015 年我国创业投资平均收益率在 22% 左右，远高于同年上证指数收益率。

5.3.2 创投基金募集的影响因素

直接影响创业投资基金资金募集的因素有外部因素和内部因素两大类。外部因素主要指市场因素和政策因素，内部因素则指创业投资基金管理公司的管理团队、公司的历史业绩和募资能力。

1. 市场因素

资本市场是创业投资基金募集资金的主要场所。一方面，资本市场为创业资本提供了退出渠道，因此，多层次、健全的资本市场是创业资本投资顺利退出的前提。只有在这样的资本市场环境下，创业投资才会有积极性。资本市场包括了交易所市场、产权并购市场等，不同层次的市场适合不同的创业投资项目退出。另一方面，资本市场的活跃性和流动性能够促进市场有效，为创业基金创造高收益、高回报。当所投资的项目受到资本市场认可，获得较高估值，创业投资基金在退出时就会获得丰厚利润，对创业资本提供者形成激励，使其增加创业资本的供给量，为创业投资基金募集提供资金。同时，资本市场的周期性决定了创业投资基金募集也存在周期性。当资本市场繁荣时，股票市场处于牛市阶段，创业者的投资热情高，对创业资本需求增加，加之创业投资退出方便，收益高，对创业投资激励大，投资基金容易募集。反之，当经济低迷时，股票市场处于熊市阶段，投资退出困难，收益低，对创业投资激励弱，投资基金募集难。

2. 政策因素

从各国发展经验看，优惠政策在创业投资发展中起到了重要作用。优惠政策体现在提供便利条件和经济激励。便利条件包括扩大资本来源，例如，放松金融机构投资限制、增加对创业资本的需求、政府增加对被投资企业种子期的投入等。经济激励包括直接政府补贴和税收优惠等。以美国政府扶植政策为例：第一，对创业投资者和被投资者提供无偿政府补助，主要指种子资金，种子期企业增加，会增加创业投资基金的可投资对象；第二，对创业投资实施税收优惠，将投资所得税率降低；第三，提供政府担保或联合投资，政府承担投资失败的部分损失，以少量资金撬动民间资本投向创业企业。

3. 创投管理公司情况

创业投资管理公司对资金募集的影响主要通过考查公司的管理团队、可追踪业绩中的成功记录、公司的投资策略三方面来进行分析。首先，如果创业投资基金管理团队有更多创业投资行业从业经验、在创业企业有过总裁或者高级管理工作经历、管理的基金成功退出的概率较大，可以更容易筹集资金。其次，如果在创业投资管理公司的业绩记录中成功投资和募集资金的记录增加，公司的声誉会随之提升，公司的竞争力会更强，则可以筹集到更多的资金形成更大的基金规模，在赚取更多管理费的同时更有利于积累投资经验、吸引人才，使公司在良性循环中不断发展。

5.3.3 创投基金募集方式

创业投资基金属于私募基金,以非公开方式向投资者募集资金,进而设立投资基金。与公开募集基金相比,由于私募基金不面向公众发行,客户人数较少,运作形式灵活,投资者具有较高的风险识别能力和风险承担能力,因此,国家对其监管区别于公开募集基金。在我国,对于非公开募集基金的监管,由证监会及其派出机构担负对私募基金市场实施统一监管的职责。

1. 募集对象的限制

依据《证券投资基金法》的规定,私募基金应当向合格投资者募集,合格投资者累计不得超过200人。其中,私募基金的合格投资者是指具备相应风险识别能力和风险承担能力,投资于单支私募基金的金额不低于100万元且符合下列相关标准的单位和个人:

(1)净资产不低于1 000万元的单位;

(2)金融资产不低于300万元或者最近3年个人年均收入不低于50万元的个人。

(3)合格投资者包括:①社会保障基金、企业年金等养老基金,慈善基金等社会公益基金;②依法设立并在基金业协会备案的投资计划;③投资于所管理私募基金的私募基金管理人及其从业人员;④中国证监会规定的其他投资者。

2. 募集基金推介方式的限制

私募基金不得向合格投资者之外的单位和个人募集资金,不得通过报刊、电台、电视台、互联网等公众传播媒体或者以讲座、报告会、传单、手机短信、微信、博客和电子邮件等方式向不特定对象宣传推介。

3. 募集基金的合同必备条款

私募基金合同应当包括下列内容:

(1)基金份额持有人、基金管理人、基金托管人的权利、义务;

(2)基金的运作方式;

(3)基金的出资方式、数额和认缴期限;

(4)基金的投资范围、投资策略和投资限制;

(5)基金收益分配原则、执行方式;

(6)基金承担的有关费用;

(7)基金信息提供的内容、方式;

(8)基金份额的认购、赎回或者转让的程序和方式;

(9)基金合同变更、解除和终止的事由、程序;

(10)基金财产清算方式;

(11)当事人约定的其他事项。

以有限合伙方式组织的募集基金,其合同还应载明:

（1）承担无限连带责任的基金份额持有人和其他基金份额持有人姓名或名称、住所；
（2）承担无限连带责任的基金份额持有人的除名条件和更换程序；
（3）基金份额持有人增加、退出的条件、程序以及相关责任；
（4）承担无限连带责任的基金份额持有人和其他基金份额持有人的转换程序。

5.4 创业投资基金管理

创投基金管理主要是指资金募集足额以后的基金投资管理，其管理方式具体包括参与型管理、控制型管理和契约型管理三种类型。

5.4.1 创业投资基金参与型管理

创投基金的参与型管理是指基金投资公司参与标的企业的战略制定和日常管理等。通常情况下，这种管理方式的管理成本相对较高，比较适合于初创期企业，特别是高科技类企业。基金投资公司一般参与创业企业行使多项管理职能。

1. 帮助企业设定经营目标

一般情况下，创业投资基金对创业企业进行投资后，会与创始人共同制定经营目标。经营目标可能是对赌协议规定的结果，也可能是协商的结果。制定切实可行的经营目标，要求投资者掌握标的企业的基本情况，与企业的管理团队达成一致，并制定出相应地关键指标。例如，初创期企业通常不能以盈利作为经营目标，而较适合以研发或者商业化过程中的某个节点性事件为目标。

2. 为企业设定经营发展的里程碑

设定里程碑既有助于创业企业的经营管理，又可帮助创业资本家判断创业企业的经营状况。里程碑的设定可以使用关键性事件节点，也可以使用收入或者盈利指标，如产品研发成功、产品第一笔订单、实现收支平衡、第一笔盈利、销售或者盈利超过某一个数值等。里程碑为企业创始人确立了奋斗目标，也为投资基金确定了后期融资标准，为阶段性投资奠定了基础。创业投资者往往以里程碑为标志，确定后期是否继续投资。

3. 参与董事会

参与董事会是参与型管理的典型标志。创业投资基金参与董事会能更好地了解企业状况，掌握必要的信息，为企业提供各种必要的增值服务。参与董事会有助于更准确地考核企业业绩，分析与经营目标产生偏差的原因，制定必要的应对措施。参与董事会有利于为企业制定经营目标和里程碑，更有利于参与企业日常经营管理，创造更多增值性服务。

5.4.2 创业投资基金控制型管理

创投基金的控制型管理是指基金投资公司通过日常或定期对标的企业进行相关指标监控的一种管理方式，往往与参与式管理结合起来使用。但针对不同特征的标的企业，两种方式的侧重不同，投后管理所支付的成本也不完全相同。由于控制型管理的成本相对较低，较适合于成长期、非高科技类企业，具体包括以下管理工作。

1. 帮助企业建立、健全会计审计制度

控制型管理的重要工作是指标监控，这种形式的管理也称为指标管理。主要控制指标为财务指标，这些指标要能准确反映企业的真实情况，因此，需要建立健全的会计和审计制度。审计包括内部审计和外部审计。内部审计即董事会设立审计委员会，对各项制度、制度执行以及财务报表数据进行审查；外部审计即聘请独立会计师事务所，对企业会计报表进行第三方审计。

2. 定期对企业经营情况进行回顾分析

无论企业处于发展的哪一阶段，定期的战略制定和经营回顾，对于企业的发展、价值创造以及创业投资者的风险控制都有着重要的意义。定期回顾是以财务指标判断经营目标的阶段性完成情况，是对日常监控的替代，安排多长期限进行回顾，取决于企业状况和创业投资者的态度。通常，企业早期阶段期限稍短，后期阶段稍长。定期回顾不仅意在发现问题，控制风险，也为企业的未来发展提供参考。

3. 定期对企业进行绩效评估

定期对企业进行绩效评估的主要目的是为了判断企业的状况以决定是进一步投资，还是采用必要的退出手段。当企业业绩优于预期时，需要判断是否进行下一轮投资；当企业业绩未达到预期时，需要分析原因，判断企业未来是否仍具有高成长性，由此决定是否执行契约，由创始人回购退出，还是等候企业业绩实现好转。不仅如此，对企业绩效进行评估也是进行创始人和高管团队激励的基础。

5.4.3 创业投资基金契约型管理

创业投资基金契约型管理是创业投资基金投资后的主要管理方式。从性质上讲，契约管理属于控制型管理的表现形式。因为创业投资者在投资时会考虑标的企业和创始人的各种情况，必须有针对性地制定投资契约条款，并根据契约进行投后管理。一般情况下，创业投资契约主要包括以下内容：估值和投资额条款、清算优先权条款、结构性防稀释条款、优先购买权、股份兑现条款、强制回购性条款、领售权条款、价值调整条款和参与公司治理条款等。

从创业投资基金的角度来看，运用上述条款设计可以达到以下主要管理效果，最终实现投资目标，保证投资人的投资权益。

（1）在保证投资基金利益的前提下，最大程度地激励创始人团队，提高企业价值，实现投资收益最大化；

（2）保证即使创业投资无法按照预期实现退出时，投资基金仍然能够获得基本投资收益；

（3）参与性条款，约定创投基金参与董事会和监事会的权利，掌握处理企业业务的主动权。

按照上述设计，创业投资契约中的条款，基本上也可以划分为三类，即提高收益性条款、控制风险性条款和参与治理性条款。

5.5 创业投资引导基金

5.5.1 创投引导基金的性质特征

1. 创投引导基金的性质

创业投资引导基金是由政府设立并按市场化方式运作的政策性基金，主要通过扶持创业投资企业发展，引导社会资金进入创业投资领域。创业投资引导基金设立的目的是通过杠杆效应放大财政资金，增加创业投资资本的供给，弥补一般创业投资企业主要投资于成长期、成熟期企业的不足，克服单纯通过市场配置创业投资资本的市场失灵问题，推动创业投资业的发展，从而促进新兴产业发展。

2. 创投引导基金的特征

与创业投资基金相比，政府创业投资引导基金实际上是一种"母基金"，即投资于其他基金的基金。间接性是其显著特征，不直接从事创业投资，通过其他基金间接从事创业投资。

与商业性"基金的基金"相比，政府创业投资引导基金在设立主体、目的及投资原则等方面存在明显区别：政府引导基金由政府主导，要求子基金按照一定比例投资于创业中的早期企业，致力于引导民间资本进入创业投资领域，且不以营利为目的；而商业性"基金的基金"是商业机构按照市场原则设立的，子基金可以投资于政策许可的任何领域，子基金若盈利，政府按照适当比例参与分红；子基金若亏损，民间资本的亏损由政府资本全部或部分承担。

3. 创投引导基金的政策性效应

创业资本引导基金设计的宗旨之一，是为了解决政策失效和制度无效的问题，以及增加创业资本的有效供给，是间接的调控制度。创业资本引导基金具有明确的政策性功能。

（1）引导投资方向。国家对战略性产业的支持落实到地区与部门，就是直接支持带有方向性、趋势性的项目或创业企业。创业投资项目引导基金可以通过对具体项目或企业的介入，带动一个增长点或一个行业的发展。按照这一要求，创业投资项目引导基金应当具有明确的、细分的专业方向和投资重点，这一方向和重点都是所在政府或部门出台的投资指引中所明确规定的，并且通过引导基金的理事会加以确认与执行。

（2）引导基金的杠杆放大作用。政府的信用担保在国外也称为"放大器"，根据国外的实践，放大倍数在 10～15 倍，也就是说，政府提供 1 元资金用于创业投资担保，就可带动 10～15 元的资金流向创业投资业，转化为创业资本。因此，引导基金的担保放大作用对创业投资的扶持效果非常明显。

（3）引导投资阶段。在特定的产业领域中，项目或企业都有一定的阶段性，创业投资项目引导基金应该定位在早期，包括种子期、创立期和成长期的早期，当然也不排除对成长期全过程的项目进行投资。

5.5.2 国内外创投引导基金的发展

1. 部分国家和地区的创业投资引导基金发展经验

（1）美国小企业投资公司促进计划（SBIC 计划）。20 世纪 50 年代，美国推出了小企业投资公司促进计划（SBIC 计划），即通过政府基金引导民间资金设立"小企业投资公司"这一特定意义上的创业投资基金，从而帮助处于种子期和初创期的中小企业获得无法从银行和其他私人资本来源处得到的权益资本和长期贷款。SBIC 计划的核心目标是通过资本增值来实现其长期收益，其投资对象是具备巨大发展潜力的小企业，偏爱那些有独特创新的产品、技术或服务、有可能在某一领域处于市场主导地位的小企业。SBIC 的运行模式是先对申请被投资的中小企业进行严格筛选，然后采用贷款和股权投资方式对选定的中小企业进行投资并参与投资后的管理；再经过一定的投资期限后对所投资的创业企业进行价值评估，从而决定是再投资还是退出。SBIC 作为政府和私人部门间的桥梁，很好地弥补了市场配置资源的失灵，支持了一大批小企业的成长，培育出了苹果、联邦快递等世界闻名的企业，促进了美国经济的繁荣。

（2）以色列 YOZMA 计划。YOZMA 计划是以色列政府为发展国内的风险投资产业而推出的一个投资计划，目前已经被公认为世界上最成功的政府引导性风险投资推进计划之一。该计划由以色列政府出资 1 亿美元设立，其中，8 000 万美元主要用于与国际知名的金融机构（大部分是创业投资公司）合作并发起成立子基金，2 000 万美元由国有独资的 YOZMA 基金管理公司直接投资高新技术创业企业。政府资金的介入保证了子基金专注于高科技企业的投资。作为激励，私人投资者可在 5 年内以优惠价格买断政府在基金中的权益。该计划成绩斐然，极大地推动了以色列高科技产业的崛起。

（3）澳大利亚 IIF 项目。为促进小型高科技企业的融资，澳大利亚于 1997 年设立了澳大利亚创新投资资金项目（IIF）。澳大利亚创新投资基金的资金主要来源于私人投资者和政府提供的杠杆资金。与其他国家的创业投资基金相比，澳大利亚创新投资基金的最大特色是：政府资金与私营创业投资合作，建立混合基金，由私营部门的基金管理专家对基金进行管理。澳大利亚政府规定政府资金与私人资金的匹配比率最高是2∶1。混合基金投资一般以股权进行，投资于小型的高新技术公司。引导基金和私人投资者根据比例收回实际支付的资本和利息，此外的收入采取让利于民的激励措施，在引导基金和私人投资者之间以10∶90的比例分配。在示范作用下，澳大利亚的创业投资基金发展较快，近10年内，共成立了9个基金，主要投资于通信、生物科技、信息技术等领域，取得了良好的效果。

（4）中国台湾创业投资种子基金。创业投资种子基金采取参股而不控股的模式，即种子基金向私人商业资本组成的创业投资基金提供资金支持，投资基金在设定的投资范围，特别是政府鼓励的科技项目内自主选择投资项目，经相关部门审核后进行投资。投资目标达成后，种子基金即转让股权于民间，回收资金循环利用。近年来，配合我国台湾地区相关产业政策，主要投资于通信、航天、生物科技等领域，极大地支持了高科技产业的发展。

2. 我国创投引导基金的发展状况

20世纪80年代，我国为推进风险较大的高技术开发工作，探索设立了创业投资机构。2005年，《创业投资企业管理暂行办法》出台，指出"国家与地方政府可以设立创业投资引导基金，通过参股和提供融资担保等方式扶持创业投资企业的设立与发展"。此后，《国家中长期科学和技术发展规划纲要（2006—2020年）》《科技型中小企业创业投资引导基金管理暂行办法》等规范性文件的出台，促进了创业投资引导基金的发展，各地积极开展相关探索，出现了一批创业投资引导基金，如北京市大力发展"1+3+N"模式股权投资基金，其中，"1"代表政府的引导基金；"3"表示3支产业基金；"N"代表多家投资企业。

苏州创业投资引导基金是目前国内公认市场化运作较为成功的引导基金，其设立之初即确定了以下原则：只做母基金，不投项目，不参与管理，重点关注早期和成长期，极大地推动了当地新兴产业的发展。2008年10月，《关于创业投资引导基金规范设立与运作的指导意见》正式出台，明确规定了引导基金的设立与资金来源、管理运作、监管与指导、风险控制和组织实施等事项。

地方政府设立引导基金的热潮席卷全国，各省、市、自治区分别出台了适合本地的政府创业投资引导基金设立方案，引导基金正成为政府支持战略性新兴产业发展新平台。据悉，我国将推动设立国家新兴产业创投引导基金，充分利用市场机制带动民间资金投向战略性新兴产业。

5.5.3　我国创投引导基金的发展模式

创业资本引导基金的主要目的是根据国家产业发展战略，为重点发展产业营造良好的投资环境。如果运作得好，创业投资引导基金不仅是中国宏观经济调控的重要手段，也是地方政府促进创业创新的工具。近些年来，我国各级政府都有创新，但基本上形成了四类比较典型的模式：深圳模式、上海模式、天津模式和江苏模式，大体上分布在我国经济比较发达的三大地区：珠江三角洲、长江三角洲和渤海湾地区。

1. 深圳模式

深圳市的高新技术产业自20世纪90年代以来，得到了快速发展，为了支持高新技术企业的发展，深圳市政府组织班子，由市财政拨款5亿元，由深圳投资管理公司作为出资人，深圳市能源集团公司、深圳市机场集团公司、广深铁路有限公司、深圳市盐田港集团公司、深圳市深宝饮料公司、深彭中兴通讯公司等出资2亿元，发起成立了深圳市创新投资有限公司，按照公司制进行设立，并组建专业团队进行管理。由于政府坚守了"不塞项目、不塞人"的原则，要求投资公司严格按"政府引导，市场化运作，按经济规律办事，向国际化靠拢"的方针运作。经营团队严格按创业投资理念和市场化模式运作，经营上把短期与长期结合起来，连续几年产生收益分红，很快产生了示范、引导和放大作用，影响了整个深圳地区的创业资本形成和创业资本运作模式。这种模式的优势主要体现在以下几个方面：

（1）资本金放大。通过深圳创新投资公司的资本金与国内外资本合作，可以得到2～3倍的放大系数。

（2）股权资本放大。由于深圳市创新投资公司的股权投资具有强烈的示范作用，为创业企业引入了一大批投资者——创业资本家，通过联合投资，为创业企业促成了近40亿元股权资本的结合，至少带动了其中近20亿元股权资本的增加，将深圳创新投资公司的股本投资放大了3～4倍。

（3）创业资本放大。深圳市创新投资有限公司的成立，带动了120多家创业投资和创业投资管理机构的成立，注册资本约100亿元人民币。政府的国有资本的放大倍数为20倍，创新投资集团投资的放大倍数为6倍。

当然，深圳模式也有一些缺陷，包括：模式构建思路不明晰、不确定，尚未成型；管理架构以自我管理为主，人力资本跟不上投资机构的扩张，缺乏真正有丰富经验、有管理能力、有品牌的管理专家；创业投资决策机制上信息的严重不对称也极大地影响了决策。

2. 上海模式

上海创业资本基金由政府出资6亿元，作为国有独资公司——上海创业投资公司成立。上海创业资本基金通过资助社会资本建立了17个子基金型投资公司。

上海创业投资公司在信息技术、生物医药、新材料与环保四个领域投资了150余个项目，带动了近30亿元人民币社会资本。从2004年起，上海市财政每年投入20亿元，连续三年支持重大产业科技攻关项目。2004年先期投入的20亿元由上海创业投资有限公司和上海大盛投资有限公司分别管理，以资本金注入、无息委托贷款等方式支持首批29个重大攻关项目。国家开发银行上海分行从2004开始，每年提供专项贷款，以"分批借贷、分批还款"方式贷给科技型中小企业，2004年发放的1亿元贷款通过市科技创业中心和浦东生产力促进中心统借统还，2家中心负责评审借贷项目和企业。

很显然，"上海模式"省掉了本身作为创业资本基金平台的放大作用，国有资本在上海创业资本基金中没有放大。但是，这种放大作用的牺牲是有道理的：上海创业资本基金选择了间接结合的方式——将货币资本委托给具有人力资本的管理公司进行管理，并引入出资人、管理人和监管人三足鼎立机制；上海市政府以国有资本全资方式去承担创业投资的风险，让创业投资管理团队不受现行投资人对短期投资利益追求的约束，重点放在对创业投资管理队伍的培养。在这种模式下，多元化的专业创业投资管理公司之间形成竞争，在创业企业选择、管理控制和增值服务上形成比较与竞赛，创业企业可以更多获得创业资本的机会，引入更优秀的投资人。

从另一方面看，上海模式是一种润物细无声的模式，创业资本基金与创业投资管理公司共同承受市场环境、制度环境及自身不成熟的风险，由于管理团队的不成熟，有可能牺牲增值服务的质量，但由于竞争关系的存在，总体上几家管理公司会从整体上提升对创业企业的实质性服务，同时也培养了创业投资家市场。

3. 天津模式

天津市科技创业促进中心管理着一只由市财政拨款建立的创业投资专项资金，它采取引导基金的方式进行运作。

（1）天津创业促进中心并不直接运作这只基金。这一基金作为各创业资本基金的参与者，按照10%～20%的配比，对各创业资本基金进行参股，确保了政府创业资本具有5～10倍的放大能力。

（2）这一基金在天津方面只能以投资人身份参与到投资公司的股东与董事会层面，不参与具体的创业投资运作，要参与合资投资公司的具体投资运作，也只能采用另外的投资管理公司名义进行。

（3）创业投资子基金既可以采取合二为一的管理模式，也可以采取委托代理制度。天津这种模式在江苏省也得到广泛采用，而且在模式成型及先后渊源关系上也难以辨别谁先谁后。这种模式的同时存在表明，以引导基金的方式可以更好地拉动民间资本，也能促进创业投资家队伍的成长。

天津模式就是发挥政府引导性资金的作用，建立骨干投资体系，政府的国有资本通过以小引大的方式，将政府的宏观调控作用与社会力量的主导作用相结合，形成以民营化、市场化、国际化为主要内容的创业投资体系。

4. 江苏模式

江苏省创业投资基金起步于20世纪90年代初。1992年7月，江苏省政府批准设立江苏省高新技术创业基金，注册资本3亿元，负责管理运作"江苏省科技发展风险基金"。该基金由江苏省财政拨款形成，采取"基金的基金"模式运作，主要借鉴以色列"引导基金"运作模式。

总结上述模式，虽然各国和地区引导基金的具体运行模式方面存在差异，但也有一些共同的经验值得我们学习和借鉴：一是通过政府供给资本弥补新兴产业发展初期创业资本的不足；二是引导基金投资于创业投资企业，而非直接投资于创业企业或者具体的项目；

三是引导基金支持的方式主要是参股或者提供股权担保;四是引导基金一般不直接干预所支持的创业投资企业的具体经营;五是为了更好地撬动社会资金,引导基金在收入分配上采取让利于民的激励措施。

本章小结

(1)创业投资基金是将各种途径筹集的资金,由专业团队进行统一投资给种子期或初创期的创业企业,统一管理以获取最大收益,投资结束后统一分配投资收益的基金组织。

(2)创业投资基金可以分为契约型、公司型和合伙制三种类型。各种不同类型的创业投资基金在设立时有不同的条件和要求。影响创业投资基金资金募集的因素有外部因素和内部因素两大类。外部因素主要指资本市场环境和政策环境,内部因素则指创业投资基金管理公司的管理团队、公司的历史业绩和募资能力。

(3)创业投资基金在投资前的准备工作包括投资项目筛选、价值评估、选择投资方式和签订投资协议等。投资后通过参与董事会和控制性管理来控制风险,以达到提高收益,增强自身投资管理能力等目的。

(4)创投基金管理是指资金募集足额以后的基金投资管理,其管理方式具体包括参与型管理、控制型管理和契约型管理三种类型。参与型管理要参与标的企业的战略制定和日常管理,管理成本相对较高。控制型管理是通过控制财务指标来掌握企业的真实情况。契约管理是创业投资者和创始人有针对性地制定投资契约条款,并根据契约进行投后管理。

(5)创业投资引导基金是由政府设立并按市场化方式运作的政策性基金,主要通过扶持创业投资企业引导社会资金进入创业投资领域。国外运作模式主要有美国的 SBIC 计划、以色列的 YOZMA 计划、澳大利亚的 IIF 项目等。国内比较典型的模式有"深圳模式""上海模式""天津模式""江苏模式"。

案例分析

扫描此码 案例学习

关键术语

创业投资基金　契约型创业投资基金　公司型创业投资基金　合作型创业投资基金
信托制创业投资基金　创业投资引导基金　SBIC 计划　YOZMA 计划　IIF 项目
创业投资种子基金　深圳模式　上海模式　天津模式　江苏模式

思考题

1. 创业投资基金的特点有哪些?
2. 创业投资基金有哪些类型?
3. 简述创业投资基金的设立程序。
4. 影响创业投资基金募集的因素有哪些?
5. 创业投资基金是如何进行投资的?
6. 创业引导基金的政策性引导效应有哪些?
7. 简述我国创业投资引导基金的几种典型模式。

第6章

创业融资

6.1 创业融资概述

资金是创业企业经济活动的第一推动力,创业企业从建立到生存发展的整个过程都必须筹备足够的运营资金,特别是在企业创立之初如果没有启动资金,就是再好的想法、再好的创意和项目都难以实施。因此,能否获得稳定的资金来源、及时足额筹集到生产要素组合所需的资金,对于任何一个创业者、任何一家创业企业的任何一个发展阶段都至关重要。

6.1.1 创业融资的概念及实质

1. 创业融资的概念

创业融资也叫创业筹资,是指一个初创企业或拟创企业筹集资金的行为和过程。计划筹集资金的创业者(包括创业企业和创业项目),一般需要根据自身资金拥有的状况和未来经营发展的需要,通过科学预测和决策,采用一定的方式或从一定的渠道筹集创业活动中所需要的资金,以保证创业期间所需资金供应的一切理财行为。

2. 创业融资的实质

由于融资是一个问题的两个方面,而且本书所讨论的是广义的创业投资,因此,创业融资既包括创业者自身(创业企业和创业项目)的融资,也包括创投专家、风险投资机构的融资,如夹层融资等。为了使创业融资问题更集中,本章则重点讨论创业主体企业的融资,即创业资金的需求者。与之相对应,本章将创投专家和风险投资机构看作创业资金的主要供给者。

创业企业在其创业初始直至创业活动的全过程,需要多少资金、何时需要、所筹资金能撑多久、从何处向谁筹集资金、筹集资金的使用效率如何等问题均构成创业融资所要研究的全部内容。其中,创业融资需求、创业融资结构、创业融资方式和创业融资效率是本章研究的重点。

6.1.2 创业融资的阶段性需求

根据企业生命周期理论可知,新创企业分为种子期、初创期、成长期、成熟期等阶段,创业企业在其发展的不同阶段对融资数量和融资渠道均有不同的要求。因此,创业融资需求具有鲜明的阶段性特点,继而创业企业需要做到不同的融资阶段与其融资需求,以及融资渠道相匹配。创业企业在不同阶段的融资需求比较如表 6.1 所示。

表 6.1 创业企业的不同阶段的融资需求比较

创业企业所处阶段	创业融资需求的状况	融资结构特点
种子期	需要的流动资金和固定资金较少，个人资金及向亲朋好友融资	以内源融资为主
初创期	需要的流动资金和固定资金较少，经营风险高，信息不全，信用风险低	以内源融资为主
成长期	不确定因素较少，拥有稳定的客源和供应商，以及较好的信用记录	以内源融资为主，以外源融资为辅
成熟期	有充裕的现金流，负债能力较强	以外源融资为主

资料来源：曾增. 创业融资那些事儿 [M].北京：中国铁道出版社，2017.

在企业初创期和成长期及时充足地融入资金，进而促使企业快速成长，这样的创业企业还不是"融资赢家"；而只有在企业快速成长之后，发展中的企业仍然还能"安全着陆"，这样的创业企业才是真正的融资赢家。因此，要明确创业企业不同发展阶段的融资需求，首先需要了解创业企业的融资结构，同时对应选择合适的创业融资方式。

6.1.3 创业融资结构

1. 创业融资的资本结构

创业企业在一定时期筹资组合的结果就是资本结构，即指创业企业的不同资金来源渠道之间，以及通过不同来源渠道筹集的资金之间之相互联系和比率关系。前者是对企业资金结构的划分，后者则是企业融资总额中内源融资占外源融资的比重，包括总资产与负债的比率、不同股东持有的股本比率、不同债务之间的比率等。资本结构又称为融资结构，实质上是指创业融资的资本结构。

一般来说，创业融资有三种资本结构：一是广义的资本结构，是指创业企业全部资本的构成及其比例关系，可分为债务资本和股权资本，也可分为短期资本和长期资本；二是狭义的资本结构，是指创业企业各种长期资本的构成及其比例关系，尤其是指长期债务资本与（长期）股权资本之间的构成及其比例关系；三是最佳资本结构，是指使股东财富最大或股价最大的资本结构，亦即使公司资金成本最小的资本结构。

总之，创业融资的资本结构是创业企业债务与股权比例关系的反映，在很大程度上决定着创业企业的偿债和再融资能力，决定着创业企业未来的盈利能力，是创业企业财务状况的一项重要指标；合理的资本结构或融资结构可以降低融资成本，发挥财务杠杆的调节作用，使创业企业获得更大的自有资金收益率。

2. 融资结构理论

融资结构理论也称为资本结构理论，是指导创业融资行为的"指南针"，也是选择融资方式、研究创业融资效率的理论基础。国内外学界一致认为，以莫迪利亚尼（Modigliani）和米勒（Miller）1958 年发表的《资本成本、公司财务与投资理论》中提出的 MM 理论为界，分为传统资本结构理论和新资本结构理论两个发展阶段，包括以下具体理论：

（1）传统资本结构理论。该理论基于一系列严格假设，形成传统理论、MM理论和权衡理论等。主要的研究成果包括：一是在理想条件下，MM理论得出资本结构与公司价值无关的结论；二是存在公司所得税条件下，MM理论得出公司价值随负债的增加而增加的结论；三是存在破产成本的条件下，权衡理论得出实现公司价值最大化要权衡避税利益和破产成本的结论。因为在企业的实际经营生活中，不存在100%负债的情况，而且MM理论只考虑了利息的抵税作用，没有考虑过度负债也会导致企业存在破产的风险。罗比切克（Robichek）、梅耶斯（Mayers，1984）、斯科特（Scott，1976）、鲁宾斯坦（Rubinmstein，1973）等人提出了权衡理论，他们认为在企业中存在一个最佳的资本结构，使得企业既可以享受利息带来的抵税作用，又不使企业处于破产困境之中，使得公司的价值最大化。

（2）新资本结构理论。该理论基于非对称信息提出了信号理论、代理理论、融资优序理论（或啄序理论）和金融成长周期理论等，主要研究成果就是分析了在非对称信息条件下资本结构的治理效应及对公司价值的影响。其中，代理理论（Agency Theory）最初是由简森（Jensen）和梅克林（Meckling）于1976年提出的，后发展成为契约成本理论，即企业由一系列契约所组成，包括资本的提供者（股东和债权人等）和资本的经营者（管理当局）、企业与供贷方、企业与顾客、企业与员工等的契约关系。

（3）融资优序理论。梅叶斯（Myers）和梅吉拉夫（Majluf）于1984年融合MM理论、权衡理论及信号传递理论的内容，提出了融资优序理论（或啄序理论）。他们认为不同的融资方式会给企业价值带来不同的影响，企业融资效率也不同，"啄食顺序"原则为：①内源融资；②外源融资；③间接融资；④直接融资；⑤债券融资；⑥股票融资。在内源融资和外源融资中首选前者，在外源融资的直接融资和间接融资中首选后者，在直接融资的债券融资和股票融资中首选前者，因此高效的融资顺序是内源融资、债权融资、股权融资。

（4）金融成长周期理论。该理论是伯杰（Berger）和尤德尔（Udell）1998提出的，他们认为企业在创业期，规模小、资金少，信息披露更少，融资主要利用内源融资；企业在加速发展阶段，不断扩大规模，增加市场销售额，其资金需求不断增加，信息披露制度相对完善，企业融资开始利用中介进行外源融资；企业发展到稳定期，各方面趋于完善，符合公开发行证券条件，上市融资比重会上升。

6.2 创业融资方式

创业融资方式，亦可称为创业融资渠道，是指创业企业融通资金的具体形式。创业融资方式一方面直接影响着融资效率的高低，另一方面由于融资能力是创业企业经营管理的关键因素，创业企业的融资方式越多意味着其融资能力也就越强，创业成功率进而就越高。

6.2.1 创业融资方式分类

创业者创业之初,一般需要购买固定资产和持有一定数量的流动资金,所需的资金首先通过自有资金解决,不足部分必须通过其他渠道获得,如向家庭成员和亲朋好友融资、民间借贷、寻找合伙人投资及吸纳社会资金和政府创业基金等。上述渠道即融资方式可以从不同的角度加以分类,具体有以下六大类型。

1. 按资金来源可分为:内源融资和外源融资

(1)内源融资。内源融资即创业企业内部融通的资金,指创业企业经营活动结果产生的资金,主要由创始人和团队成员的储蓄、留存收益和折旧构成,创业者及其团队不断将自己的储蓄、留存盈利、折旧和定额负债等转化为投资。对初创期的企业来说,主要是创业者个人资金及向亲朋好友融资。创业企业的内源融资类型如表 6.2 所示。

表 6.2 创业企业的内源融资类型

内源融资类型	特 征
创业者自筹	个人资金及向亲朋好友融资
内部员工集资	向职工借款调动职工工作热情、手续简便
留存盈余融资	使用灵活,与股利政策有关
票据贴现融资	无须担保、利率低
资产管理融资	应收账款抵押借款,卖方取得借款的金额一般在应收账款面值的 50%~80%
	应收账款质押借款,有汇票、支票、本票、债券、存款单
	存货融资有存货借款、保留或不保留所有权的存货抵押
预收货款融资	市场紧缺商品、买方急需或必需商品、生产周期较长且投入较大的建筑业、重型制造等
资产典当融资	把金银饰品、古玩珠宝、家用电器、机动车辆、商品房产、有价证券等抵押、质押,手续办理灵活便捷

内源融资方式对创业企业的资本形成具有原始性、自主性、低成本和抗风险的特点,是创业企业生存与发展不可或缺的重要组成部分,是首选的融资方式。其中,资产典当融资被称为创业者、创业企业的"速泡面"。

(2)外源融资。企业的经营之道就是"借鸡生蛋",当创业企业步入正常发展轨道,仅通过自有资金、留存收益的滚动,其发展非常缓慢,一个初创企业很难依靠自有资金来解决各种突发的困境。实践证明,创业企业在保持较高赢利水平前提下可以向外融资。

所谓外源融资是指创业企业通过一定方式向自己之外的其他经济主体筹集资金,其核心是筹集的资金来自外部。根据是否有金融中介可分为直接融资和间接融资,但从接受融资的实体的法律关系看,还可分为纯股权类融资、纯债权融资和股债结合类融资,而直接融资等于股权融资,包括投资股权的基金,有公募(国际上的共同基金)、私募(国内外的 VC 和 PE),也有公司制和合伙制的基金;间接融资等于债权融资,而债券一般被认为是直接融资，股债结合类融资主要指优先股、可交换债、可转换债等，它们可归为股权融资和债权融资两类。因此，外源融资方式又可划分为以下两大类。

①第一类是根据是否有金融中介介入，分为直接融资和间接融资。直接融资是没有金融中介机构介入的资金融通方式，资金供求双方通过一定的金融工具直接形成债权债务关系的融资形式，直接融资工具主要有商业票据和直接借贷凭证、股票、债券；间接融资是通过金融机构的媒介，由最后借款人向最后贷款人进行的融资活动，如企业向银行、信托公司、保险公司进行融资等。

然而，这两种融资方式还可以从不同的角度加以分类。从资金融通是否付息和是否具有返还性，可以被划分为借贷性融资或者投资性融资；从融资的形态不同，可以划分为货币性融资和实物性融资；从融资双方国别的不同，可以划分为国内融资和国际融资；从融资币种不同，可以划分为本币融资和外汇融资；从期限长短，可以划分为长期融资、中期融资以及短期融资；从融资的目的是否具有政策性，可以分为政策性融资和商业性融资；从融资是否具有较大风险，可以划分为风险性融资和稳健性融资等。上述各类融资方式相互交错，均存在于直接融资和间接融资这两种融资方式之中。

②第二类是根据接受融资的实体之间的法律关系，主要分为债权融资和股权融资。债权融资是指通过举债的方式进行融资，企业所获得的资金需要支付利息，并在借款到期后向债权人偿还本金；债权融资产生的结果是增加了企业的负债，按渠道的不同主要分为银行贷款（包括个人信用贷款、房产等抵押贷款、小额贷款和担保贷款）、债券融资、信托融资、项目融资、商业信用、租赁融资、网络借贷融资（网贷融资）等。

以我国的网贷融资为例，一是"P2P网贷"，如宜人贷通过互联网、大数据等科技手段，为我国都市白领人群提供信用借款咨询服务，并通过"宜人理财"在线平台为投资者提供理财咨询服务；二是P2B网贷，全称是互联网融资服务平台，如"积木盒子"是一家国内领先的科技金融公司，2013年8月上线，定位于为中产阶层提供金融服务，该公司旗下运营的全球化智能综合理财平台涵盖固定收益理财、零售信贷等产品；三是无抵押的阿里小额贷款，有阿里信用贷款、淘宝信用贷款和淘宝订单贷款。

股权融资则指企业通过出让部分企业所有权，通过企业增资的方式引进新的股东的融资方式，与债权融资所获得的资金相比，企业无须还本付息，但新股东将与老股东同样分享企业的赢利与增长。按融资的渠道来划分，股权融资主要有两种：一是公开市场发售，就是通过公开市场向公众投资者发行企业的股票或者共同基金来募集资金，上市公司、上市公司的增发与配股和境内外首次公开上市（IPO）等都是利用公开市场进行股权融资的具体形式；二是私募发售，指企业自行寻找特定的投资人，吸引其通过增资入股企业的融资方式。它不仅意味着获取资金，同时新合作伙伴进入，包括股权出让融资、杠杆收购融资（并购）、管理层收购（MBO）、创业基金（VC和PE）等。创业企业的债权融资与股权融资比较如表6.3所示。

表 6.3 债权融资与股权融资的比较

比 较 项 目	债权融资（债权性资金）	股权融资（股权性资金）
本金	到期从企业收回	不能从企业抽回，可以向第三方转让
报酬	事先约定固定金额的利息	根据企业经营情况而变化
风险承担	低风险	高风险
对企业的控制权	无	按比例享有
主要类型	银行贷款	产权交易融资
	发行债券融资	股权出让融资
	商业信用	增资扩股融资
	项目融资	杠杆收购融资（并购）
	租赁融资	管理层收购（MBO）
	信托融资	创业基金（VC和PE）
	网络借贷融资	境内外首次上市融资（IPO）

2. 按融资对象可分为：私人资本融资、机构融资和政府背景融资

（1）私人资本融资。该融资方式是指创业者自筹资金、向亲朋好友融资、个人投资资金的天使投资等，其中亲友融资是创业企业的第一笔"资金池"，天使投资被称为创业者的"婴儿奶粉"。

天使投资起源于纽约百老汇的演出，原指富有的个人出资以帮助一些有社会意义的文艺演出，后被运用到经济领域，指自由投资者或非正式机构对有创意的创业项目或小型初创企业进行的一次性的前期投资，是一种非组织化的创业投资形式，通常是资金富裕的个人、创业成功者、企业高管、高校科研机构的专业人员（或政府有关机构），但占比很少，因而把天使投资作为私人资本融资方式；他们直接向所投企业进行权益投资，不仅提供现金，还提供专业知识和社会资源等方面的支持，程序简单、短时期内资金就可到位。

因为创业企业先天的融资劣势，难以获得银行借款和发行债券等，所以私人资本成为创业融资的主要组成部分。图 6.1 所示为美国《有限公司》杂志调查的 500 强企业的创业资金主要来源。

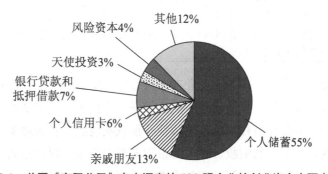

图 6.1 美国《有限公司》杂志调查的 500 强企业的创业资金主要来源

资料来源：https://wenku.baidu.com/view/965c8b6f02020740be1e9be8.html。

据隶属世界银行的国际金融公司（IFC）对北京、成都、顺德、温州 4 地区私营企业的融资调查表明，我国私营中小企业初创期 90% 以上的资金由主要的业主、创业团队成员及家庭提供；调研有过创业经历的大学生，发现其初始资金选择"父母亲友的资助"和"个人储蓄"比例分别为 66.1% 和 55.71%，大学生创业资金也以个人资本为主，远高于"政府创业专项基金或优惠贷款"。

（2）机构融资。机构融资是指创业企业向金融机构或非金融机构融资，国内外主要有四种融资渠道。

一是中小企业银行贷款，2006 年，孟加拉国格莱珉银行的创立者穆罕默德·尤努斯因以银行贷款的方式帮忙穷人创业而获得诺贝尔和平奖。这也是我国创业企业最常见的一种融资方式，主要有抵押贷款、担保贷款和信用贷款，创业者可以通过银行贷款补充创业资金的不足，主要的个人经营类贷款包括个人生产经营贷款、个人创业贷款、个人助业贷款、个人小型设备贷款、个人周转性流动资金贷款、失业人员小额担保贷款和个人临时贷款等类型。我国部分中小企业银行融资的创新产品如表 6.4 所示。

表 6.4　我国部分中小企业银行融资的创新产品

创新产品	贷款方式	银　　行
知识产权质押贷款	银行要求中小企业以合法有效的知识产权作质押向银行申请贷款	北京银行
"创意贷"文化创意企业贷款	银行支持文化创意企业及文化创意集聚区建设量身定制的特色金融组合产品	北京银行
存货质押贷款	银行要求中小企业以自有或第三人合法拥有的动产为质押的授信业务	深圳发展银行北京分行
银保物流通	银行与担保公司、物流公司合作为中小流通企业提供贷款，担保公司为借款人提供担保，物流公司起到第三方监管的作用	北京农村商业银行
应收账款质押贷款	银行要求中小企业以借款人经营中形成的应收账款为质押向借款人发放贷款	北京农村商业银行
融信达	出口企业凭借各项出口单据、投保信用保险的有关凭证、赔款转让协议等从中国银行得到资金融通的业务	中国银行北京市分行
集群联保授信业务	由四个（含）以上互相熟悉、产业关联、具有产业集群特性的企业，自愿组成联保体，共同为联保体成员提供连带责任保证的授信业务	民生银行总行

二是中小企业担保贷款，指中小企业在向银行融通资金过程中，根据合同约定，由依法设立的担保机构以保证的方式为债务人提供担保，在债务人不能依约履行债务时，由担保机构承担合同约定的偿还责任，从而保障银行债权实现的一种金融支持制度。通过担保可以为自己的债权、第三人的债权、他人的信用或者财产来督促债务人履行债务，担保具有平等性、自愿性、从属性、保障性和补充性等特点。从 20 世纪 20 年代起，许多国家为了支持本国中小企业的发展，先后成立了为中小企业提供融资担保的信用机构。目前，全世界已有 48% 的国家和地区建立了中小企业信用担保体系，根据我国目前的法律规定，

担保主要有五种方式，包括保证、抵押、质押、留置和定金，而在创业的融资过程中，保证、抵押和质押则是最为常见的担保形式，中小企业担保贷款被称为创业者的"安神汤"。

三是创业投资基金，国际上也称为风险投资基金、私募股权投资基金；而我国又称为产业投资基金，是指有专业风险投资机构提供的投资于极具增长潜力的创业企业并参与其管理的权益资本，主要投向科技型中小企业。这是一项没有担保的高风险与高收益并存的投资、投资周期一般为3～7年，资金投入与管理相结合、金融与科技相结合，其运行体系由融、投、管、退组成，特别是专业风险投资机构的职业化投资运作和保姆式的专家管理是创业企业成功的坚强后盾。因此，风险投资被称为创业者的"维生素C"或"营养餐"。

四是创业板上市融资，创业板市场着眼于创业，是指主板市场之外为满足中小企业和新兴行业创业企业融资需求和创业投资退出需求的证券交易市场，如美国的纳斯达克市场，英国的AIM（Alternative Investment Market）市场等。我国2009年推出创业板，创业板上市不仅可以帮助风险投资和创业者顺利退出实现收益，还有利于提高创业企业知名度。

（3）政府背景融资。该融资方式是指政府推出的针对创新创业的各种扶持资金及政策，国家政策扶持资金贯穿创业企业生命周期的绝大部分，从开始研发资助到项目产品产业化以及走出国门开拓市场等，都可以获得国家不同类型的资金的支持。这是因为科技创新是一个国家经济发展的主要推动力，各国科技创新体系的建立和发展过程中，政府责无旁贷，各国政府的作用也功不可没。

在国际上，美国始终引领着世界科技创新潮流，这与美国的政府背景融资密不可分。1953年美国国会成立了小企业管理局，目的在于帮助小企业获得政府的资金、技术、管理上的扶持，小企业管理局还在众多大学设立小企业发展中心，为潜在的或现有的小企业、大学生、社会上老弱病残等特殊群体提供财政、营销、生产、技术、管理上的协助，以及创业和商业培训。1982年美国国会又通过了《小企业创新发展法案》，并实施了小企业创新研究计划，鼓励并援助中小企业的技术创新，1992年又对此法案进行了明确修改：小企业局可以为那些不能按合同期限或正常放宽渠道获得贷款的小企业担保，金额最高可达75万美元的3/4，对10万美元以下的贷款可以担保80%，利率不超过2.75%，担保贷款最长可至25年，平均期限为7年。除国家小企业管理局提供的融资担保外，还设有区域和社区担保体系，美国政府通过政策拓展融资渠道，如加大银行对小企业的贷款额度并减免利息，降低天使投资、风险投资、种子资本等的税收。

在我国，政府扶持资金来源主要是财政资金、回收的资助资金、社会捐助的资金，采取专项资金的运作模式，一般都由政府部门或授权成立的独立资金管理机构来运作，包括无偿资助和有偿资助的形式（贷款贴息、资本金投入、返税）支持创业中小企业，通过政府专项基金、税收优惠、财政补贴、贷款援助等融资渠道，尤其是多种多样的创新创业基金可以称为创业者的"营养餐"，如政府的大学生创业基金、各种创新基金。我国国家部委级别的政府专项基金名称如表6.5所示。

表 6.5　我国国家部委级别的政府专项基金名称

我国国家部委	部委级别的政府专项基金名称
科技部	863 计划、973 计划、星火计划、火炬计划、创新基金、重点新产品、科技兴贸行动计划、软科学计划、国际科技合作计划、科技支撑计划
发改委	中小企业发展专项基金、产业化及示范项目资金、专项资金、技改资金
商务部	出口研发资助资金、中小企业国际市场开拓资金
信息产业部	电子发展基金
财政部	中小企业发展资金

3. 按企业生命周期理论可以分为：种子期、初创期、成长期、成熟期和衰退期

五种创业融资方式如表 6.6 所示。

表 6.6　根据企业生命周期确定的创业融资方式

企业生命周期	创业融资方式
种子期	内源融资、政策性融资、银行小微企业贷款、民间借贷、天使股权融资
初创期	银行中小企业贷款、创业股权融资、金融租赁融资、股权众筹融资、P2P、P2B 融资
成长期	银行短期借款、商业信用融资、信托融资、Pre-IPO 融资
成熟期	留存盈余融资、银行中长期借款、发行企业债券、上市融资
衰退期（转型期）	资产证券化、抵押资产贷款、并购重组

4. 众筹融资

互联网时代为社会经济发展提供了强大的保障和便捷的设施，尤其是"互联网＋金融"时代的开启，让人类步入普惠金融时代，更为创业企业和创业者创造出史无前例的财富盛宴。而互联网金融的创意源自英美的网络金融（Allenetal，2002），典型模式属于众筹融资的范畴。

众筹灵感来自微型金融（Morduch，1999）、众包（OCleemannetal，2008）的概念，译自 "crowdfunding" 一词，即大众筹资或群众筹资。它利用互联网和 SNS 传播的特性，让小企业、艺术家或个人对公众展示他们的创意，争取大家的关注和支持，进而获得所需要的资金援助。2009 年众筹兴起于美国，是一种投资行为，2011 年传入我国，演变为一种购买行为，多采用 "团购＋预购" 的形式向网友募集项目资金的融资模式。

显而易见，众筹融资是指利用互联网通过公开募集进行融资，以无偿捐赠形式或有偿回报形式，以支持特定目的的资金活动（Schwienbacher & Larralde，2010）。由发起人、支持者和平台共同构成，发起人是指有创造能力但缺乏资金的人，支持者是指对筹资者的故事和回报感兴趣的、有能力支持的人，平台是连接发起人和支持者的互联网终端。众筹融资平台按创办时间排名，国外有 Kickstarter、IndieGogo 等，国内有追梦网、淘梦网、点火网等。目前，我国最具影响力的是众筹网，交易量较大的是京东众筹，人气最高的是淘宝众筹。

与传统融资方式相比，众筹融资的优势在于更为开放。能否获得资金不再由项目的商业价值作为唯一标准，只要是网友喜欢的项目，都可以通过众筹方式获得项目启动的第一笔资金，为更多小本经营、中小企业或初创业的人提供了无限的可能。众筹融资的本质在于筹人、筹智、筹力、筹钱，因为它并不是一种单纯的投资行为，而是一种有资金、认知、时间盈余的精英社群成员彼此分工协作、互相提升价值的项目实操过程，最终的盈利点也是多元化的，除金钱收益外，社群成员之间彼此的价值互换和人脉、资源、经验等隐性提升也是关键，社群和众筹如果结合得好，会产生"1+1>2"的双赢效果。

一般说来，众筹融资有股权式、债权式、鼓励式和捐赠式四种基本类型。当然，也有其他分类模式，如收益共享、实物融资、混合模式等（李雪静，2013）。我国很多学者都认可四种类型的分类，但部分学者认为现阶段的P2P或P2B都提供本金保障，不符合债权众筹分享自担的风险，真正意义上的债权众筹不存在。夏君恩、李森等（2015）依据众筹项目是否在互联网平台上发布，认为有"线上众筹"和"线下众筹"两种模式。众筹融资的模式及其国内外的典型平台如表6.7所示。

表6.7 众筹融资的模式和国内外的典型平台

众筹融资的模式	典型案例
股权式众筹	国外：Upstar 国内：华人天地、美微众筹、3W咖啡、创东方主投基金、京东众筹、众筹家园等
债权式众筹	国外：Kiva、ZoPA 国内：拍拍贷、人人贷、积木盒子
鼓励式众筹	国外：Kickstarter、Indiegogo 国内：点名时间追梦网、众筹网
捐赠式众筹	国外：Causes、You Caring 国内：腾讯公益平台的"乐捐"、微公益

在众筹融资中，股权式众筹是指普通投资者通过互联网渠道向筹资方投资取得股权以获得未来收益，通常用于初创企业或中小企业的开始阶段和项目初创阶段，是对天使投资的补充，为许多小型的创业者提供更多微型融资，广泛应用在网络公司、计算机、通信、消费产品和媒体等企业。

债权式众筹网站和普通线下贷款大致相同，主要优势是提供了更大范围的借贷平台，并且还有可能实现对某些公益项目的无息贷款。世界上最早的债权众筹是1861年美国南北战争爆发后，美联邦政府财政不能保证军队和政府的正常开支，1862年发行5亿美元的国债，当年的财政部长到华尔街富人区亲自游说，也只募到5 000万美元。一名叫杰·库克的银行家提出了化大额众筹为小额众筹，加上"为了胜利"的包装，联邦政府不仅获得了4.5亿美元的资金支持，更重要的是获得了兵源保障。

鼓励式众筹或奖励式众筹又被称为预购式众筹，最常用于农业、艺术和科技等产品的融资。发起人以免费或优惠价格的产品或服务作为投资奖励回报，支持人以"投资人、消费者"双重身份，通过投资实现对产品的售前预定。因为鼓励式众筹投资起始金额低，项目种类很多，是创新和梦想的聚集地，成为了大众最乐于接受的众筹方式。

捐赠式众筹主要是非政府组织（NGO）和个人为特定项目吸引募捐，涵盖教育、旅游、宗教、文化交流等方面，带有慈善性，即发起人不设定任何回报，投资人出于捐赠提供资金支持，如红十字会这类NGO的在线捐款平台可以算是捐赠众筹的雏形，需要融资的人由本人或他人提出申请，NGO做尽职调查、证实情况、在网上发起项目向公众募捐。

捐赠众筹模式主要用于公益事业领域，支持者的出资行为带有重在参与或精神层面的收获，捐赠和帮助公益性质鲜明。2013年7月，我国首家专业公益众筹平台"创意鼓"正式上线。目前，国内较多的是募捐制和奖励制项目，项目的支持者一般就是项目的推动者，参与感很强。

5. 大学生创业融资方式

当前，越来越多的政府政策、社会资金、社会公益项目向大学生自主创业方面倾斜，欧美大学生自主创业比例普遍在20%左右，根据2015年6月麦可思研究院发布《2015年中国大学生就业报告》调查显示：2014届大学毕业生自主创业比例为2.9%，2013届大学毕业生自主创业比例为2.3%，2012届大学毕业生自主创业比例为2.0%，2011届大学毕业生自主创业比例为1.6%，呈逐年上升的趋势。

调查发现，在我国大学生创业各影响因素的重要性排名中，资金条件仅次于实际能力（实际能力占50.1%，资金条件占45.7%），55.8%大学生创业者因缺乏资金不得不选择启动资金少、风险低的行业。可见，资金问题已严重影响我国大学生创业的决策与实施。因此，了解大学生创业的融资方式意义重大，这也是把大学生创业融资方式作为一个独立分类的原因所在。

6. 中小企业融资方式

（1）银行贷款融资。银行贷款是最常规、成本最低的融资方式。根据2016年年底的统计，我国小微企业贷款余额为20.84万亿元，环比增长0.7%，同比增长16%；相比大型和中型企业，贷款增速分别高出了7.2个、9.1个百分点；小微企业贷款余额占比为32.1%，同比增加了1.6个百分点；贷款增加额3万亿元，增加额度同比增长7 815亿元，增量占比为49.1%，同比增长12.5个百分点。

一般而言，银行贷款需要中小企业企业提供有关的反担保措施，可以是信用、担保、抵押、质押、留置等，最普遍和可行的方法是固定资产抵押、权利质押和担保公司担保。常见的融资方式有以下几种。

一是固定资产抵押贷款。银行一般会根据不同的固定资产采用不同的折扣配给贷款额度，土地和商业门面一般按5折配贷款，房屋和写字楼最高按7折配贷款（机器设备一般按1～3折配贷款，目前多数银行已不采用设备抵押贷款，因为在出现风险时设备处置较难）。为提高固定资产抵押的融资额度，中小企业可将固定资产向担保公司设定抵押，并由担保公司向银行担保贷款，通过担保贷款的额度一般可达到固定资产的评估价值，或高于其评估价值。例如，企业用自有商业门面向银行申请贷款，商业门面评估价值为1 000万元，通过银行直接贷款，企业一般可获得500万元的贷款额度；但若通过担保公司担保向银行申请贷款，可获得1 000万元至1 500万元或更高的银行贷款额度。

若企业拥有的资产具有稳定的现金流（包括但不限于收费收入、租金收入和其他经营收入）作为还款来源，并对相关经营性资产进行扩建、改建、装修等，可以把经营性资产作为贷款抵押物、经营收益相关的应收账款作为质押向银行申请相对较长的贷款，即通常说的经营型物业贷款，经营型物业贷款一般可以申请较高的贷款额度、较长的贷款期限（3～8年）和灵活的还款方式（按月付息、到期一次性偿还本金，或采用分期还本、按月付息的方式等）。

二是质押贷款（或发票融资）和汇票贴现融资。中小企业卖出商品并开出发票后，可用产生的应收账款作为质押，并办理质押登记，向银行申请短期贷款。银行办理此类贷款若在应收账款到期后收不到款，贷款企业需对发票进行回购，并偿还相应本息。这种贷款相对不灵活，目前一些担保公司开展了以发票即对应的应收账款作质押，在应收账款未收回时，可通过行使质权，以避免债权风险，因此也称为发票融资。汇票贴现融资指中小企业以持有的银行承兑汇票经完全背书转让的方式向银行获得贷款，目前银行一般对银行承兑汇票开展贴现，而中小企业开出的商业承兑汇票较难贴现。

三是动产质押贷款，目前我国中小企业的总资产中60%以上是应收账款和存货等动产，以动产质押方式融资在多数银行均难推广，主要原因是对动产的监管不到位，但如果引进物流监管企业，对动产进行监管，在签订商品融资质押监管协议后便可办理此贷款。

四是信用贷款，包括国内信用证融资、并购贷款和联贷联保三种。国内一些银行目前开展了国内信用证贷款业务，这是当前较为流行的一种融资方式，即对于贸易型中小企业，可向主办银行申请开立国内信用证，向卖方出具付款承诺，承诺在单据符合信用证所规定的各项条款时，向卖方履行付款责任。并购贷款是指符合国家产业政策和银行信贷政策，并购方与目标企业之间具有较高的产业相关度或战略相关性，并购交易依法合规，属于银行的优质客户，可向银行申请并购贷款，用于支付并购交易价款。而联贷联保是银行开展得最普遍的信用贷款模式，主要是以市场、协会、园区内的客户为对象，通过其管委会、协会为单位并发起，以3～7相互了解、相互信任的客户为联保和联贷主体向银行申请的短期贷款。不同银行在这种业务中规定不同，主要是在保证金的比例、贷款额度和贷款主体要求上的不同，通常贷款额度在单户500万元内。

五是标准厂房按揭贷款，工业化时代出现了专门修建工业厂房的企业，企业修建的标准厂房一般具有通用性、配套性、标准化等特点，并以售卖的方式卖给生产型中小企业，中小企业购买厂房后往往会出现流动资金紧张，于是一些银行推出了专门针对购买园区厂房的中小企业厂房按揭贷款业务，中小企业一般需首付三成，分期还款，最长还款期可达7年。

（2）夹层融资。夹层融资是一种新型的融资方式，主要是"股权+债权"的融资模式，采用这种方法的融资机构主要是中小投资公司和私募股权投资基金公司，通过这种方法可以解决企业在无抵押和无其他反担保措施的情况下获得急需的资金支持，即企业以让渡一部分股权，但最终会回购股权和付出未来一定收益为前提的融资，这种融资相对于银行融资的成本更高。

（3）信托融资。信托是指委托人基于对受托人的信任，将其财产权委托给受托人，由受托人按委托人的意愿以自己的名义，为受益人的利益或者特定目的进行管理或者处分的行为。2008年，我国信托公司在国内第一次推出了中小企业的信托产品，信托融资也成为中小企业融资的重要来源。

目前，国内中小企业的信托融资有两种方式：一是信托公司以信托合同的形式将其资金集合起来，直接向单一中小企业提供贷款；二是引入政府和担保机构，形成"政、信、企、保"多方合作模式，由政府推荐、担保公司担保、多家有融资需求的中小企业组成项目贷款包，由信托公司发行信托产品，所募集资金投向打包的中小企业。

（4）融资租赁。这是基于中小企业在新购设备或将自有设备出售并回购来获取贷款的融资方式，可推动中小企业核心设备的技术更新与产业换代，优化企业财务结构。通常方式有两种：一是新购设备融资租赁，指企业无钱购买设备时，可向租赁公司申请，由租赁公司向设备供应商购买新设备，并将其出租给企业使用，租赁期满，设备归企业所有；二是将自有设备出售后回租，中小企业可将自有的设备以公允的价值出售给租赁公司，再以融资租赁方式从租赁公司租入该设备，从而获得投入设备的资金。

（5）资产管理公司融资。资产管理公司主要是收购并经营金融机构剥离的不良资产，在处置完不良资产后，资产管理公司拥有了大量的资金，但其经营范围决定了其资金只能用于收购不良资产，不能用于发放贷款，大量的闲置资金需寻找出路，于是变相的融资就成为资产管理公司目前寻找效益的出路。具体方法是：中小企业可先向银行或小额贷款公司贷出一笔贷款，再将此笔贷款以不良贷款形式由资产管理公司收购，变相实现了融资。

（6）公开上市融资（主要指股权融资）。上市融资具体包括以下几个种类。

一是中小企业板，我国指流通盘大约1亿以下的创业板市场。该市场设立之初是为了实现企业从创业板退出，作为其退出前的经验积累、或者说过渡平台而存在，这一融资方式适合于自主创新能力强或在东南沿海的成熟期中小企业。

二是创业板，又称二板市场，以纳斯克市场为代表，在我国特指深交所的深圳创业板。创业板市场刚开始是对应于具有大型成熟公司的主板市场，以中小型公司为主要对象的市场形象而出现的。随着我国中小板市场发展日趋完善，2009年10月30日我国创业板正式上线并开始交易，条件比中小板的条件宽松，其最大特点是低门槛进入、严要求运作，使更多的中小企业上市发行股票成为现实。在我国无论是主板、中小板还是创业板，其实都是股权融资平台，属于公开上市融资方式。相比较而言，主板市场服务于比较成熟、在国民经济中有一定主导地位的企业，中小板市场服务的是发展成熟的中小企业，侧重于成长性较高的民营企业；创业板主要服务于成长期的创业企业，主要为一些高科技型的中小企业服务。

三是中小企业集合债券，源自美国次贷危机后我国保护中小企业的一种应对措施，它通过牵头人组织、以多个中小企业所构成的集合为发债主体、发行企业各自确定发行额度分别负债、使用统一的债券名称、统收统付、向投资人发行的约定到期还本付息的一种企业债券形式。一般由某个政府部门牵头，以银行或证券机构作为承销商，担保机构担保，评级机构、会计师事务所、律师事务所等中介机构参与，并对发债企业进行筛选和辅导以满足发债条件的新型企业债券形式。这种"捆绑发债"的方式，打破了我国只有大企业才能发债的惯例，开创了中小企业新的融资模式。

（7）新三板及场外市场融资。新三板是我国多层次资本市场的"塔基"，经历了"老三板—新三板—新三板扩容"，行业内称之为"三级跳"，即2006年在北京中关村开展了为一些成长性良好的科技型企业提供融资支持的相关"试点"工作。2012年我国试点范围扩大到上海张江、武汉东湖和天津滨海三大高新区，2013年12月13日国务院在试点工作成功背景下发布了《关于全国中小企业股份转让系统有关问题的决定》，我国的"新三板"市场正式推广到全国，该市场的交易系统成为"全国中小企业股份转让系统"，与深沪两大交易所并列，成为我国第三家证券交易所。

"新三板"市场是场外交易市场之一，场外交易市场也叫"柜台市场"或者"店头市场"，具有不同于证券交易所的特征：挂牌门槛较低、审批程序简单等。目前，中小企业在新三板市场的融资方式主要有定向增发、股权质押融资、发行中小企业私募债等，广义上还包含转板上市及并购重组。

①定向增发是新三板企业股权融资最主要的方式，由于新三板企业还不是上市企业，故无法向社会公众公开募集资金，只能针对特定对象实施定向增发。有挂牌后定向增发融资和自2013年挂牌同时定向增发两种方式。此外，还引入了储架发行制度，即"一次核准、分期发行"。

②股权质押融资是较为常见的债权融资方式，新三板挂牌企业虽未上市，但其股票在挂牌转让后具有了流动性，因而可通过股权质押方式进行融资，即将部分流通股或限售流通股质押给银行、担保公司、投资公司、信托公司等金融机构来获得融资。

③发行中小企业私募债，指发行者以少数特定投资者作为募集对象而发行的一种债券。2012年5月22日企业私募债业务试点正式启动，2014年证监会提出拟把私募债的试点范围扩大至全部新三板企业，并着手在新三板市场上推出公司债、可转债等新型债务融资工具。因此，中小企业私募债券是中小企业以非公开方式发行的，约定在一定期限还本付息的公司债券，不需要行政审批的高度市场化的产品，采用备案发行，对发行企业不设财务指标要求，不强制进行信用评级和升级，募集资金用途没有特别限制。单个企业发债规模在3 000万元到2亿元，发行利率为7%～11%。相对而言，中小企业私募债更为便捷、高效和灵活。

④转板上市及并购重组，通过新三板市场的培育，许多挂牌企业都达到了创业板甚至是中小板市场的上市标准。2014年6月，证监会发布《非上市公众公司管理办法》和《非上市公众公司重大资产重组管理办法》，为新三板挂牌企业的转板上市及并购重组打了良好的政策环境。

（8）创业基金融资（包括VC和PE）。在美国，创业基金融资（包括VC和PE）是中小企业获得融资的主要渠道，占中小企业筹集资金的一半；在中国，中小企业融资 90%以上来自于银行贷款，创业基金融资还刚刚兴起。我国民营资本目前正快速进入基金业，设立了大量的创业投资基金、风险投资基金和产业投资基金，并寻找优质的、成长性好的中小企业。中小企业一是可寻求和基金公司的合作来获取发展资金，二是对优质的项目可成立基金公司向特定对象募集资金，三是接洽"创投国家队"或政府创投基金等。

（9）政策性银行贷款。我国的政策性银行主要有三家：国家开发银行、进出口银行、农业发展银行。上述三家银行分别有各自的业务定位，其中和科技型中小企业关联最为紧密的是国家开发银行，该行的业务对象主要为大型基建和固定资产投资企业，有些科技型中小企业也在其业务领域内。相关的资金支持主要有：重大科技项目的专向定额信贷、教学机构或者科研机构的产学研贷款等。据统计，国家开发银行 2015 年年底的贷款余额大约为 7.04 万亿元，其中针对科技产业的贷款为 2 417 亿元。

（10）国外融资（外资银行融资＋海外 IPO）。外资银行借款门槛低，无须抵押担保的特点让中小型企业在融资过程中多了一个渠道，让企业不会因为资金困难而无法运营，外资银行在我国的企业发展中发挥了积极的作用，缓解了中小企业的资金压力，让中小企业不断地扩大经营规模，逐渐提升国际竞争力。例如，花旗银行 2004 年在我国中小型企业刚起步发展时就建立了商业银行部门，由于当时国内的银行对中小企业的借贷并不普遍，而花旗银行推出了主要针对中小型企业的贷款政策，在为中小型企业提供了流动资金的同时也很好地开拓了中国市场。海外 IPO，即境外直接上市，通常境外直接上市都是以 IPO（首次公开募集）方式进行，是指直接以国内公司的名义向国外证券主管部门申请发行的登记注册，同时发行股票（或其他衍生金融工具），向当地证券交易所申请挂牌上市交易。一般有 H 股、N 股、S 股等，H 股是指我国企业在香港联合交易所发行股票并上市，取"Hongkong"第一个字用"H"为名；N 股是指我国企业在纽约交易所发行股票并上市，取"New York"第一个字用"N"为名，同样 S 股是指我国企业在新加坡交易所上市。

（11）民间融资。民间融资包括民间借贷和民间集资，民间借贷属于债权融资，民间集资属于股权融资。目前，我国民间借贷和民间集资不属于正规的融资渠道，不符合现行法律规定，表明其在一定程度上脱离了法律的引导和监管，因此二者不同于银行贷款、发行债券和上市融资等债券或股权融资方式。

（12）中小企业资产证券化。资产证券化是 20 世纪 80 年代中期兴起于美国的一种融资方式，是以资产所产生的现金流渠道为支撑，在资本市场发行证券工具，从而对资产的收益与风险进行分离与重组的一种技术或过程，优势在于能有效回避资产信用等级低和缺乏有效担保的矛盾，降低融资成本和融资风险。我国中小企业适合证券化的资产包括应收账款、知识产权和具体项目收益权等。

2018 年 4 月 25 日中国证监会、住房城乡建设部联合印发《关于推进住房租赁资产证券化相关工作的通知》，对开展住房租赁资产证券化的基本条件、政策优先支持领域、资产证券化开展程序以及资产价值评估方法等做出明确规定，并在审核领域设立"绿色通道"，重点支持住房租赁企业发行以其持有不动产物业作为底层资产的权益类资产证券化产品，推动多类型具有债权性质的资产证券化产品，试点发行房地产投资信托基金。

6.2.2 创业融资方式选择

创业企业选择何种创业融资方式取决于创业所处阶段、新创企业特征、创业者对控制权的态度和融资成本四种主要因素。

1. 创业所处阶段与融资方式选择

在国际上，硅谷创业企业不同阶段的融资方式如表6.8所示。

表6.8 硅谷创业企业不同阶段的融资方式

企业成长阶段	主要融资方式
种子期	创始人自有资金、家庭亲朋好友借款、信用卡短期透支等
初创期	天使投资、创业投资、政府支持的小企业投资、大公司投资
成长期	创业投资、大公司投资
扩张期	创业投资、上市或被大企业收购
成熟期	上市、商业银行贷款等

一般来说，创业所处阶段与融资方式的选择如表6.9所示。

表6.9 创业所处阶段与融资方式的选择

融资方式	种子期	启动期	早期	快速成长期	成熟期
创业者	A	B			
朋友家庭	A	B			
天使投资	A	A	B	B	
战略伙伴	A	A	A	A	
创业投资	B	A	A	A	
资产抵押贷款		A	A	A	
设备租赁		A	A	A	
小企业管理		B	A	A	
贸易信贷			A	A	
IPO					A
MBO					A
公募债券					A

注：A表示主要融资渠道；B表示次要融资渠道。

2. 新创企业特征与融资方式选择

通常根据风险和预期收益两个主要特征，可以把新创企业划分为高风险预期收益不确定、低风险预期收益易预测、高风险预期收益较高三类，与之相对应的新创企业的现金流、资产负债率、管理层等不同特征要求必须选择与之匹配的融资方式。新创企业特征及其融资方式的选择如表 6.10 所示。

表 6.10　新创企业特征与融资方式的选择

创业企业类型	新创企业特征	适当的融资方式
高风险 预期收益不确定	弱小的现金流、高负债率低、中等成长、未经证明的管理层	个人资金、向亲朋好友融资
低风险 预期收益易预测	一般是传统产业、强大的现金流、低负债率、优秀的管理层、良好的资产负债表	债务融资
高风险 预期收益较高	独特的商业创意、高成长、利基市场、得到证明的管理层	权益融资

3. 创业者对控制权的态度与融资方式的选择

创业者对控制权的态度会影响融资方式的选择，一些创业者不愿意将自己费尽心血所创立企业的部分所有权与投资者共同拥有，希望保持对企业的控制权，因此更多地选择债务融资；另一些创业者则更看重企业是否可以迅速扩大，取得跨越式发展，获得渴望的财富，为此他们愿意引入外来投资，甚至让位与他人管理企业。

4. 融资成本与融资方式的选择

所谓融资成本是资金所有权与资金使用权分离的产物，实质是资金使用者支付给资金所有者的报酬，包括融资费用和资金使用费，前者是创业企业在资金筹资过程中发生的各种费用，后者是指创业企业因使用资金而向其提供者支付的报酬，如股票融资向股东支付股息、红利，发行债券和借款支付的利息，借用资产支付的租金等，这些部分都反映在会计账目上，构成创业企业融资的财务成本或显性成本。融资成本还包括机会成本或隐性成本，即把某种资源用于某种特定用途而放弃的其他各种用途中的最高收益。

需要注意的是，在分析创业企业融资成本时，必须考虑显性成本和机会成本，特别是在分析创业企业自有资金的使用时，机会成本非常关键。因为创业企业使用自有资金一般是"无偿"的，无须实际对外支付融资成本；但是，如果从社会各种投资或资本所取得平均收益的角度看，自有资金也应在使用后取得相应的报酬，只是自有资金不须对外支付，而其他融资方式必须对外支付。

企业融资成本还可分为内源融资成本和外源融资成本，后者包括债务融资成本与权益融资成本。根据经济学的成本理论分析，内部融资主要是自有资金，其融资成本就是机会成本，不计入会计账目上，内部融资成本最小；债务融资成本次之，股权融资成本最高。

股权融资成本一般高于债务融资成本，这是因为：一方面从投资者看，投资于普通股的风险较高，要求的投资报酬率也会较高；另一方面从融资者看，股利从税后利润中支付不具备抵税作用，而且股票发行费用也高于债券等其他证券，而债务性资金的利息费用在税前列支具有抵税作用，并且是固定的费用。

大量的创业企业融资实践、实证研究和融资优序理论也表明，融资方式的选择在很大程度上受到融资成本的制约，所有的融资者都必然选择低成本的融资方式。

6.2.3 创业融资步骤及关键点

1. 创业融资步骤

资金是创业的血脉,是创业者急需获得的启动资源。尽管创业企业融资较为困难,但创业融资却是创业企业顺利成长的关键。当然,创业融资不仅是一个技术问题,而且还是一个社会问题。创业者和创业企业一定要在融资之前做好充分的准备工作(建立和经营个人信用、了解融资过程中的法律问题、积累自己的人脉资源)、学习估算创业所需资金的方法测算资本需求量、了解并确定各种融资方式、熟悉创业计划书的结构和编写策略、提高自己的谈判技巧等。

(1)做好创业融资前的准备。

首先,应制定清晰的战略规划和资本规划。一方面,创业企业在组建创始团队整装待发时,通常需要勾勒出公司未来的使命、愿景和价值观,还要细致梳理出企业的发展战略和资本规划。这个环节也体现了创始人的胸怀、格局和资本意识,没有清晰的上市计划和资本规划的创业项目是无法取得资本机构青睐的。毕竟对投资机构来说,最大的退出收益源于在二级资本市场的退出,如果缺乏高回报套现的退出渠道,企业的质量再好也无法纳入其资本投资清单中。另一方面,清晰的上市目标和资本规划还要服从和服务于企业的整体发展战略,资本的投入和补充也取决于运营的计划和预算。而上市计划、运营计划、预算计划、资本规划四者环环相扣,创业企业对于这四个环节,尤其是对未来1~3年的发展规划要了然于胸。

其次,应尽早建立和经营个人信用。市场经济是信用经济,信用对国家、社会、个人都是重要的资源,信用在创业融资过程中起着重要作用。无论是从何种渠道筹集资金,投资者都会比较关注创业者个人的信用状况。因此,为保证融资的顺利进行,创业者应尽早建立和经营良好的个人信用记录,如做一个诚信的信用卡持卡人,同时注意在日常生活中按时缴纳各项税费、遵纪守法等。创业者个人信用记录包括个人纳税、参加社会保险、通信缴费、公用事业缴费,以及个人财产状况及变动等记录,尤其要注意的是还包括可能影响个人信用状况的涉及民事、刑事、行政诉讼和行政处罚的特别记录。

再次,应积累自己的人脉资源。人脉从始至终都是成功的基础,人脉资源的积累和个人能力价值的提升同等重要。积累自己的人脉资源,学会有效沟通是基础,从志同道合的密友、同学、同事开始,拉进和同行的距离。与此同时,建立融资的渠道财务顾问(FA)、创投圈。不管是初次创业者还是创业多年的老兵,手机通讯录中或多或少都要存一些投资人的联系方式。

最后,要了解融资过程中的法律问题。创业融资过程中往往涉及很多法律问题,创业者如果对这些法律问题不熟悉,很可能误入法律禁止的范围,陷入窘境。因此,创业者在融资之前要弄清融资会涉及的法律问题。

(2)测算创业所需的资本需求量。

创业需要启动资金,创业启动资金分为固定资金、流动资金和开办费,可以通过同行、供应商、行业协会、退休的企业高管等学习创业启动资金的估算方法，根据测算的营业收入、营业成本、利润编制预计财务报表，并且结合企业发展规划预测融资需求量。这些都要求相对专业的技能，可从相关专业机构获得帮助。

（3）了解并确定融资方式。

首先，创业企业要了解、搜集各类潜在资金提供方的基本情况，分析本企业对不同融资方式的吸引力，运用融资优序理论指导融资次序选择，比较并综合选择合适的融资方式。融资方式的比较如表 6.11 所示。

表 6.11 融资方式的比较

比较	内源融资（内部融资）	外源融资（外部融资）	债权融资	股权融资
特点	原始性 自主性 低成本性 抗风险性	高效性 灵活性 大量性 集中性	无论经营状况如何，均需还本付息、不改变股东构成	不须偿还、股东构成改变、根据经营状况支付红利
形式	重置投资 新增投资	银行借款 发行债券 融资租赁 商业信用	向银行、亲友、民间借贷，或发行债券	出资、合资、吸引基金投资、发行股票

资料来源：编者整理。

其次，创业企业还要在提高自身素质基础上，选择合适的投资者和投资机构。根据创业企业生命周期、创业企业类型和所需资金情况，确定恰当的融资方式与融资工具的组合策略。融资方式与融资工具的组合策略如表 6.12 所示。

表 6.12 融资方式与融资工具的组合策略

创业企业生命周期	种子期		自有资金、亲朋借贷、天使投资、政府扶持
	创建期		股权性的机构风险投资
	生存期		负债融资、股权融资
	扩张期		债务融资、增资扩股
	成熟期		IPO
创业企业类型	制造业型创业企业		信贷资金
	高科技型创业企业		天使投资、股权性的机构风险投资
	服务型创业企业		中小型商业银行贷款
	社区型创业企业		政府资金、社区共同集资
所需资金情况	资金额度	小额	员工集资、商业信用、典当
		大额	权益投资、银行贷款
	需求期限	短期	短期拆借、商业信用、民间借贷
		长期	银行贷款、融资租赁、股权转让
	成本承受能力	弱	股权转让、银行贷款
		强	短期拆借、典当、商业信用融资

资料来源：编者整理。

最后，需要掌握一些融资技巧。"知己知彼，百战不殆"，如创业贷款由于有银行和政府的低息待遇，创业贷款比一般贷款的利率要低，创业企业可以间接省下一笔利息；再如，合理选择贷款期限，若创业企业资金使用需求的时间不太长，尽量选择短期贷款，并办理两年期，贷款可一年一贷，这样可节省利息支出。需特别要关注利率的走势，抢在加息之前或等降息后再适时办理贷款。

申报政府扶持资金的技巧：一是合理对接申报项目与扶持资金的品种，既可以根据资金品种筛选可申报项目，也可以根据企业项目策划申报的政府资金品种；二是恰当包装申报材料，包装不是做假而是通过详细分析、评估本企业拥有的核心技术、市场中的优劣势、发展潜力、财务状况，把本企业的内在价值充分挖掘出来；三是必须建立必要的公共关系和信用关系，要使政府充分了解申报企业在行业里技术水平是领先的、财务状况是良好的、企业运作是正常的、市场前景是广阔的、管理团队是过硬的。

（4）编写创业计划书。创业计划书是融资项目的简历和敲门砖，也是吸引投资机构进一步关注、持续深入对接的链接器。其内容主要是创始人团队向投资人讲述一个激动人心的商业冒险故事：创始人发现了一个非其不能实现的创富机会，但缺乏资金等关键的支持，投资人日后套现时可赚取多少倍回报等。具体到项目中，创业计划书应当体现出个性化的商业逻辑。

撰写创业计划书时，建议重点关注两点：结构和亮点。创业计划书的逻辑结构要清晰，写作内容要点包括：企业简介（公司信息、团队和股权构成）、行业情况（机会和痛点）、竞争情况（行业中的玩家）、核心竞争力（企业的拿手本领）、运营现状（用业务及财务数据来验证模式和竞争力）、发展规划（未来三年在市场、产品、资本方面的战略规划）、经营预测（业务、财务数据）、融资规划（融资计划、资金使用计划、资本退出规划）等。最好能梳理出不超过5条投资亮点，一份创业计划书中应当有10～15个关键点和5个以上的知识点，这关乎能否讲清楚一个激动人心的商业故事，并成功激发投资人的兴趣。

此外，还有配套的融资材料，一般包括影印版的公司营业执照、公司历史沿革介绍、知识产权方面的材料（如专利、软件著作权、药品批文、医疗器械注册证、关键行业准入资格等）、高新区或孵化器的政策条件、公司的"三表"及流水、关键客户和供应商信息、股东结构及介绍等。在给投资机构提供材料时，应当由浅入深、循序渐进，融资企业先要与机构联系确认需要提供哪些资料，并让对方发送保密协议或保密承诺，然后再针对性地提供资料。同时，在提供"三表"、流水及客户名录时，建议采用糊名法或代号，以防范后续资料的外泄。

（5）融资谈判。无论创业计划书写得多好，在与投资者谈判时表现糟糕的创业者和创业企业很难完成交易。因此，要做好充分的准备，事先想想对方可能提到的问题，要表现出信心；在陈述时抓住重点，条理清楚，始终记住投资者最关心的是其投资的收益。在融资谈判过程中，还要注意以下两个方面的对接。

首先，是对接控制权。这主要体现在董事会和高管层面，尤其是财务总监对信息披露的监管，应当通过管控战略、运营、财务等关键环节来行使股东权利，保障股东利益，而企业方可约定股东不得过度干涉日常经营，这都属于基本的约束条件。机构投资之后普遍会向企业派驻财务总监，目的是进行财务监督和财务规范辅导，以控制企业运营预算和推进上市日程。对融资企业而言，企业控制权天然来源于对股权的控制，所以在融资时要有清晰的规划，以保障创始人对公司股权的控制，比如设置67%、51%、34%等关键的股权红线。同时，在股权融资不断稀释创始团队股权的情况下，创始团队可通过设置一致行动人、AB股票等形式来确保掌控公司的战略和经营。

其次，是对接资源。投资机构在谈项目投资时都会向企业承诺提供资金以外的资源对接。在此，要以是否有偿为标准对资源对接加以区分，其中，无偿对接包括提供信息、引荐关键人等。如果对接能促成交易，双方也最好提前确定出一个激励机制。近年来，有一定规模的创业公司也设立投资部去参控或控股一些产业链上的公司，如果这方面需要机构投资者的投融资咨询服务，需要提前确定好咨询方式和相关费率。

2. 创业融资的8个关键点

（1）确定融资框架。一般来讲，融资前创业企业内部要确定一个融资框架。首先，是融资额度，需要多少钱、要出让多少股份，如需要1 000万元，创业企业现在值4 000万元，那就出让20%的股份。其次，创业企业的董事、股东要不要通过对赌提高自己的议价、要不要放期权，内部意见必须一致。最后，要成立以创始人为核心的内部融资小组，成员一般由创始人、财务负责人、业务负责人、外部投融资顾问构成，这也是后续匹配投资机构开展业务、财务、法务等尽职调查的对接部门，是减少后续对接错频、缩短内外磨合时间的推进器。

（2）确定要不要找财务顾问。一般来讲，财务顾问（FA）会告诉创业企业融资时应该注意什么，应该怎么控制流程，尤其是在和投资人谈详细法律条款的阶段，FA可以代表创业企业跟投资人谈判。不过，一旦FA参与到投资里面，也容易产生弊端，利益会驱使其向投资人靠拢。当一些FA非常看好其服务的客户，也会主动进行投资。这样，参与投资的FA就会改变自身的立场。因此，创业企业融资时要慎重决定要不要找财务顾问。

（3）筛选目标投资商。创业企业寻求创业投资时，第一步应预先了解创业投资市场的行情，可以查阅一下本行业中那些即将上市企业的投资者名录，或直接访问行业中其他公司的管理者；第二步应根据自己企业的特点和资金需要量筛选出若干可能的投资公司，在筛选时要考虑所需投资的规模、企业的地理位置、企业所处的发展阶段和发展状况、企业的销售额及盈利状况、企业的经营范围等。通常，在此过程中，律师和会计师会起到很大的作用。在筹集创业资金的过程中，有时创业投资家和创投机构需要找到一个主要投资者，这个主要投资者会和创业企业家一起推动、评价、构建这笔交易。此外，这个主要投资者还会把周围的投资者组织起来形成一个投资者集团。因此，创业企业家应从最有实力的投资者中选择主要投资者。

（4）初步接触。筛选目标投资商之后，创业企业应对其做一个AB分类，从对自己帮助最大的目标投资商中挑出5～10家分到A类，剩下大概30家分到B类。分类之后千万不可直接接触A类投资商，而应先接触B类投资商。在接触投资商的过程中创业企业就会进入创业计划书升级阶段，创业企业每接触一家投资商，其创业计划书就会越来越成熟。B类投资商可能是创业企业未来的投资者之一，其实也是创业企业自己练兵的阶段。不仅如此，B类投资商还可以修整创业企业的融资框架，调整创业企业的估值。

（5）深入接触。众所周知，融资时深入接触时要把握好时机。那么，什么是好的时机呢？比如，现在有4家投资机构是需要深入接触的，经过创业者和相关朋友的了解和观察，创业者会发现其中有一家决策非常快，可能大概一周就出了融资意向书，还有的机构是平均速度水平，有的可能要一个半月，这时候该怎么办？要把握好时机，一定要先接触那个最慢的，再接触两家平均速度水平的，最后接触那家最快的。因为意向书通常是有时间限制的，通常一两周就过期了。

（6）签订投（融）资意向书。对于创业团队来说，签订投资意向书相当于拿到了一个投资承诺，投资意向书是未来正式投资协议的框架基础，是双方进行实质性谈判的依据，是签订协议（合同）的前奏。其主要包含价格条款（包括投资金额、估值、股权比例）和保护机制（包括清算权、保护性规定、保密等条款）两方面，除特定条款，如争议解决、保密条款、排他性条款外，均不具有法律效力，对双方没有约束力。

（7）尽职调查。在我国国内，进入尽职调查阶段则意味着创业企业融资进入了一个非常关键的阶段。因为在法律上，尽职调查的1～2个月创业企业不能接触其他投资商，这时候投资商会对创业企业进行业务、财务、法务等一系列调查。创业企业要把业务调查放在第一位，签约之前让对方先做调查，如果有问题就不签约。这样把一些可能有变化的东西往前放，从而降低风险。一般说来，在签约之后投资商才会打款，但创业企业为了降低尽职调查阶段的风险，不会出现尽职调查过程中的资金亏损，创业企业可以做过桥贷款。

（8）签约打款。谈判及签约的全过程最好控制在20个工作日内，应当以长期共赢为合作基调，先把协议的几项关键内容和标配条款确定下来。其中，关键内容包括估值条款、付款方式、董事会、委派董事、关键事项约定等，标配条款包括反稀释条款、估值调整协议、领售权、清算优先权、回购条款、财务监管、知情权、检查权等。在选择项目方法顾问的时候，要优先选择既懂法又懂具体业务的资深律师，这样双方可以尽量避免在一些细枝末节的法律条文上"拉锯"。经过内部决策部门的审批，由法务部对投资协议及附件进行精心修订之后，投资机构会与企业签约，继而推动工商登记变更。在此阶段，通常需要变更公司章程中的一些关键条款，如董事人选、关键事项约定等。投资协议及附件与章程一起构成了股东权益保护的基石。钱没有到账之前一切都有变数，很多公司前面都做到了，最后一步不打款即造成违约，这是所有投资人都不愿做的事情。

6.3 创业融资效率

6.3.1 创业融资效率的定义

融资是企业资金流转的起点,每种融资方式都有其优点和缺点,如何把它们有效地组织和利用起来,评判的标准就是企业融资效率。企业融资效率与企业投资效率、企业营运效率等一起,综合决定了企业整体效率的高低、企业业绩的好坏和企业价值的大小。

由于创业融资既是创业企业选择适当融资方式筹集所需资金的过程,又是一种以资金供求形式表现出来的资源配置过程。因此,创业融资效率可以分为创业融资微观效率(也称为主体效率)和创业融资宏观效率(也称为配置效率)。创业融资微观效率是指微观经济主体为生产运营融通资金的能力及其所实现的效用,包括企业资金融入效率和资金融出效率;创业融资宏观效率则是指该种融资体制能否将稀缺的资本投入使用最高的用途中去。

6.3.2 影响创业融资效率的因素

依据创业融资效率的微观和宏观两个层面,影响创业融资效率的因素可以从创业企业自身和政府政策两方面来考察,即从融资成本、融资结构、融资收益与风险、资金的清偿力、资金的到位率和资金的使用效率、资本市场的成熟度(融资机制的规范度)、融资主体的自由程度、宏观经济环境等方面着手分析。如渤海大学中小企业投融资管理方向的硕士研究生张婷婷(2016)指出:企业的股权融资效率涉及从资金融入资金配置的整个融资活动,影响企业股权融资效率的因素有宏观因素和企业微观因素,前者包括经济体制、金融市场、政策与法律制度,后者包括企业规模、资本结构、企业成长性、企业盈利能力、营运能力、企业发展能力和成本费用控制力及股权结构等。

随着众多互联网金融平台的蓬勃发展,众筹融资已成为最典型的新型融资方式。如果将奖励式众筹融资的效率作为因变量,其自变量就是奖励式众筹融资的影响因素。通过众筹网平台中的交易数据分析可知,影响奖励式众筹融资效率的因素有:筹资天数、项目标题字数、发起人信息、是否有视频、图片个数、关注数、支持数、已筹款、项目所属的行业、项目所在的城市、项目更新、评论数、项目回报方式、项目回报时间等多种因素。奖励式众筹融资效率的影响因素如表6.13所示。

表6.13 奖励式众筹融资效率的影响因素

名　称	变量名称	变量说明	变量类型
筹资天数	Time	从项目众筹开始到结束的时间	连续变量
项目标题字数	projectName	项目标题的字数	连续变量
发起人信息	projectLauncher	发起人企业、个人或者没有说明	名义变量
是否有视频	haveMedia	项目描述里有没有视频	名义变量

续表

名　　称	变量名称	变量说明	变量类型
图片个数	picNums	项目描述里图片的个数	连续变量
关注数	Followers	有多少人关注这个项目	连续变量
支持数	Sup	有多少人支持这个项目	连续变量
已筹款	Got	这个项目筹资的金额数	连续变量
项目所属的行业	projectType	这个项目所属的行业	名义变量
项目所在的城市	projectCity	这个项目所在的城市	名义变量
项目更新	Fresh	项目更新的次数	连续变量
评论数	Comment	对项目评论的次数	连续变量
项目回报方式	priceType	该项目有多少种回报方式	连续变量
项目回报时间	Report	项目结束后多久回报	名义变量

资料来源：赵能. 奖励式众筹融资绩效的影响因素及预测研究 [D]. 吉林财经大学硕士学位论文，2017.

6.3.3　融资效率评价

了解创业融资效率的影响因素是为了评价创业融资效率。如何科学、客观地评价创业融资效率，在目前尚是一个难题，这涉及创业融资效率评价方法和创业融资效率评价指标等各个重要因素。

1. 融资效率评价方法

效率测度方法总的可概括为定量评价、半定量评价和定性评价，具体方法包括平衡计分卡法、随机前沿方法、数据包络法、综合指标法等。

首先，回顾量的分类。在客观世界存在着两种量：确定性的量和不确定性的量。确定性的量运用经典数学，反映的是已知信息，是一个内部特征完全已知的各因素关系确定的白色系统；不确定性的量又分为随机性的量和模糊性的量，对应的数学就是随机数学和模糊数学，其中，模糊性的量指既有已知信息、又有未知信息，是一个内部特征不完全已知的各因素关系不确定的灰色系统。模糊性量的分类图如表 6.14 所示。

表 6.14　模糊性量的分类图

类　型	量		
	确定性的量	不确定性的量	
		随机性的量	模糊性的量
数学范畴	经典数学	随机数学	模糊数学
系统范畴	白色系统	黑色系统	灰色系统

资料来源：偏者整理。

其次，归纳量的分析方法。人类在长期的实践中，根据量的因素多少和各因素的不同线性关系，形成了量的两大类分析方法。一种是少因素、线性的传统统计方法，包括一元线性回归分析和多元线性回归分析；另一种是多因素、非线性的综合评价方法，常见的综合评定法包括两两比较法和综合评价法，两两比较法有顺序法和优序法，综合评价法分为传统类和现代类。关于量的分析方法如表 6.15 所示。

表 6.15　量的分析方法

量的特征	少因素、线性		多因素、非线性		
方法名称	线性回归分析法		常见综合评价法		
具体方法	一元线性回归分析法	多元线性回归分析法	两两比较法	综合评价法	
				传统类	现代类
			顺序法	直接打分法/专家打分综合法	20 世纪 60 年代，模糊评价法
			优序法	总分法	20 世纪 70—80 年代，层次分析法和数据包络分析法
				加权综合评价法	20 世纪 90 年代，灰色分析法

资料来源：偏者整理。

最后，梳理创业融资效率评价方法。创业融资效率问题是一个多投入与多产出的复杂系统，因而多因素、非线性的综合评价方法被我国学界、政府部门、专业机构和评估专家广泛采纳，并用于中小企业与大型企业的资金融入效率和内源融资、债权融资与股权融资三者的效率对此分析。

2. 融资效率评价指标

从理论上讲，融资效率是企业能否以尽可能低的成本融到所需要的资金，并能否有效地利用所融资的资金。企业若以低代价得到所需资金，并进一步高效地投入企业的经营项目中去，使资金发挥最大的效用，则企业具有高的融资效率。因此，只有科学合理地选用尽可能全面、具体、可操作的融资效率标准，才能够构建有效的评价指标体系来衡量其融资效率。总结国内外的融资效率评价指标，主要有以下三类：

（1）投入产出指标。因为企业财务状况好坏、成本高低直接关系到投资者对企业的预判，当前世界上绝大多数采用数据包络分析（DEA）进行投入产出效率分析。所谓数据包络分析（DEA）是一种多投入、多产出的非参数估计方法，在运用时只需要确定投入指标和产出指标并把相应的数据输入模型，运行后就能得出效率评价结果。一般来讲，投入指标和产出指标都是从财务角度选取的，但针对不同类型的企业，其融资效率评价的投入和产出指标略有不同。具体来讲，融资成本、融资规模、偿债能力是投入因素，营运能力、获利能力、发展潜力是产出因素，选取了与之相应的 6 个指标作为创新型中小企业融资效率评价体系的投入指标和产出指标，如表 6.16 和表 6.17 所示。

表 6.16　创新型中小企业融资效率评价体系的投入指标

投入因素	指标变量	计算公式	说　明
融资成本	融资后现金流量净额增长率	本期筹资活动产生的现金流量净额增－去年同期筹资活动产生的现金流量增额/去年同期筹资活动产生的现金流量净增额×100%	值越小，表明企业融资成本越小，融资能力越强
融资规模	资产负债率	负债总额/总资产净额×100%	比率越大，说明企业的融资规模越大，融资能力越强
偿债能力	流动比率	流动比率＝流动资产合计/流动负债合计×100%	值越大说明企业的偿债能力越强

资料来源：李芳，王超．创新型中小企业融资效率评价体系构建 [J]. 统计与决策，2014（2）：173.

表 6.17　创新型中小企业融资效率评价体系的产出指标

投入因素	指标变量	计算公式	说　　明
营运能力	总资产周转率	主营业务收入净额/平均资产总额×100%	比率越大，企业的营运能力越强
获利能力	营业利润率	营业利润/营业收入×100%	营业利润率越高，表明企盈利能力越强
发展潜力	营业利润增长率	本年营业利润增长额/上年营业利润总额×100%	值越高，营业利润的增长速度越快，企业市场前景越好

资料来源：李芳，王超.创新型中小企业融资效率评价体系构建[J].统计与决策，2014（2）：173.

另外，从企业获取资金能力方面考虑，包括资产规模、融资成本、资本结构等微观企业自身因素，分别用企业资产总额、主营业务成本、资产负债率三个投入指标来反映企业获取资金的能力；从企业的资金使用效率及成长周期性两个方面考虑，则采用净资产收益率、主营业务收入增长率和总资产周转率作为产出指标。科技型中小企业新三板融资效率评价的投入、产出指标如表 6.18 所示。

表 6.18　科技型中小企业新三板融资效率评价的投入、产出指标

指　　标	指标名称	指标含义
投入指标	资产总额	反映企业规模大小，评价企业融资能力
	主营业务成本	反映企业对资产的运用能力
	资产负债率	从资本结构角度评价融资效率
产出指标	净资产收益率	反映企业对资本的运用效率和所有者的权益水平
	主营业务收入增长率	反映企业的经营情况和发展能力
	总资产周转率	反映企业资本运作能力和内部管理水平

资料来源：修国义，李岱哲.科技型中小企业新三板融资效率测度研究[J].科技进步与对策，2016（14）：126.

另外，根据创业板上市中小企业规模较小、市场反应灵敏、研发能力强、在获得大量募集资金后成长快速等特点，可构建创业板上市公司股权融资效率评价的投入、产出指标体系，如表 6.19 所示。

表 6.19　创业板上市公司股权融资效率评价的投入、产出指标体系

指　　标	变　　量	变量符号	变　量　计　算
投入指标	募集资金总额	TAUP	募集资金净额+募集资金费用
	资产总额	TA	资产各项目之和
	筹资风险系数	DEL	（净利润+所得税费用+财务费用）/（净利润+所得税费用）
产出指标	主营业务收入增加额	OIG	当年主营业务收入与上年的差额
	无形资产增加额	LAG	当年无形资产-上年无形资产
	每股收益	EPS	普通股股东的当期净利润/发行在外普通股的加权平均数

资料来源：张婷婷.创业板上市公司股权融资效率评价及影响因素研究[D]渤海大学硕士学位论文，2016.

募集资金总额指企业首次公开发行股票所募集的资金总额，反映了企业股权融资的规模，是企业资金运营的基础；资产总额是企业所拥有的全部资产，主要包括流动资产及固

定资产、无形资产、长期股权投资等非流动资产，是企业生产经营的基础；筹资风险系数是企业融入资金风险大小，一定程度上反映股权融资的质量；主营业务收入增加额则反映企业进行股权融资后成长能力，企业融入资金经营效率价值的增加，主营业务收入增长额的高低，可反映企业主营业务获利能力的高低，从一定程度上反映出企业对股权融入资金的使用效率；无形资产增加额是企业投入大量的资金用于研发，技术研发成功后就会转化成无形资产，该指标能很好地反映出企业对融入资金的运用能力；每股收益又称每股税后利润、每股盈余，它是综合反映上市公司获利能力的重要指标。科技型中小企业融资效率评价指标如表 6.20 所示。

表 6.20　科技型中小企业融资效率评价指标

融资效率评价指标	投入指标	资产总值、资产负债率、营业总成本
	产出指标	净资产收益率、总资产周转率、无形资产增长率、托宾 Q 值

资料来源：罗宇琛.科技型中小企业融资方式与融资效率研究 [D].武汉工程大学硕士学位论文，2017.

科技型企业会投入大量的研发经费，当企业不断壮大时科研经费投入量也会随之增加，这在企业财务报表中主要表现为无形资产的扩大，无形资产增长率可以显示出科技型中小企业利用技术改进而获得的竞争优势能力，体现其融资效率的高低。

托宾 Q 值可以直观地显示出那些已经上市的科技型中小企业融资效率状况。托宾 Q 值是企业股票价格除以企业净资产的比值，如果托宾 Q 值越大，那么就表明投资者越认可企业的价值创造能力。

（2）融资成本指标和融资风险指标。可以从融资成本、资本市场成熟度、资金利用率、风险控制、融资主体自由度等因素考察融资效率的高低，这些因素可以归结为融资成本和融资风险两方面，成为评价创业融资效率的两个重要指标。例如，资本市场的成熟度在一定程度上反映了融资的速度和数量，而融资数量的多少和速度的快慢都可以通过筹资费用来衡量，筹资费用就是融资成本的一部分，它们的对应关系如图 6.2 所示。

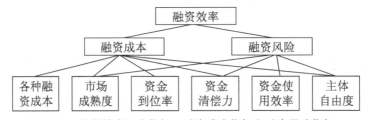

图 6.2　融资效率评价指标：融资成本指标和融资风险指标

资料来源：黄辉.企业特征、融资方式与企业融资效率 [J].预测，2009（2）：22.

由图 6.2 可知，如果一个企业的融资成本太高，必然降低它的融资效率，融资成本指标成为评价创业融资效率高低的第一个重要指标。融资成本是指为获得并使用资金而付出的成本，主要分为直接融资成本和间接融资费用两部分。直接融资成本是获取资金直接给投资者的回报，比如利息或者红利等，而间接融资费用是指给金融中介机构的相关费用，如手续费、账户管理费、上市所需的挂牌费用、信息披露费用、审计费用等。

了解融资成本费用结构，有助于降低融资成本，提高融资效率。融资成本与融资方式密切相关，融资方式不同，融资成本也不同。一般来说，银行贷款中间费用较低，信贷市场的直接融资成本比例要高一点，间接费用比例较低一点，融资成本总体上来说较低；而发行股票筹资，由于存在较高的发行费用，并向投资者进行利润分配，其成本费用对股权融资效率的影响最大，股票市场的直接融资成本比例要低，间接费用比例要高一点，股权资本在可选择的融资方式中成本最高；内源融资不存在融资费用，其融资成本等于机会成本，成本最低。

评价创业融资效率高低的第二个指标是融资风险，陶士贵和叶亚飞（2013）认为，融资风险在融资效率分析中占有重要地位，但企业同样要考虑到市场风险、利率风险、内部管理风险、政策风险、购买力风险、流动性风险等因素可能给企业经营所带来的负面影响。因此，作为评价创业融资效率高低的融资风险，不仅从融资渠道、融资方式角度去控制创业企业的风险，还要全面、多角度地分析创业企业所面临的全部风险因素，使风险与融资效率的评价联系更为全面、立体，评价结果才会更加客观、真实。

（3）互联网金融的资源配置效率指标。由于互联网金融依托互联网平台组织，互联网平台的效率是平台参与各方协同效应的结果，包括平台规模的扩大、参与用户的效用提高、平台盈利能力的增强和平台价值的提高等。网络经济组织的效率评价不同于传统组织的效率评价，从社会资源配置优化的角度去衡量网络经济组织的效率正在尝试中。当前，从各种尝试的经验来看，融资成本和福利水平是衡量互联网金融资源配置效率的主要指标。具体来讲，比较传统金融和互联网金融的融资效率，互联网金融的融资成本水平是衡量互联网金融资源配置效率的主要指标。在互联网金融模式下，融资成本也分为直接融资成本和间接融资费用，前者指直接支付给投资者的资本回报，后者指支付给互联网金融平台的服务费用。纵观金融的发展历程，直接融资成本调整的幅度较小，间接融资费用的调整幅度较大。作为一种金融中介，互联网金融平台利用信息技术提供如网上免费转账、网上理财等金融服务从而节约了相关服务费用，更为重要的是使资本市场的寻租费用减少而促进资金成本合理化、真实化，准确来说就是极大地降低了间接融资费用。因此，融资成本降低是融资效率提高的根本内因。

本章小结

（1）创业融资是创业成功的重要因素，也称为创业筹资，既包括创业企业的融资，也包括创投家和创投机构的融资。创业融资的结果是资本结构或融资结构，资本结构理论如MM理论、融资优序理论、金融成长周期理论等是理解创业融资结构、选择融资方式和研究融资效率的理论基础。

（2）创业融资方式就是融资渠道，可分为六大类型：第一是内源融资和外源融资，外源融资又分为直接融资与间接融资、股权融资与债权融资；第二是私人资本融资、机构融资和政府背景融资；第三是种子期、初创期、成长期、成熟期和衰退期五阶段融资；第四是众筹融资，又分为股权式、债权式、鼓励式和捐赠式；第五是大学生创业融资方式；第六是中小企业的融资方式。而创业所处阶段、新创企业特征、创业者对控制权的态度和融资成本都会影响创业融资方式的选择，取得创业融资一般要做好重要步骤、抓住关键点。

（3）创业融资效率分为创业融资微观效率（也称为主体效率）和创业融资宏观效率（也称为配置效率），而创业融资微观效率包括资金融入效率和资金融出效率，其影响因素有企业自身和政府政策；创业融资效率评价方法有多元线性回归分析法、模糊综合评价法、数据包络分析法等，创业融资效率主要评价指标是投入产出指标。

案例分析

扫描此码　案例学习

关键术语

创业融资　创业融资需求　创业融资结构　融资优序理论　金融成长周期理论　股权融资　债权融资　众筹融资　P2P　P2B　股权式众筹融资　债权式众筹融资　捐赠式众筹融资　鼓励式众筹融资创业融资效率

思考题

1. 创业融资需求有什么特点？
2. 从资金的来源看，融资方式主要可以分为几种类型？
3. 创业融资的渠道主要有哪些？
4. 天使投资与创业投资有什么不同？
5. 债权融资与股权融资各有什么优缺点？
6. 什么是创业融资效率？
7. 评价融资效率有哪几种方法？

第7章

创业投资运营

创业投资运营是对创业企业既有流动资产及流动负债的配置和管理过程。一个企业要维持正常的运转，就必须要拥有适量的运营资本，通过合理运营既有的资本和引入的资本并加以科学管理，可以最大限度地提高企业资本和资产的使用效率，同时最大限度地降低企业的财务风险。创业投资资本是一种金融与科技相结合的股权资本，通过创业投资运营，既可实现资金来源和技术资源的有效配置，又可实现金融与科技的结合。同时，通过灵活运用各种投资工具和投资组合，既可实现风险和收益的匹配，促成资本市场和科技的连接，又可引导社会资金投向，优化创业企业资本结构，最终实现通过创业资本的有效运营，真正将企业资本和社会资本及其管理结合起来，达到提高创业企业价值的目的。

7.1 创业投资运营资本

7.1.1 创业投资运营的资本来源

创业资本主要来源是私人资本、各种机构提供的资本、大公司参与投资的资本等。其中，创业投资公司是筹集社会各类资金并运用科学管理方法对创业企业进行投资的公司；而金融机构提供的资本和资金，包括保险资金、贷款资金、投资银行提供的投资资本等；最后就是大型企业财团的附属公司提供的投资资本。

1. 创业者自身的创业资本

这是指创业者自己在创业之初的自我积累，通过亲戚朋友的筹措等形成的原始资本。这类资本一般不计成本，也不承诺将来的回报（高低），纯粹是创业者成员为自身创业的一种支持和赞助。这类资本中同时也包括创业之初创业团队（企业）的合作资本。

2. 创业投资公司的投资资本

私人创业投资者是创业资本市场上重要的投资人，他们通常是创业投资公司的发起人，其积累的资金一般较为充足，作为创始人往往富于冒险精神。例如，美国的比尔·盖茨就是一个天使投资者，他在生物工程界从事创业投资，以扶持新兴企业发展。这类资本属于天使资本，和第一类资金有类似的性质，亦属于原始资本。

3. 经济实体的参与资本

这类资本一般是由投资银行、商业银行、非银行性金融机构、上市公司或民营资本等投资主体，通过借贷、独资、参股或控股等方式建立起来的参与资本。这类机构与政府机构完全脱钩，是一种独立的经济实体，具有法人资格。尤其是投资银行性金融机构，包括风险投资公司，作为股东有权通过股东大会和董事会参与公司重大决策。每个创业投资公司，包括参股的投行和风投机构（包括创业投资基金），都有自己侧重的技术领域，专门向它们所熟悉的创新企业进行投资。它们运用民间资本和传统金融机构的资金投资于创业企业，以换取高额收益。创业投资管理人主要是各大公司、银行的高级职员，他们懂技术、了解市场、熟悉金融，既能对申请投资的创业资本项目进行评估，又有能力指导创业企业的经营管理。综合起来，这类资本从属性上讲均属于参与资本，占有创业企业一定比例的股权。

7.1.2 创业投资运营的资本属性

如同创业投资基金一样，创业资本的形成是一种资本（金）聚集的过程，它的资金募集、使用以及收益分配都是通过创业资本市场进行的。创业资本市场是创业资本的使用者和投资人进行交易的市场。创业资本市场的参与者，无论是创业企业家，还是创业资本投资人，都希望以高风险为代价取得较高的投资收益，这是创业资本市场与传统资本市场的最大区别。因此，创业资本从一开始就是一种流动性很小的中长期股权投资资本（这也是商业银行很少参与创业投资的一个根本原因），仅从这一点上讲，这也就决定了创业资本需要一个长期的、相对稳定的资金来源和积累，进而也形成了其投资循序渐进和循环积累的过程。

1. 原始资本

创业企业的启动资金从性质上讲属于私人资本，这些资本一是来自亲朋好友的援助，二是来自热心创业事业的富人投资（亦称天使资金），三是通过创业投资公司自身积累的创业资本。从投资方式看，私人投资者一般热衷于自己熟悉的领域，在决策时通常以对管理层的信任作为投资的关键标准。与创业资本家相比，私人投资者在投资时对所投资项目或种子企业的收益预期较低。从获取信息渠道看，私人投资者收集渠道多依赖于亲戚、朋友、其他的私人创业投资者和商业伙伴。因此，大多私人投资者缺乏投资机会，多倾向投资于身边的企业，以便于监控投资目标公司。一般情况下，启动资金往往属于原始资本投资。

2. 自有资本

自有资本包括两种情况：一是创业企业在自身发展中积累的再投资资金，二是大企业（财团）在发展中不断进行自我创新所形成的创业基金。第二种情况在进行创业资本投资时主要采取三种形式：一是独自设立创业机构，进行专业的创业投资活动，其目的除了获取投资收益外，主要还在于选择新的产业增长点，保持对技术和市场发展的敏锐洞察力，寻求新的发展机会；二是寻找拥有对增强自身实力有价值的竞争资源，并对未能公开上市的创业企业进行战略性投资，以达到并购目标；三是进行企业的内部创业投资活动。因为大公司愿意为技术创新活动提供内部创业资金的积累（基金资本），以支持并建立股权全部或部分归公司所有的内部创业企业，以此作为推动企业进行技术创新的手段和路径。例如，著名的朗讯公司和施乐公司就建立了这样一种内部创业资本的积累机制。

3. 融入资本

融入资本具体可分三类：公益资本、债权资本和股权资本。

（1）公益资本。所谓公益资本，主要是指国家政府为了支持创新创业的快速发展，由政府出资建立各种形式的创业发展基金，以捐赠、补贴、奖励等形式用于大学生创业和科技型中小企业发展初期的政策性投资；另有国有企业或社团组织所建立的基金（如退休金、养老金等），以及一些慈善组织、成功创业的高校毕业生反哺母校的捐赠资金、其他非营利性的慈善基金会等。这类积累资金往往采取两种投资方式：一是没有返还要求；二是有返还要求的往往是低息、贴息甚至无息，也就是有偿还能力但可以只还本不还息，还款时间一般没有苛刻要求。

（2）债权资本。这类资本既包括上述公益资本中要求返还的部分债权资本，同时更多的是创业者在创业初期向一些愿意短期投资的私人个体或金融机构，如商业银行、信用社等借款融资形成的债务。另外，一些创业投资基金机构甚至投资银行也愿意向一些短期有上市希望的成长期创业企业进行短期债权投资。但这类投资（包括商业银行性金融机构）的条件要求往往较高：不仅要求收益率高，而且要求附加相应的抵押担保条件；特别是创投基金或投资银行，这类债务投资往往伴随债权转股权的相关要求。

（3）股权资本。通常来讲，愿意给创业企业融资的一般都是（以风险换取高收益的）股权投资。这类投资不仅仅只是给正在投资运营和有望上市的创业企业，而且也包括已经上市和需要增资扩股的创业企业，投资方的投资方式即直接购买上市企业的普通股股份并享有普通股的权益，其投资工具除单独投资普通股外，也往往采用组合投资理念购买复合式证券工具，如可转换优先股、可换股债券、附购股权债券和期权相结合的混合投资方式。复合式证券工具结合了债务投资和股权投资的优点，既可以有效保护投资者的利益，又可以分享所投资企业的高成长收益。这些股权资本具体包括以下形式：

①可转换优先股。可转换优先股是指可转换为普通股的优先股。优先股一般具有优先获得固定股息的权利，而不管企业是否盈利。可转换优先股的特点是既可使投资者得到稳定回报以避免初期投资的巨大风险，又可将优先股转换为普通股以获得参与企业决策的权利，并及时分享企业高速成长的效益。另外，可以设定灵活的转换比价，通过复合式证券工具的使用，让投资方通过对优先股和普通股之间转换比例或转换价的调整而相应地来调整投资方与企业之间的股权比例，达到控制或激励企业管理层的目的。而从创业企业的角度考虑，融资方企业在融资时可考虑设置优先股并控制优先股的换股期限和步骤，这样，企业在获得优先股资本的同时，原始股东可确保企业的控制权。

②可转换债券。可转换债券是指企业发行的一种附加权益债券，其持有人可以按照约定条款自主决定将其转换为企业的普通股股份的债券。投资机构的资本以可换股债券形式投资于创业企业，可以在取得稳定收益的基础上，通过债权转股权的方式获得企业管理权并分享企业成长收益，还可以在上市后出售而获取高额回报。另外，由于资本市场的某些限制，如香港的上市公司反向收购限制条款规定，买壳上市的目标公司获得的上市公司股

权不得超过29.9%，此时，上市公司为收购未上市公司所支付的股权转让价款可以用一部分可换股债券方式支付，待上市公司股本扩张时再行权转换为上市公司股票。从企业融资角度看，通过可换股债券融资在获得资本的同时，原始股东的股权没有过早地被稀释，还能享受低成本筹资（利率低）带来的好处，是双方共赢的融资方式。

③附购股权债券。附购股权债券也称可认股债券，是指以债券资本形式进入被投资企业的同时，被投资企业同时给予投资机构一项长期选择权，即购股权证，允许投资机构在未来按照某一特定价格买进既定数量的被投资企业的股票。对投资机构而言，可在企业前景看好时，以较低价格购买普通股，分享企业未来成长带来的收益，同时也应给予企业较低的利率和宽松的贷款条件。对融资企业而言，融资利率低可使企业长期享受低成本融资。

7.1.3 创业投资运营的资本特征

一般来说，创业投资的资本投入企业后，会历经研究开发、创业、发展、成熟不同的时期，创业投资资本运营会根据不同阶段的特点采取不同的投资运营策略，以达到减少风险和投资成本，加速创业资本周转，从而实现投资价值最大化的目标。从不同时期来看，创业投资运营资本具有以下特征。

1. 种子资本

种子资本主要是指为发展早期企业在进行产品开发阶段提供的一小笔融资，注入的种子资本主要用于新技术、新产品的开发研究，用于购买设备、支付专利费用、研究人员的工资、专家咨询费和样品或样机试制费。此类投资的目的在于使创意构想能够商品化。尽管这类投资的回报可能很高，但绝大多数风险投资公司都会避而远之，原因主要是高新技术不成熟的技术风险及能否开发出产品及产品能否被市场所接受的市场风险，另外企业管理的风险也很大，这些都导致创业投资公司进一步获得投资人资本承诺的困难较大。

2. 导入资本

当一个企业有了确定的产品，并具有了明确的市场前景后，企业由于资金短缺，需要寻求导入资本，以支持企业的产品中试和市场试销。由于技术风险和市场风险的存在，企业除了本身应达到一定规模外，也应激发创业资本家的投资热情，对导入资本的需求也需要达到相应的额度。因为从交易成本（包括法律咨询成本、会计成本等）角度考虑，投资较大的公司比投资较小的公司更具有投资规模效应。而且，小公司抵御市场风险的能力相对较弱，即使经过几年显著增长，也不一定能达到上市标准。这意味着创业投资公司有可能不得不为长期的、不流动的资产付出代价，且投资人要求得到回报的压力将增大。

3. 发展资本

就数量而言，能够发挥更大作用的是用于创业企业扩张期的发展资本。这类投资资本的一个重要作用在于协助创业企业突破杠杆比率和再投资利润限制，巩固这些企业在行业中的地位，为它们进一步在公开资本市场获得权益融资打下基础。尽管该阶段的创业投资的回报并不太高,但对于创业投资公司而言,仍具有很大吸引力,原因在于所投资的创业企业已经进入成熟期,包括市场风险、技术风险和管理风险在内的各种风险已经大大降低,企业能够提供一个相对稳定和可预见的现金流,而且,创业企业管理层也具备了良好的业绩记录,可以减少创业投资公司对创业企业介入所带来的成本。

4. 创业并购资本

创业并购资本是一种特殊的创业投资工具,一般使用于较为成熟的、规模较大并具有巨大市场潜力的创业企业。与一般杠杆并购的区别在于,创业并购的资金往往不是来源于银行贷款或发行垃圾债券,而是来源于创业投资基金,即收购方通过融入创业资本来并购目标公司的产权。以管理层的并购为例,由于创业资本的介入,并购所产生的运营协作效果也就更加明显。目前,创业并购所涉及的创业资本数额越来越大,但交易数量却少得多,原因在于创业并购的交易规模比其他类型的创业投资要大得多。

7.2 创业投资运营业务

7.2.1 创业投资运营业务的阶段性特征

创业投资运营受经济周期、产业生命周期、资源周期、管理周期以及人的生命周期等因素的综合影响,创业企业的经营状况同样表现出周期性特点,进而导致创业投资运营过程同样具有周期性特征。从创业投资理论可知,一个创业企业的投资从种子期开始,直到成熟期的资本退出,再进入下一轮新创企业的再投资,其中间会经历种子期、初创期、成长期、扩张期、成熟期和退出期六个阶段。从创业资本投资运营及管理的需求和特点出发,可将种子期和初创期作为初始阶段、成长期和扩张期作为中期阶段、成熟期和退出期作为后期阶段,每一阶段的投资业务运营都有其明显的特征。

1. 初始阶段的业务运营特征

在创业投资运营的初始阶段,意味着创业投资企业从种子期已经进入初创期,初创期的业务营运具有如下特征。

(1) 投资风险大,但收益相对高。一般情况下,初创企业的投资项目具有高风险、高收益的特点,这是因为:一方面初创时期企业的投入多、产出少,现金流转缓慢等因素决定了高风险的特点;另一方面,种子企业拥有的新发明、新技术转化而成的新产品又孕育着新的市场机遇,所以,投资项目又具有高收益的特点。另外,对于初创时期的企业来说,处于技术开发和成果转化阶段,即试验与发展并存,因此这一阶段虽然投资成功率相对较低,但单项资金要求相对较少,成功后的获利相对较高。

(2) 融资任务重,但成本相对低。这是因为:在初创期内,由于创业投资的收益、成本和生命周期具有较大的不确定性，初创企业资信水平低，偿债能力差，资产抵押能力有限，负债融资缺乏信用和担保，很难获得银行贷款支持；同时，由于初创期的投资风险相对较高，一般情况下规范的创业投资机构很少涉足这一阶段。因此，初创期的资金主要来源一是依赖于创业者的原始资本，二是可以积极争取政府专项拨款、科研机构和大学的科研基金、社会捐赠和个人创业投资家提供的股本金等。这些融资成本一般较低。

（3）运营事务杂，但管理集权制。初创企业因为刚刚组建甚至正在筹建，业务运营的各项事务穿插进行，创业者对筹资、投资以及日常财务工作都要过问，基本上没有形成一套规范的管理制度和成熟的管理队伍，因此投资营运管理往往跟不上。但初始阶段的企业组织结构相对简单，生产经营者与管理者合二为一，其财务大权完全操控在创业者自己手中，尤其财务管理往往是典型的创业者集权治理模式。

2. 中期阶段的业务运营特征

中期阶段的创业企业已进入成长期和扩张期。一般而言，中期阶段创业企业的生产技术成熟、产品市场份额稳定、企业盈利水平稳定、现金流转顺畅、资产结构合理，财务状态相对良好。在这一阶段，创业投资运营上具有如下特征：

（1）筹资能力提高，融资渠道多元化。进入成长期的企业所面临的内外部条件发生了一系列的变化：新技术不断成熟、新产品逐渐被市场接受，客户稳定增加，生产销售量提高，产品成本下降，经营风险随着业务量的提高而不断降低。企业对资金的需求量也越来越大，不仅可以利用银行进行间接融资，而且还可以通过发行股票和债券进行融资。这样，中期阶段的创业企业融资压力相对较低。

（2）投资份额增大，收益留存提高。一般来讲，从初始阶段到中期阶段，创业者尝到了成功的甜头，从心理行为上表现为急于扩大企业的规模，更富于冒险精神，往往选择比较积极的业务运营策略和积极稳健的财务政策。例如，通过提高负债比率，发挥财务杠杆的作用，满足企业成长和扩张对资金的需求；在销售策略上，选择有利于客户、扩大市场销售额的销售政策，如放松商业信用条件、提高售后服务、改善产品性能和质量等；收益分配选择少量的现金股利和高比例配股、送股，提高收益留存率，为企业实现高积累和快扩张创造条件。

（3）组织结构分层，管理要求提高。随着企业的不断成长和规模的不断扩张，创业企业的组织结构由单层逐渐形成多层，由简单变向复杂。这一阶段创业者集权治理模式已经不能适应成长期企业发展的需要，企业内部控制制度逐渐走向完善，业务运营管理的要求也不断提高。中期阶段创业者要求对分公司或子公司采取分权管理、预算控制的政策，要求将经营权不断授权给具有经营管理专长的职业经理人员；创业者需要对企业的发展战略、业务规划、重大事件进行集体决策管理，经营者负责具体实施战略、规划和计划，所有权与经营权逐渐发生分离，因此这一阶段创业投资企业的业务运营管理要求明显提高。

3. 后期阶段的业务运营特征

后期阶段意味着创业投资企业将从成熟期转向衰退期，其表现有三种情况：一种是在成熟前期的企业未实现后期的蜕变而衰退下来；另一种是在蜕变后，企业自然进入衰退期；还有一种是经蜕变后，企业成为超级大型企业集团，进入新一轮的成长阶段。无论哪一种情况的发生，事实上都说明了企业遵循生命周期规律。处于衰退期的创业企业，其业务运营将呈现如下特征：

（1）筹资能力下降，新产品开发需求增大。没上市的创业企业销售利润急剧下滑，回流资金急剧萎缩，由于企业发展前景惨淡，再融资的条件较差，筹资能力自然下降；已上市的创业企业其股票价格开始下跌，发行股票、债券融资十分困难，银行信用贷款收紧，企业筹资能力下降。在企业现金流转不畅、融资困难的条件下，企业的财务状况开始恶化。此时，被竞争对手接管、兼并的可能性增大，企业生存受到威胁。

（2）产品市场萎缩，同行竞争增强。整个行业的生命周期到了衰退期，产品供大于求，有实力的企业会选择价格下调和更为宽松的信用政策；但创业企业面临价格大战，会造成企业的盈利下降；商业信用的放宽，造成了企业应收款项余额增加，企业的坏账损失也会增加。同时，企业产品市场份额逐渐萎缩，新产品试制失败，或还没有完全被市场所接受。这些情况的出现直接导致业务运营困难重重，急需寻求其他出路。

（3）新投资方向不明，业务运营动力不足。在这一阶段，由于投融资能力双双陷入困境，企业的员工士气低沉，业务运营工作无力向前推进；另外，管理阶层出现官僚主义、本位主义严重，部门之间相互推诿责任；加之财务状况趋于恶化，时而出现拖欠员工工资，甚至造成人才大量流失现象的发生。因此，处于衰退时期的创业企业摆在面前的出路，要么是通过业务收缩、资产重组重新运营；要么是以被接管、兼并等形式延缓衰退；或蜕变为一个传统产业，不再成为创新企业。除此之外，也有一些企业在运营管理上选择技术转让或海外扩张，建立分公司、子公司等实行规模扩张战略。总之，受上述状况的影响，创业投资企业在运营管理上无力摆脱困境，迫切需要扭转企业财务恶化和业务停滞的局面，实施有效的重组计划和企业兼并计划成为衰退时期的必然选择。

7.2.2 创业投资运营业务的影响因素

1. 初期阶段的影响因素

在这一阶段，创业投资业务运营受以下因素的影响：

（1）技术因素。在企业的科研成果向现实的商品转化过程中需要一些新技术路线以及技术原理，而这些技术路线以及技术原理能否适应企业生产工艺的要求，可能在现实运用过程中与企业所预想的结果存在一定的差距，这样企业就会面临一定的风险。高新技术由于具有技术复杂、研发周期长的特点，而创业企业技术创新初期又是不成熟的，很可能存在许多问题，如适用性、配套性和技术寿命等，这些问题的存在一定程度上都有可能引发技术风险。

（2）市场因素。市场风险是指企业将其生产出来的产品投放到市场上所存在的赢利或亏损的可能性。市场千变万化的特点导致企业在市场中会面临许许多多的不确定性因素。这些不确定性因素具体包括：市场容量的不确定性、市场接受时间的不确定性和市场竞争的不确定性。

（3）法律因素。创业企业所生产的产品在某些方面可能没有遵守环境保护法以及涉及公司专利权纠纷和内部股权纷争等。从美国创业投资的发展历程来看，在刚刚出现创业投资萌芽时，政府就制定了一系列能够促进创业投资发展的相应的中小企业管理法规。与美国的创业投资相比，目前我国，仍处在一个比较低的发展阶段，缺乏与美国相似的中小企业管理法规。

2. 中期阶段的影响因素

在这一阶段，创业投资业务运营受以下因素的影响：

（1）管理因素。主要是因创业企业组织结构的不合理等多方面的因素而导致创业投资失败所造成的风险。例如，创业企业管理者缺乏管理知识和经验、决策失误和企业组织结构不合理、管理方法不当等引起企业效益下滑，从而导致管理风险。大部分创业企业都有一个相同的特点，那就是创业公司的人员大部分都只具有技术才能，但他们缺乏管理知识和经验。伴随着创业投资的进入，企业进入了一个超常发展的阶段，这时公司创始人的管理能力已经不能适应企业健康、高速发展的要求，企业管理运营上的风险将会日益突出。

（2）信息不对称因素。从投资运营角度看，信息不对称因素主要是指某个利益主体处于自身利益的考虑，对对方封闭信息从而给对方带来损失的可能性。信息不对称问题在创业投资活动中是比较常见的，这些信息不对称主要包括两个方面：一是创业企业和外部投资者之间存在严重的信息不对称，一般来说由于创业企业拥有信息的真实性，从而使得外部投资者经常处于一种很被动的状态；二是创业企业与创业投资公司之间的信息不对称。目前，创业企业与创业投资公司在合作谈判过程中经常是扬长避短，特别是由于创业投资公司拥有较多的信息资源，其往往只向创业投资企业告知对其有利的信息，结果导致双方的信息严重的不对称。因此，如果在这种状况下签订合作协议，那么创业投资运营就会掉入投资公司为其设置的投资陷阱，最终会增大创业投资运营风险。

（3）融资因素。融资因素的影响也可称之为财务风险，即因创业企业在发展过程中因资金不能得到适时的供应进而产生的创业投资企业投资失败的可能性。在创业企业发展过程中，特别是在起步阶段，大部分企业都只存在一个技术构思，将构思转化成为现实商品相比成熟阶段的企业其所需要的资金更多，同时企业所拥有的都是一些无形资产，这些资产无法抵押给银行，因此银行等金融机构往往不愿意给予贷款，这在很大程度上给创业企业在获取开发商品所需资金方面造成了一定的困难，进而影响其高新技术产品的开发。另外，创业投资企业还会遇到所投入的资金不能够按期收回的风险。特别是创业企业在发展到一定阶段后，其对资金的需求也会相应地增加，又由于创业企业所生产的产品一般上生命周期较短，市场变化也较快，获得资金支持的渠道也少，从而很容易在某一阶段因为不能得到创业投资企业的资金扶持而失去先机而被对手超越或者面临经营失败的可能性。

在创业投资创建和成长阶段,主要技术风险大幅度下降,产品或服务进入开发阶段,并有数量有限的顾客试用,但费用在增加,仍没有增加大量销售收入,且支出仍大于收入。至创建阶段末期,企业完成产品定型,着手实施其市场开拓计划,资金需求量迅速上升,由于创业企业很难靠自我积累和以债权融资等方式解决这一阶段的资金需求,所以创业投资依然是其主要投入形式。在扩张期(Shipping)阶段,企业开始出售产品和服务,现金流表现较为良好,收入逐渐大于支出,创业投资家开始考虑撤出,投资运营重点是促进企业提高生产和销售能力。同时,创业投资者在管理企业的生产、销售、服务上已具备较大把握。企业可能希望组建自己的销售队伍,扩大生产线、增强其研究发展的后劲,进一步开拓市场,或拓展其生产能力或服务能力。企业逐步形成经济规模,当其达到市场占有率目标时,便开始考虑上市计划。这一阶段的融资活动又称作"Mezzanine"(中间的),可以把它理解为承上启下的资金,是拓展资金或是公开上市前的拓展资金。在这一阶段筹集资金的最佳方法之一是通过发行股票上市。成功上市得到的资金一方面为企业发展增添了后劲,拓宽了运作的范围和规模;另一方面也为创业资本家的撤出创造了条件。创业投资家通常通过公开上市而撤出,但有时也通过并购方式撤出。

3. 后期阶段的影响因素

后期阶段,由于市场进入者增多,产品市场趋于饱和,毛利率下降,创业企业缺乏成长动力,经营状况明显恶化,创业投资面临退出选择。创业投资业务运营的最后一个阶段就是退出阶段,此阶段同时也是下一轮创业投资的起点,起着承上启下的作用,因此,退出阶段是保证创业投资顺利发展的关键阶段。创业投资最终将退出风险企业。创业投资虽然投入的是权益资本,但其目的不是获得企业所有权,而是盈利,即得到丰厚利润以从投资企业退出。创业投资从投资企业退出有三种方式:首次公开发行(initial public offering,IPO);被其他企业兼并收购或股本回购;破产清算。显然,能使投资企业达到首次公开上市发行是创业投资家的奋斗目标;破产清算则意味着创业投资可能一部分或全部损失。

创业投资以何种方式退出,在一定程度上是创业投资成功与否的标志。在进行投资决策之前,创业投资家就制定了具体的退出策略。创业投资后期阶段的退出策略应注意以下因素。

(1)退出时机及方式选择因素。创业投资企业要想实现顺利退出必须在退出时机和退出方式方面进行准确的判断,当然,在此运营过程中会存在相当大程度的风险。因为在退出过程中的任何一个环节出现问题,都有可能影响创业投资企业的收益实现以及投资运营的成功。

(2)价值低估因素。创业投资企业不管运用哪种方式进行退出,其退出的根本目的就是创业投资企业将创业企业以一定的价格转让给其他战略投资者(创业企业的买方)。在转让过程中,则会由于种种原因,如创业投资企业急于出让创业企业或者由于中介评估机构信用缺失等,造成创业企业的价值被低估,从而导致创业投资企业的收益大打折扣甚至在一定程度上会出现收益为负的情形。

7.2.3 创业投资运营的业务内容

1. 初期阶段的创业投资运营业务

创业企业在种子期的主要工作是产品的研发。这里的研究开发工作，并非指基础研究，而是指新产品的发明者或企业的创业者验证发明创造及创意的可行性，即运用基础研究、应用研究的成果，为实用化而进行的对产品、工艺、设备的研究开发，其成果是样品、样机，或者是较为完整的生产工艺和工业生产方案。在种子期结束时，如果能达到以下几个目标，就可以说种子期的工作是非常令人满意的：

①开发出有应用前景的成果并且能够获得专利；

②与竞争对手相比，所开发出来的产品其技术水平较高，竞争对手难以很快模仿和追随，能使企业在一定时期内获得垄断利润；

③能够基本形成发展所需的核心能力和高新技术支撑点，这是决定企业有无发展潜力和后劲的重要因素之一；

④开发出来的技术、产品有广泛的用途，可以生产一系列的产品。这为企业获得尽可能大的潜在市场打下了基础。

创业企业在初创期的主要运营业务有以下几个方面：

第一，中期实验。中试是一个在放大生产的基础上，进行反复设计、试验、评估的过程。它利用生产经营的"微"系统进行技术试验、生产试验和市场营销试验，使技术与生产、市场相互调适，产生中试结果，在较大程度上消除应用新技术所带来的在生产方面和市场方面的种种不确定性。初创期是新产品由刚研制出来到能够成批量生产，并被市场接受的一个必不可少的过渡性阶段。这一阶段为后来的工作创造条件并打好基础。

第二，产品试销。这是验证产品与市场的关系。此时，初创企业要制造出小批量的产品，送给客户试用并同时试销；然后，根据市场反馈的信息，对产品、生产工艺进行改进，以使产品满足市场的需要。只有这样，新产品才有可能得到消费者的认可。

第三，扩宽市场。这是确定产品与生产的关系。对适销对路的产品就应该大量生产，并同时采取积极进取的市场营销策略，借此机会抢占和扩大市场份额。在这一阶段，初创企业的制造方法、生产工艺都很不稳定，需要反复多次的试验、调试，不断解决生产中出现的各类问题，才能提高产品的生产效率，进而在短期内占领市场先机。

2. 中期阶段的创业投资运营业务

创业企业一旦进入成长期，就应该借机为扩张期的增加投资和开拓市场创造条件。此处的市场开拓，主要指资金市场和商品市场的开拓。

（1）资金市场的开拓。进入成长期意味着企业要经历一个从业务到自身规模都飞速扩张的过程。因为在这一阶段，企业为了扩充设备，拓展产品市场，从而在竞争中脱颖而出，需要大量的资金支持，经验证明所需资金往往是初创期的10倍以上。但这时的创业企业距离上市还很遥远，因此此时的扩大投资依然是企业所能够利用的最现实的资金来源。当然，尽管此时段的创业企业急需资金，但其筹资地位却已从被动逐步转变为主动。企业可以从自己的利益和需求出发，确定合理的财务杠杆比例，采取种类较多的融资组合。然而，创业企业"貌似自由"的融资优势也会受到一定的限制，如那些在种子期、初创期投入资金的风险投资机构常常都有优先提供追加投资的权利，但这一点经常也是前期风险投资机构答应投入资金的条件之一，在合约中一般都列有明确的条款。因此，创业企业应该抓紧这一机会，大胆扩大生产规模，通过增加投资为企业的规模扩张创造条件。

（2）商品市场的开拓。在业务运营进入成长期阶段，创业企业的产品虽然已经定型并形成了一定的生产能力，但比较完善的产品销售渠道还未完全打开，其营销体系也未完全建立起来，同时，企业的品牌形象也还需要进一步巩固和提高。因此，企业在成长期需要进一步扩大生产能力，组建起自己的市场销售队伍和营销网络体系，其运营业务的重点则是在不断提高产品生产能力的同时，大力开拓商品销售市场。

（3）在这一阶段，准备为企业继续投资的金融机构和投资商主要考察融资企业的市场扩张能力、管理计划能力等。若认为投资有利可图，则会加大对其投入资金的比例。因此，创业企业应在管理上投入更多精力，促使企业建立完善有效的内部治理结构，使得企业自身在管理上能够跟得上业务的发展速度。当然，在这一阶段，创业企业也应当趁势而为，寻找有能力的投资银行为自己寻求在二板市场上市，通过风险投资企业回购其股份和转让股份份额给第三方的机会，为适时实现创业投资资本退出创造条件。

3. 后期阶段的创业投资运营业务

创业企业在后期阶段的运营业务主要有以下几个方面：

（1）在这一时期，创业企业的产品经营已经进入平稳时期。一方面，企业经营步入正轨，产品市场较为稳定，企业内部机制走向健全，创业者已经可以较为自如地独立管理整个企业；另一方面，这个时段企业所需的资金数量已不是单一投资所能满足的。因此，积极寻求上市成为创业投资和风险投资机构的共同目标和主要任务。当然，寻求上市并非唯一出路，创业企业更应当审时度势，根据自己企业的实际情况，积极寻求更多的其他途径和机会，为及时的资本退出创造条件。

（2）在这一阶段，参与投资的金融机构需要利用自身在金融市场上的强大能量，帮助创业企业实现利用上市公募融资的条件，同时达到自身退出风险投资的目标。在创业企业由于难以达到上市要求或其他原因无法上市时，参与投资的金融机构也可以运用自身的企业并购业务，协助创业投资者寻找并购方，完成风险资本退出。

（3）在创业投资营运的后期阶段，逐步走向衰退的创业企业如果找不到合适的资本退出方式和时机时，也不能一筹莫展，更不能以坐以待毙，其管理层应该加强企业运营业务的调整和技术创新，积极寻求改变现状的机会，以逐步走出困境。因此，强化创业投资运营管理仍不失为后期阶段的一大运营要务。

7.3 创业投资运营转型

与一般企业一样，创业企业也有自身的生命周期，创业企业应把握周期性特征，合理安排创业投资运营活动。在步入衰退期时，若在创业投资退出之前找不到合适的资本退出方式时，创业投资运营活动应围绕运营转型来展开。例如，富士康在到达成熟期时，其为摆脱运营上单纯依靠大陆人口红利进行代工的发展模式，利用资本运营，对产业链、产品线进行整合，实现了自主开发设计向高端产业运营的成功转型。创业投资运营转型是资本的第二次腾飞，不仅能延续创业企业生命力，而且也提高了资本的贡献率。

7.3.1 创业投资运营扩张转型

1. 在创业投资成熟的后期阶段，创业投资运营向多元化、集团化运营扩张转型

成熟期的后期又称为蜕成熟化，这个阶段最主要的区别在于成熟后期是大企业向现代巨型公司或超级大企业演变的重要时期，我们把这一阶段称为蜕成熟化阶段。它与成熟前期的最大区别就在于企业内部的多单位和职业经理阶层的形成。创业企业已经走向内部单位的多元化和集团化，企业能更有效地进行日常业务流程的协调和资源的有效配置，从而促进企业的低速持续成长。此时，创业投资者的心态变得理性，会加深对创投规律和特征的认识，转变投资观念，改进投资方式，以特有的眼光和视野，认识到从事股权投资的极好时机，并开始运作新的商业投资组合，动用部分资金进行长线投资。

通过创业投资运营，采用积极扩张策略，可让企业取得原料和销售的控制权，形成比较完整的产业链，保证企业资金充足、技术先进、人才资源丰富、管理水平的提高，具有较强的生存能力和竞争能力。另外，随着创业进入战略转型期，各项新的监管制度即将出台，行业规范管理将得到强化，创投业将逐渐形成由单一竞争转为联合竞争，创业资本市场信用体系也将不断完善，创投基金自律、自觉性和治理结构科学化将通过体制、机制的改革创新得到新的提升。全国性行业组织的建设步伐将继续加快，并与地方行业组织之间进行网络化协同管理，全国统一而有序的创业资本大市场将逐步形成。

2. 通过分立、合并、资产重组等形式，完成业务的蜕变和管理体制的转型

创业企业成熟后期，普遍存在原有产品的市场饱和，生产能力过剩。企业效益下降，成本上升，企业内部出现官僚主义倾向等问题。为了解决这些问题，使企业重新迈入增长轨道，就需要进行技术、管理创新，或通过分立、合并、资产重组等形式，使企业完成业务的蜕变和管理体制的改变。

目前，随着上市公司之间及上市公司与非上市公司之间并购业务的进一步拓展，加之国家又大力鼓励和支持发展专业化并购投资基金，创投基金可以利用这一新机遇，或者将已投资而未上市的企业通过换股方式由上市企业并购，实现间接上市和投资退出变现；或者在选投新的项目时，做好两手准备，一方面尽可能使培育企业直接上市；另一方面寻找上市企业并购的机会。内外资创投进一步加强合作，是创投合作的新机遇，通过优势互补，必将使中国创投界出现一个全新的发展格局。创业投资者通过收购、兼并，将某些从事先进技术研发和生产的中小企业嫁接到投资对象中，这将成为创业投资运营转型的一种新的战略选择。

3. 创业投资运营上采取积极财务政策

随着企业规模的不断壮大，积极的财务政策应以深入实施创新驱动发展战略，坚持需求导向和问题导向，完善资金、技术、人力资源配置为实现目标，支持企业提升供给质量体系和产业链整体竞争力，提高产品附加价值。在财务管理上，实施财务预算绩效管理制度，构建全方位、全过程、全覆盖的预算绩效管理体系，通过完善投资运营资本管理活动，不断提高管理的科学化、规范化、市场化和专业化水平。在财务决策上，积极构建现代企业运行管理机制，创业者、投资公司、创业企业等投资主体，对企业的发展战略、业务规划、重大的财务事件进行决策管理。在财务政策选择上，应以控制企业财务风险为重要考虑因素，选择稳健的资本结构和分配政策，通过提高负债比率，发挥财务杠杆的作用，满足企业成长对资金的需求；在销售策略上，选择有利于客户、扩大市场销售额的销售政策，如放松商业信用条件、提高售后服务、改善产品性能和质量等。

7.3.2 创业投资运营研发转型

在创业企业成熟期的某一阶段，创业投资运营必然会面临一些"瓶颈"，如产品市场竞争加剧、技术优势不再、创业投资"助推器"作用衰退等问题，创业投资运营面临要么退出，要么转型的选择。对于技术、产品存在的问题，创业投资运营向研发转型将变得势在必行。只有通过投资运营重心向研发转型，才能使投资对象加速科技创新和产业结构升级，使产品推陈出新，推动科技成果转化取得显著效果。这样，才能延长创业企业生命线，使创投机构与资本不断发展壮大，投资领域得以不断拓展。当前的宏观经济状况迫使政府空前关注创新和转型升级，这不仅给早期企业带来了大量创新机会，同时也迫使已经有一定规模的企业必须进行转型升级。中国有许多企业，它们具有一定的规模、管理能力和品牌，但销售利润率始终徘徊在5%左右甚至以下，通过大量投入实现自我创新非常困难。在这种情况下，一个可行的转型升级方法就是挖掘大量创新元素，进行研发转型，通过资本纽带将研发与扩大需求联系起来，实现技术升级换代。

1. 把握创业投资运营状态，适时设计研发转型目标

研发是创业企业所有部门中角色地位受环境影响最大的一个部门，其转型过程对整个组织架构、企业发展方向会带来很大的不确定性，并且会带来很高的转型成本。因此，创业企业研发转型必须结合企业的实际发展阶段，综合考虑企业内外部多方面因素。要弄清楚研发转型追求的结果，明白如何分配资源、过程如何控制、风险怎样化解等复杂问题，只有做好顶层设计，明确运营目标，才能实现研发转型的成功。这些关键因素包括：所在行业的产业发展政策、行业技术因素、同行业市场竞争情况、相关行业的发展（包括潜在需求、潜在替代行业）及需求行业的产业结构等。

在转型目标设计上，顶层设计应考虑企业运营目标、量化（细化）转型成果以及规划转型路径。确保研发技术有市场、质量可靠、风险可控，即转型可行、富有成效；在研发转型中，要从管理理念、研发策略、研发投入、组织方面全盘考虑，突破"小运营""小部门"单打独斗，从封闭式研发向客户、市场、高端技术、高附加值方向转变；在流程设计上，重视建设基础工具，运用综合手段进行研发系统优化，合理调动资金、技术、人才因素；在研发组织管理上，依靠运营管理团队，制订投资运营总体目标，进行合理完善的预测分析，确立并设计研发转型目标。

2. 以研发转型为牵引，培育新产品、服务新市场，打开创业新局面

创业投资运营研发转型趋势将体现在接触层、交付层、管控层三大层面，具体体现在以下几方面。

（1）接触层：打造"定制体验"。创业企业产品或服务面向客户，其与客户接触界面及触点趋向多元化，如手机端 APP、微信公众号等线上渠道已取代传统方式成为客户和企业往来次数最多的渠道类别。打通线上全流程，支持更多业务迁移到线上渠道是大部分企业过去建设的重点。传统的线下渠道也将越来越具有"线上"形态，呈现无纸化、电子化趋势。将线下手工流程转移至线上，在提高流程效率、优化客户体验的同时，也可以为后续的处理工作省去资料流转、录入、复核等多个环节，提高数据质量。在数字化企业的驱动下，客户对"定制体验"的要求标准日益提升，不仅体现在根据客户细分为其提供差异化的产品，进一步体现在个性化、定制的交互界面和服务上。伴随创业企业大部分简单业务迁移至线上，网点的定位和功能将由服务职能为主向营销和咨询服务职能为主转变，人性化的服务体验将成为提高客户忠诚度、提升品牌的重要抓手。

（2）交付层：实现"高效处理"。客户接触层是端到端客户旅程的"前台"。伴随客户旅程的数字化渗透和技术创新的不断突破，未来服务交付层将逐步转变为"智慧工厂"，在风控合规的基础上，实现作业处理的高度自动化、集约化，将专业交付与高端服务作为主要工作，只做不得不或者为满足高价值客户要求而需要的人工处理业务。

随着线上业务占比的大幅提高和前台流程数字化的渗透，前后台直通式、自动化作业处理将成为重要方向。在前台电子化信息采集后，通过前台与后台作业系统的整合，实现不同系统信息的有效对接与切换，建立覆盖端到端流程的电子化工作流，真正实现业务处理的直通处理。在加强流程自动化的基础上，在系统中加入逻辑判断，综合考量操作效率、成本投入等因素之后做出规划和布局，实现部分风险点的识别由人工控制向系统控制转变。而人工处理则可专注于需要专业水平或专家知识判断才能处理好的复杂活动，如研发具体政策性审核等。

创业企业在全国或者省域层面建立物理作业中心，各物理中心之间自成体系，负担自身范围内的业务。通过人员和场地的"物理集中",可实现集约化。所谓集约化,就是信息采集由传统的单一区域需求出发转向信息宽度、高度的"集约化"。但物理集中在推进产品服务的过程中面临着两个关键挑战:一是各类中心对人才专业能力要求较高,而高层次人才较难招募,同时较低层次人才岗位的工作量又难以满足;二是建立大型物理中心,如授权中心,在内部人员跨地域调配上面临较大阻力。如何充分考量人员抽调现实因素的掣肘,同时尽量集约化利用运营人员资源成为新的议题。因此,"集约化"将成为投资研发运营活动的关键词。"集约化"不再一定需要物理上的集中,作业资源的共享和调配可以通过"逻辑集中"的方式实现。通过搭建共享的研发运营管理平台,使不同地域、不同层级机构的运营资源相互支援,可提高资源调度弹性。

(3) 管控层:强化"智慧管控"。管控层是整个研发运营平台的"神经中枢",在接触层和交付层转型的驱动下,管控层的功能也将由运营风险控制为主向任务管理、风险控制、数据分析与反馈的综合功能转变,呈现"云端化"和"数据化"的发展趋势。所谓"云端化",其运营管理平台的建设是实现"集约化"作业的关键,旨在通过研发资源组合方式的优化和资源投入的统筹安排,提高研发运营体系的整体效能。所谓"数据化",就是在研发运营管理平台积累了前后台广泛的渠道、客户、作业数据后,运用数据来驱动研发升级换代。

总之,创业投资运营研发要从企业运行的角度思考问题,而不是单纯运用金融的思维方式。投资向研发转型的战略不能贪大求快,因为企业增长是有规律的,不可能所有企业都能保持持续高速增长。

7.3.3 创业投资运营退出转型

2016年国务院发布的《关于促进创业投资持续健康发展的若干意见》中明确指出,要优化创业投资市场环境,完善创业投资退出机制,拓宽创业投资市场化退出渠道。充分发挥主板、创业板、全国中小企业股份转让系统以及区域性股权市场功能,畅通创业投资市场化退出渠道。完善全国中小企业股份转让系统交易机制,改善市场流动性。支持机构间私募产品报价与服务系统、证券公司柜台市场开展直接融资业务。鼓励创业投资以并购重组等方式实现市场化退出,规范发展专业化并购基金。创业投资的退出是创业投资最为关键的一个环节。创业投资的退出转型是指创业投资企业在其所投资的创业企业发展相对成熟后,将所投的资金由股权形态转化为资金形态的机制。与一般的产业投资和战略投资不同,创业投资既不通过经营产品而获得产业利润,也不是为配合母公司的产品研发与发展战略而长期持有所投企业股权,而是以获得资本增值收益为目的。

创业投资进入衰退时期,一般通过业务收缩、资产重组,或被接管、兼并等形式以延缓衰退。受业绩压力和来自证券市场股票价格压力的影响,管理层迫切需要扭转企业财务恶化的局面,可实施有效的重组计划、企业兼并计划、资产转换计划或出售证券化的资产等。

据上市公司资料显示，2012年实现股本退出金额为67.18亿元，比上一年多退出2.67亿元，但退出增速显著降低。截至2012年年末，创业投资企业累计实现股本退出的金额达261.18亿元。从退出方式看，采用协议转让方式实现股本退出的案例在案例总量中的占比下滑到43.43%，但这一水平在案例总量占比中仍稳居第一位。采取上市转让方式实现股本退出的案例占比，除2011年略有下降之外，总体保持上升态势，2012年占比达到24.82%，在案例总量占比中仍居第二位。从2010年开始，以被投资企业回购方式实现股本退出的案例在案例总量中的占比又进入上升趋势，2012年的占比回升至24.27%。以被整体收购和清算方式实现股本退出的案例占比一直很低，且呈现下降趋势。

一般创业投资运营退出转型主要有以下几种方式：

1. 公开上市转型

公开上市是指将被投企业改组为上市公司，其股份通过资本市场第一次向公众发行，从而实现投资回收和资本增值。公开上市一般分为主板上市和二板上市（创业板市场），优点是不仅为风险投资者和创业者提供了良好的退出路径，而且也为被投资企业筹集资金以增强流动性开通了渠道，提高了风险企业的知名度和公司形象，对冲了创业投资人的投资风险。其弊端是上市公司经营透明度提高使得企业自主性下降，上市后股价波动会对公司产生消极影响，且公开上市将耗费公司大量精力和财力。

2. 股份回购转型

如果被投资企业渡过了技术风险和市场风险，已经成长为一个有发展潜力的中型企业后，仍然达不到公开上市的条件，一般会选择以股权回购的方式实现退出。回购股份包括两种方式：创业者回购风险投资者股份和被投资企业回购风险投资者股份。前者是通过买股期权的形式来实现的，是在引入风险投资签订投资协议时，由创业者或风险企业给予风险投资家的一项选择权，他可以在今后某一时间要求创业者或风险企业按照预先商定的形式和股价购买他手中的股票；后者则是通过买卖股权的形式来实现的，即给予创业者或风险企业的一项选择权，让其在今后某一时间以相同或类似形式及股价购买风险投资家手中的股票。股权回购到底采用哪种方式，主要看风险企业对风险投资吸引力大小而定。一般而言，股份回购协议包括回购条件、回购价格和回购时间等。

3. 兼并与收购转型

兼并与收购是创业投资退出比较常见的一种方式。创业投资者在时机成熟时，通过并购方式将自己在企业中的股份出售，从而实现投资资本的退出。其中，兼并通常是指一家企业以现金、证券或其他形式购买取得其他企业的产权，使其他企业丧失法人资格或改变法人实体，并取得对这些企业决策控制权的经济行为。收购是指企业用现金、债券或股票购买另一家企业的部分或全部资产或股权，以获得该企业的控制权。收购的对象一般有两种：股权和资产。收购股权与收购资产的主要差别在于：收购股权是收购一家企业的股份，收购方成为被收购方的股东，因而要承担该企业的债权和债务；而收购资产则仅是一般资产的买卖行为，由于在收购目标公司资产时并未收购其股份，收购方无须承担其债务。收购与兼并、合并有许多相似之处，主要表现在：基本动因相似，都是增强企业实力的外部扩张策略或途径。目的是扩大企业市场占有率、扩大经营规模或实现规模经营等；二者都以企业产权为交易对象。

兼并与收购的区别在于，在兼并中，被合并企业作为法人实体不复存在；而在收购中，被收购企业可仍以法人实体存在，其产权可以是部分转让；兼并后，兼并企业成为被兼并企业新的所有者和债权债务的承担者，是资产、债权、债务的一同转换；而在收购中，收购企业是被收购企业的新股东，以收购出资的股本为限承担被收购企业的风险；兼并多发生在被兼并企业财务状况不佳、生产经营停滞或半停滞之时，兼并后一般需调整其生产经营、重新组合其资产；而收购一般发生在企业正常生产经营状态中，产权流动比较平和。

风险企业被兼并收购通常分为一般收购和二期收购。一般收购是指创业者和被投资者（风险投资者）将风险企业完全卖给另一家公司，这意味着创业者完全丧失独立性。二期收购是指风险投资者将其所持有的股份卖给另一家风险公司，由其继续对风险企业进行后续投资，创业者并不退出风险企业。无论采用哪种方式并购，时机选择适宜，风险投资就能获得较大收益。

4. 债转股转型

债权转股权即将创业企业经营过程中所欠借款人（如银行）的债务转为债权人的（投资）股权，亦即银行成为公司持股人（股东）。在市场不够发达的地区和国家，处理债权、债务纠纷很难像欧美国家那样通过债券市场交易来完成，并且由于需要处理的不良债权数量巨大，往往超过了债权市场的容纳量，所以很多国家直接采取债权转股权的方法来处理企业债务，以作为创业投资人在企业处于衰退期退出市场的一个无奈之举，其实这也是一个较为理想的经营转型方式。在美国，债权与股权的直接转换还应用于对面临破产倒闭企业的资产重组，即当一家企业由于资不抵债时，因为美国有关破产法律有"不采用以资产兑现还债的办法"的规定，因此产生了"债务重组"的转型方式。这种方式的具体做法是，申请破产企业的最大债权人同其他债权人协商，按照各自的债权将破产企业原欠债务转化为由现金、股权和新的债务所组成的债务结构，通过财务重组，实现债权转股权，使企业经营好转。这种做法的好处是，减少了企业资金清算拍卖的损失，也避免了企业人员因此引起的遣散困难。因此，成为债权、债务双方及其他利益相关者乐于接受的一种转型方式。

5. 资产证券化转型

资产证券化是指将缺乏流动性但具有未来现金流入的资产经过一定的组合后转变成为证券，据以融通资金的技术和过程，如抵押贷款的证券化、应收账款的证券化和消费信贷的证券化等。具体来讲，进行资产转化的公司称为资产证券发起人。发起人将持有的各种流动性较差的金融资产，如住房抵押贷款、信用卡应收款等，分类整理为一批资产组合，出售给特定的交易组织，即金融资产的买方（主要是投资银行），再由特定的交易组织以买下的金融资产为担保发行资产支持证券，用于收回购买资金。这一系列过程就称为资产证券化。

早在20世纪70年代中后期，资产证券化就成为金融机构处理其不良资产的一种良药；而后来一些经营不善的创业投资公司也将其用于再融资的一种手段，即以自己的呆滞资产作抵押或担保，进而发行抵押担保债券，用于市场化融资。其实，这种融资只能暂时缓解现有的资金困难，如果将融来的资金用于更好的投资项目，在融资债务到期时以投资收益还债后还有剩余，这种营运转型还是值得的。但问题是，在创业企业进入衰退期阶段，如果不能有效化解资产证券化的融资成本，演变成恶性循环式的连加负债，倒不如另选他途，改选更佳的转型方式。

6. 破产清算转型

破产清算是在创业投资不成功或风险企业成长缓慢、未来收益前景不佳情况下所采取的一种"下下策"退出方式。虽然以清算方式退出一般会带来部分损失，但投在不良企业中的资金存在一定的机会成本，与其被套牢而不能发挥作用，倒不如及时收割，将资金投入到更有希望的项目中。因此，在衰退期的创业企业找不到合适的转型方式时，破产清算后另寻出路也就成为扭转颓势的不二选择。

7.4 创业投资运营管理

创业投资是一种风险投资，其机制与银行贷款完全不同，其差别在于：第一，银行贷款讲安全性，回避风险；而风险投资却偏好高风险项目，追逐高风险后隐藏的高收益，意在管理风险，驾驭风险；第二，银行贷款以流动性为本，而风险投资却以非流动性为特点，在相对不流动中寻求增长。第三，银行贷款关注企业的现状、企业目前的资金周转和偿还能力，而风险投资放眼未来的收益和高成长性；第四，银行贷款考核的是实物指标，而创业投资考核的是被投资企业的管理队伍是否具有管理水平和创业精神，以及高科技的未来市场等；第五，银行贷款需要抵押、担保，它一般投向成长和成熟阶段的企业，而创业投资不要抵押，不要担保，它投资到新兴的、有高速成长性的企业和项目，而且创业投资是一种长期的（平均投资期为5～7年）、流动性差的权益资本。一般情况下，创业投资公司不会将风险资本一次性全部投入创业企业，而是随着企业的成长不断地分期、分批地注入资金。

创业投资公司既是投资者又是经营者。创业投资家不仅是金融家，而且是企业家，他们既是投资者，又是经营者，同时兼有营运管理职能。也就是说，风险投资家在向创业企业投资后，便加入企业的经营管理，因为他们的利益与被投资企业的利益紧密相连。创业投资公司为创业企业提供的不仅仅是资金，更重要的是专业特长和管理经验。风险投资家不仅参与企业的长短期发展规划、企业生产目标的测定、企业营销方案的建立，还要参与企业的资本运营过程，为企业追加投资或创造资本增值渠道，甚至参与企业重要人员的雇用、解聘等。

7.4.1 创业投资运营的管理目标

从管理的角度来讲，投资者在投入资金后参与营运管理的根本目的主要是控制风险，提高收益，并在投资过程中不断总结经验，提高自身的能力。

1. 风险控制

在筛选投资之后，创业投资的风险主要来自企业未来的不确定性和道德风险。创业初期，企业缺乏足够的能力抵抗来自内外部的不确定性带来的风险。例如，研发试验产品不成功、商业化的过程失败，出现有竞争力的替代品等，其中任何一种情况都会导致创业企业失败。此外，还有创业企业的道德风险，包括：资本滥用，即创始团队未按照商业计划书使用资本，而是挪为他用；过度投资，即创始团队盲目地扩大投资，而不注重投资规模是否最优等。这些风险若单纯利用指标、契约进行控制，其效果往往并不好，这就需要在创投基金进行投资后，通过参与公司治理和日常经营管理活动来规避风险。

2. 创造价值

创业投资的盈利，既有来自筛选的结果，也有来自投后管理的贡献。创业者渴望成功，但很可能缺乏必要的资源。例如，科技创业者拥有技术优势，但缺乏企业管理经验和能力。研究表明，采用专业化投资策略的投资机构，对于投资标的企业创新的作用更强。创业投资机构的增值作用，可以划分为内部管理增值和外部网络增值。内部管理增值包括帮助企业制定经营战略规划、培训员工、情感支持等。创业者是孤独的，在他们遇到精神低谷的时候，创业投资者在情感上的支持也非常重要，有助于企业和创业者渡过难关。外部网络增值包括帮助标的企业进行后续融资、引进重要的战略合作伙伴、介绍供应商和客户等。例如，帮助标的企业引入后轮融资的风险资本，提高企业融资能力。

3. 提高能力

创业投资机构进行投后管理，不仅能提升标的企业价值，而且能提升自身能力。不同风险投资家具有不同的能力和资源，例如，具有金融从业经验和知识的创业投资者，具有较强的金融市场能力，但可能缺乏企业管理经验；而具有企业管理经验的创业投资者，能够更好地给标的企业提供指导，分享创业企业的管理经验，但后续融资的能力则相对弱点。因此，创业投资者通过参与投后管理，有助于提高投资经验，提高投后管理能力。首先，可以在实践中弥补知识和经验的不足，提高管理水平、增强对行业的了解；其次，在进行投后管理的过程中，在与创始团队不断沟通和配合中，可学习与创始团队处理关系的技巧，促进创始团队之间的信任和默契。

7.4.2 创业投资运营的市场营销管理

在初创时期的投资业务运营其市场营销管理至关重要。因为这一阶段，在创业企业资金短缺，企业规模尚未形成，产品市场尚未打开等情况下，投资运营过程中的市场营销管理起着开拓市场和提高生产能力的重要作用。一般情况下应采用以下市场营销策略。

1. 资本集聚策略

初创时期企业最稀缺的是资本，是否有充足的资本支持是企业打开市场、维持生存的基本条件，创业投资公司必须对企业的生产技术、市场前景、盈利预测进行充分调查、科学论证、正确预测，并将这一系列信息向资本所有者进行及时报告、沟通，以稳定、提高投资人的投资信心，并吸引资本所有者追加投资。将创业者的设想向风险资本家推介，争取风险资本家的支持。在企业开始有了盈利记录后，并且市场前景开始逐渐明晰时，企业应积极准备，争取在创业板市场上发行股票，扩大股本规模。

2. 保持富有弹性和机智灵活的销售策略

创业企业在初创时期很难的打开产品的销售市场。企业可以选择直接进入市场，也可以选择间接进入市场。直接进入市场的难度比较大，需要建立销售网络，销售费用高，定价策略、商业信用策略要保持弹性。间接进入市场，是指通过选择已经进入成长期或成熟期的企业作为寄居体，将企业的产品与寄居体企业的产品搭配销售，或利用寄居体企业的销售网络进入市场。

3. 通过权益资本建立利益相关者同盟

创业企业在初创时期的禀赋条件具有不确定性，如产品市场、生产技术、销售网络等方面，包括创业者、员工、销售商在内的利益相关者很容易产生短期行为。为了使利益相关者团结一致，共谋事业，可以将员工的人力资本、销售商的客户资源予以权益资本化，通过谈判予以设定资本化的数额，使初创时期的企业成为一个以创业者为主、多方利益主体共同治理的同盟。

4. 加快资金周转，缩短现金周转期

现金周转期是指从购买存货支付现金到收回现金的时间长度。现金周转期越短，则资金占用量越少，盈余资金相应增多。缩短现金周转期可从以下几方面入手：加强工商协同，优化产品采购流程，合理确定采购周期和采购数量，降低存货库存水平，降低存货的资金占用；优化产品配送环节，改善配送线路及送货周期，提高物流运行效率；缩短应收账款周转期，通过与银行协商签订资金归集协议及跨行合作协议，推进产品货款及各银行电子结算账户资金实时归集至基本账户，缩短资金在途时间，提高资金使用效率；定期检查单位应收账款挂账项目，抓好应收账款清收回笼工作，保证资金安全；延长应付账款周转期，尽量在合同约定时间末期支付货款，严禁超进度提前付款。

7.4.3 创业投资运营的财务管理

在创业企业业务运营的全程中，财务管理自始至终是运营管理的重中之重。创业企业一般具有两个共同的特征：一是它们都不能够在贷款市场和证券公开市场上筹集资金，只有求助于创业资本市场；二是创业投资公司在发展过程中，投资短视现象比较严重，对创业实体企业实际支持不够，将成为该创业企业发展的"短板"。因此，创业投资企业在合理运用财务政策与手段，保持与投资企业相一致的财务管理策略，最大限度地支持创业企业化解风险促进创业企业稳定与发展。

1. 保持与规模扩张、利润增长相适应的筹资额度

创业企业新产品成功推向市场之后，销售额会随之增长，企业为了扩大生产，就需要增加投资，以增添机器设备、存货和劳动力，这就需要筹集大量资金来实现企业的规模扩张战略。首先，适当提高资产负债比率、降低资本成本，实现股东权益最大化。在成长期，企业的业绩稳定、增长较快，适当扩大负债比率，保持资产负债率在50%～60%较为恰当。这样，一方面，负债利息的税盾效应，可以降低负债资本的成本；另一方面，可以使股东享受企业成长期业绩稳定增长所带来股东权益稳定增长的好处。其次，正确预测企业资金需求量，保持企业快速、可持续增长。成长期企业应正确识别市场机会，适时扩大企业规模，正确预测资金需求量。财务部门应充分利用成长期企业的融资优势，为企业发展提供充足的资金，实现企业的销售增长、利润增长与股东权益增长。

2. 保持积极稳健的财务政策

处于成长期的企业也并非一帆风顺，财务政策的选择也应留有余地，以应付突发事件或短时期的市场波动带来的资金紧张局面。做好客户的信用资料记录，正确评估客户信用，以防止信用风险发生时对企业成长的影响；保持现金流转的顺畅进行，加速资金周转，提高资金周转速度；正确核定资产跌价准备金率和应收账款坏账准备金率，防范财务风险的发生；提高研发费用比率，支持技术开发的资金需求，为企业持续增长提供后备力量；扩大固定资产技术改造投资比例，为企业规模扩张提供物质基础。股利分配以分红股、配股为主要形式，扩大留存收益比例。

3. 建立适当分权的财务管理模式

企业规模扩张的同时也伴随着组织结构的膨胀，业务链的拉长和组织层级的增多必然造成代理成本的提高，财务集权治理模式已不能适应管理幅度增长的要求。为了适应管理幅度增大的要求，财务权力适当下移，建立适当分权的财务管理体制，更能激发基层单位的积极性，以为企业可持续增长提供体制保障。在创业企业对外投资增多，对集团公司下属公司的资本管理越来越重要。下属公司有的是附属公司、有的是控股子公司、有的是参股公司。对附属公司应实行集权管理模式；对控股子公司应采取股东依法治理的财务模式，可以通过完善公司治理结构，及时召开股东大会等方式有效行使包括重大财务事项的决策权、预算控制管理权。对参股公司应采取灵活的财务治理模式，预期能够稳定获取利润，可以追加投资，否则，应及时转让股权，将投资风险控制在可以接受的程度内；财务权力适当下移，建立适当分权的财务管理体制，更能激发基层单位的积极性，为企业可持续增长提供体制保障。

4. 加强投资管理，保证预期投资报酬率的实现

应转变资金投资思维模式，合理利用资本市场，增加资金投资方式，改善资金结构。针对当前的投资需求，平衡收益与风险，选择流动性好、收益率高且相对安全的投资方式。在投资企业的财务状态比较稳定，有充足的现金流时，为了降低资金的机会成本，利用剩余资金，可选择证券化资产投资，优化资产结构，如可以选择收益有保证的国库券、金融债券进行投资。这样不仅可以优化资产结构、提高资产收益率，而且还可以在企业急需资金时，变现证券化资产，满足企业资金的需要。同时，加强成本管理，保持成本领先战略。当企业的销售由正增长向负增长转变时，销售量的下降必然引起单位固定成本的增加，同时，价格也在不断下降。成本的上升和价格的下降，会造成利润的快速下降。因此，企业必须加强成本管理，实现低成本扩张，兼并弱势企业，提高业务量，降低固定成本和变动成本，保持成本领先。

5. 与投资企业发展相适应，灵活运用财务策略

在投资企业步入衰退时期时，财务策略应选择资产变现、压缩开支，保持现金流转正常进行。由于产业周期进入衰退阶段，造成销售量的明显下降，这会给企业现金流造成很大的压力。此时，企业应将闲置不用的固定资产进行变现处理，收缩企业的业务单元；对机构进行精简，降低人工费用和管理费用；处置闲置资产、回收应收账款，使企业的现金流转正常运行。另外，可选择实施资产重组，优化长期资产的组合，提高资产收益率。当衰退明显时，企业的财务资源必须通过资产重组的方式重新配置，提高优势产业的资源配置比例，维持衰退产业必要的资源，以优化企业的长期资产结构。这样，一方面可以通过进入另一产业获得生机；另一方面可以等待原有产业的复苏度过困难时期。

6. 加强资金动态预算管理，合理安排资金支出

财务部门应严格遵循先预算后拨款、以收定支、重视货币时间价值、强化资金监管的原则来制定资金预算，形成事前预算、事中控制、事后反馈的预算管理控制体系，积极同各执行部门沟通交流，实时了解各项收入开支的金额和时间点，在保证各部门正常运行的前提下，按照"尽早获取收入、延迟费用开支"的原则，制定关键时间点收入、支出明细表，进而确定当月闲置资金及其时间长度，以便统筹安排。对于未上报预算的项目，无特殊情况不予支付，进一步强化资金预算执行。

7. 完善资金统筹运营配套制度体系，强化资金统筹运营意识

修订创业公司资金管理办法，完善预算管理制度、营运资金管理制度等，使之更适应当前环境。定期组织资金统筹运营管理相关培训，强化全体财务人员资金时间价值意识，不断提升财务人员业务能力。完善资金考核制度，将账户日均资金余额、大额资金占用情况、月度预算准确性、存货周转率及应收账款周转率等指标纳入考核体系，引导财务人员增强资金价值观念，最大限度提升资金收益率和增长率。

本章小结

（1）创业投资运营就是通过灵活运用各种投资工具和投资组合，实现风险和收益的匹配，促成资本市场和科技的连接，引导社会资金投向，优化创业企业资本结构，在创业资本的运作下，真正把技术、资本和管理有机地结合起来，实现创业投资效益最大化。创业投资运营过程包括三个阶段：初始阶段、中期阶段和后期阶段。

（2）创业资本运营是一种金融活动。一般情况下，创业投资往往把高新技术企业（大多为创新企业）作为主要投资对象。创业资本通过向不成熟的创业企业提供股权资本，并为其提供管理和经营服务，期望在企业发展到相对成熟后，通过资本运营管理，培育和辅导创业企业成长，以期分享其高成长带来的长期资本增值。

（3）创业投资运营转型是创业企业进入后期阶段的主营业务和运作形式。创业投资运营转型包括扩张转型、研发转型和退出转型三个方面。其中创业投资运营扩张转型主要向规模化和管理组织扁平化转型；创业投资运营研发转型以产品、服务升级为宗旨，在与客户接触层、交付层、管控层三大层面开拓和培育新市场；创业投资运营退出转型方式主要有公开上市、回购股份、兼并收购、资产证券化运作和破产清算。

案例分析

扫描此码案例学习

关键术语

运营资本　运营要素　运营业务　种子资本　导入资本　扩张转型　研发转型
退出转型　营销管理　财务管理

思考题

1. 创业投资资本运营要素构成主要有哪些？
2. 简述创业投资运营业务。
3. 简述创业投资运营转型的几种主要方式。
4. 试比较创业投资运营各种方式的利弊。

第8章

创业投资退出

创业投资退出是指创业投资机构将投资资本变现的过程。所谓变现，通常指将持有标的企业的股权出售以获得现金。一般情况下，创业投资退出后将出售股权所获现金分配给基金投资人，以实现下一轮的投资循环。然而，在什么时间退出，以什么方式和手段退出却需要慎重选择，以免影响投资收益。

8.1 创业投资退出时机选择

8.1.1 影响创业投资退出的因素

创业投资退出时机受多种因素影响，这些因素可分为内部因素和外部因素两大类。内部因素包括创业投资基金存续期、经营状况，创业企业的特点等，外部因素包括资本市场发展状况、投资行业景气状况和整体经济发展状况等。

1. 创业投资基金公司的因素

（1）创业投资基金存续期。有限合伙制基金存在有限的存续期。在国外实践中，多数有限合伙创业投资基金的存在期为10+2年，其中的10年为基本存续期，+2年为延长期。我国目前创业投资基金的存续期稍短一些。到了存续期末，基金解散清算，所有的现金和证券需在所有合伙人之间分配。按照基金募集契约规定，创业投资项目需要在清算之前退出。当基金到期日即将来临时，创业投资者面临如何退出的压力，可能导致所谓的"紧急销售"（fire sale）问题，因而影响退出时机选择。

（2）创业投资基金经营状况。当创业投资基金自身经营状况与预期存在差异，即未达预期。但又面临下一期基金募集时，需要退出项目证实创业投资公司的能力，产生尽快退出的要求。一般来说，当企业销售收入和盈利已经形成明显趋势性，未来成长空间容易被市场认可，估值空间被充分打开之时上市，创业投资基金则能够充分地享有成长带来的升值收益，而提前上市则会丧失一部分升值收益。当基金经营状况良好时，管理人预期外的退出压力相对较小，对退出时机的选择比较慎重。

（3）风险投资协议。在创业投资基金和创业企业之间签订的创业投资协议，有些条款直接影响创业投资退出时机的选择，如退股权和购回权条款、上市登记权条款等。

退股权指创业投资者在创业企业的业绩达不到预期的水平时，有权要求创业企业退股，收回初始的投资并加上一定水平的利润。退股权的实质是创业投资基金所持有的一种卖出期权（Put Option），是创业投资者进行风险管理、保护投资本金的一种措施。购回权指创业企业管理层有权在某一时间从创业投资者手中购回创业企业股票。购回权的实质是一种创业企业家所拥有的买入期权（Call Option），是创业企业家进行自我保护的一种措施。例如，当签订协议时，创业企业家感觉价值被低估，则可以要求加入该条款。一旦企业实际发展状况远超投资协议预期，企业家可以行使购回权，避免过大的价值损失。退股权和购回权条款的具体安排限制了创业投资项目退出时机选择。

上市登记权分为要求登记权和附属登记权。要求登记权允许创业基金随时可要求创业企业申请上市而不受其他股东意愿的影响。附属登记权是指当创业企业登记上市时，创业基金有权按照发行价出售所持有股票。

2. 创业企业的因素

（1）信息不对称程度。信息不对称指创始人与市场之间对企业竞争力和未来成长空间认识的偏差。信息不对称因素从两个方面影响退出选择：其一为估值结果，市场与创始人之间对企业竞争力和成长空间认识偏差越大，双方对估值的认识偏差越大，越不容易达成交易；其二为退出后预期，如果企业发展前景不被认可，在创业投资基金退出后，企业会受到市场较大压力。

信息不对称程度受到企业发展阶段和行业性质影响。越是早期企业，信息不对称程度越高。其一，市场关于早期企业信息较少。其二，为了避免过度竞争，早期企业在有些方面会有意隐瞒信息。科技含量高的企业也容易产生信息不对称。有些科技企业，即使将其产品和技术向市场详细解释，投资者也未必能透彻理解企业竞争力的来源。例如，从事云计算业务的公司之间，如何辨别竞争力高低，不是件容易的事情。

（2）创业企业家作用。创业企业家无疑是创业企业成长的关键人物。很多科技型创业企业的创始人为科研人员，缺乏企业经营管理全过程的知识和经验。但在企业创立初期，技术开发能否成功决定企业的成败。技术开发成功，则企业存在继续发展的机会，否则企业面临失败。随着技术开发成功，生产工艺流程日渐成熟，对于技术的依赖程度逐渐降低。一般来说，对较早期企业的评估中，相对于企业产品和市场等因素，创业投资者更重视考察创始人，这也说明了创始人对于企业成长的重要性。随着企业成长，尽管企业创始人的作用仍然重要，但重要程度逐渐下降，可替代程度逐渐提高，到了企业 IPO 之后，为数不少的企业创始人已经不再直接管理他们所创建的企业了。因此，不论选择何时退出以及以何种方式退出，企业创始人的工作所受激励都会下降。通过并购退出后，创始人不再是企业的决策者，很可能是部门负责人，甚至直接离开企业。IPO 后，尽管创始人的地位得以保留，但持股比例下降，股权稀释。无论是何种退出方式，创始人每付出一份努力，所得到的个人经济报酬都会下降。退出前企业家几乎在为自己工作，而退出后则变成受雇佣者，即使拥有上市公司高达 30%～40% 的股份，在股东积极主义盛行的现在，也未必对公司具有绝对的控制权。

在此，确定两个边际值：其一为特定企业的企业家努力边际贡献，其二为市场上成熟企业的企业家平均边际贡献。当前一个边际贡献减去后一个边际贡献的差额较大时，企家退出所遭受的损失可能较大；而当边际贡献差接近于0时，企业家退出对于企业价值的影响不大。

3. 外部因素

（1）经济发展周期。经济发展存在周期性，在不同周期阶段，经济活动表现出不同的特点。

从整体上看，经济发展速度快，经济活动活跃，可带动创业投资退出市场活跃。一个国家或者区域的经济发展速度，通常使用GDP增速表示，GDP增速越高，则发展速度越快。经济发展速度快，从两个方面影响着微观经济活动：首先，经济发展速度快，表明市场需求不断增长，给企业带来的发展机会多，每个企业都在追求成长机会并且得以成长；其次，快速发展的市场需求给不同的企业带来的影响不同，企业在市场动态变化过程中的竞争优势会发生变化，企业也会不断寻求各种方式提高市场竞争力，以便在发展的市场中获得更大的机会。

不同行业在不同周期阶段表现出不同特性。强周期性行业的周期特征表现最明显，在经济繁荣期，行业内企业经营活动活跃，而在经济萧条期，则表现出鲜明的反向特征；弱周期行业则周期性表现不明显。有些科技企业还有可能表现出与整体周期性不同的特点，甚至表现出逆周期性。

（2）资本市场周期性。通常资本市场与经济活动表现出同周期性，但有时也表现出不同特点。在资本市场繁荣期，从数量和规模上，并购和IPO都大幅度增加。企业为了实现快速规模成长，或者进入新市场、实现业务转型等，在快速经济增长环境下，更愿意采用并购方式，而不是通过新建方式。活跃的并购活动增加了并购市场上的买家，从而有利于提高并购资产的价值。IPO定价以及二级市场交易也随着资本市场繁荣而提高，资本市场繁荣为创业资本退出提供了良好条件。

4. 创业投资退出时机的决策标准

创业投资是一种经济活动，其决策也必然符合经济规律。创业投资活动的目的，主要是获取投资收益。要获取投资收益，要求创业投资活动的边际收益大于边际成本，退出时机的决定也是如此。当创业资本投入企业后，由于创业投资者的增值作用和企业高成长结果，随着时间的延续，企业价值得以提升，创业投资基金获得收益。当然，创业投资活动能否创造价值，需要将创业投资收益与创业资本成本进行比较。创业资本成本即创业投资基金所要求的收益，例如，2017年创业投资平均收益率为23.46%，当预期持股时间所获得的边际收益率低于该水平，即到了应该退出的时候。

企业在发展的早期阶段，面临研发、制造、市场、财务、人事等各种管理问题，创业投资者能为企业提供较多的增值服务，企业价值得以迅速提升。随着企业逐渐成熟，企业家的管理经验越来越丰富，制约企业发展的产品开发和市场营销等问题逐步得到解决，与各类服务机构，如银行也建立了联系。因此，创业投资基金的增值作用逐渐下降，与此同时，标的企业价值增长速度也在下降，表现为创业投资基金持有企业股权的边际收益递减。

8.1.2 创业投资退出的市场选择

由于创业投资基金的退出和创业企业 IPO 关联性较大，所以创业投资基金退出市场择时就有必要研究一下创业企业 IPO 择时。

1. 创业资本主板市场退出

研究发现，在资本市场非完全有效的假设下，由股票错误定价所导致的资本市场融资条件变化显著影响企业的融资选择。首次公开发行股票及增发新股（SEO）的大量实证研究表明，由于股票价格的波动以及趋势性变化，企业会做出融资时机的选择。很多公司都在其股票被高估或股票市场价格整体上涨时发行股票；相反，在其股票价格被低估时选择回购。

创业投资基金通过 IPO 退出同样存在择时行为。有研究发现：创业投资基金支持的创业企业的 IPO 时间刚好和市场价格高潮吻合性较好。在繁荣市场时期发行股票，利用较高的市场估值，创业投资基金有余地实行较高抑价发行，会给投资者留下良好的印象，使得投资者也会更倾向于在今后购买该投资公司参与发行的股份。

相对来说，能力强、经验丰富的创业投资者择时能力较强。经验丰富的创业投资机构更能在股价处于峰值时，将企业成功推向资本市场进行 IPO。当然，企业进行 IPO 不可能由创业投资基金单方面决定，而是创始人和投资人协商的结果。在实践中，创业投资基金在 IPO 择时上也确实有一定的决策权。例如，创业投资基金一般会在创业企业中拥有一定的董事会席位及控制权，甚至可以更换 CEO，从而影响企业决策。此外，创业资本在投资时，经常与企业家签订有退出协议，如当企业发展达到某一阶段时即进行 IPO 或者并购。在股票价格较高时进行 IPO，对于创始人来说，也可能存在多方面好处。例如，创始人的财富水平上升，从而获得自豪感；创始人通过股权质押，可以获得更高的银行贷款等。更为重要的是，在股价高时上市，可以避免财富被稀释的威胁。

2. 创业资本二板市场退出

毫无疑问，创业投资基金退出择时的目的是盈利。其他条件不变，在 IPO 退出时的发行价格越高，资本市场越活跃，创业投资基金出售股票能够获得的收益越高，从而提高投资收益率。但有时为了追求高投资收益率，创业投资基金也会选择让发展还不是很成熟的被投资企业提前上市，通过被投资企业 IPO 达到退出的目的，即选择提前退出。这种择时动机，主要源于以下原因：

（1）创业投资基金在管理多个项目的同时，会积极寻找新的投资项目。一旦发现更好的投资机会，就会考虑尽快从现有投资项目退出；

（2）创业投资基金为了美化投资业绩，往往会在绩效考核前期推动所投资的企业 IPO；

（3）创业投资基金有限的存续期使得创业投资者需要不停地去筹集资金设立新基金，而能否顺利筹集到资金以及筹集资金的多少与创业投资者的声誉、以往投资业绩等密切相关，因而创业投资者更可能在筹集新的资金时将现有的投资标的企业推向 IPO，以增加业绩表现积累，并提升业界影响力。

当出于上述动机进行 IPO 时，会出现较高的发行抑价。所谓 IPO 抑价，指股票发行价格低于评估的内在价值，即表面上看发行人可以将发行价定高一些，却有意定得较低，其结果必然导致上市后股票价格上涨，使得新股申购者获得收益。西方学界将 IPO 抑价比喻为 "Leaving Money on the Table"，即故意将钱遗留在桌上不带走，留给别人。IPO 抑价是个很普遍的市场现象，也是金融学家们研究的重要问题。研究认为，表面上降低发行价会使发行人产生损失，实际上这是理性行为的结果。

但是，提前退出也容易产生代理冲突。首先，高发行抑价对于创始人来说是损失，稀释了创始人的价值。假设发行前企业的总股权估值为 1 亿元，拟募集资本 2 000 万元，发行后价值为 12 000 万元，新股东投资 2 000 万元，占股 16.67%。如果发行前资产定价下降，降为 8 000 万元，则新股东同样投资 2000 万元，占股达到 20%。因此，提前退出的高发行抑价，容易遭到创始人反对。其次，提前退出与适当时机退出相比，退出收益会下降，创业投资基金的投资收益会下降，有限合伙人的投资收益也会下降，还会产生现有创业投资基金有限合伙人与创业投资基金之间的矛盾。

3. 创业资本三板市场退出

有创业资本支持的创业企业抑价发行股票退出市场值得市场投资者关注。此类发行退出除了逐名效应外，抑价发行退出的影响有四类解释：认证作用、监督作用、声誉效应、逆向选择。

认证作用是指有创业投资基金会向市场传递发行企业资产质量的信息，相当于创业资本起到了证明发行企业资产质量的作用，因为创业投资基金属于在投资领域的专业投资者，有筛选企业的经验和能力。监督作用是指创业投资资本进行投资后，对企业提供增值服务，同时为保证自身利益，设计规范的治理结构，降低代理成本。通常情况下，在可对标企业中，创业资本支持的企业平均质量更高。因此，有创业投资基金资本支持的企业发行股票抑价率较低。声誉效应加强了认证和监督效应，高声誉创业投资基金相对于低声誉创业投资机构认证作用更强，抑价率更低。逆向选择可能存在于两个环节，分别为筛选和 IPO 定价。在筛选环节，创业投资者和企业家之间可能存在逆向选择，即创业投资者所选择的企业并不是期望选择的企业。由此，有创业投资基金资本支持的企业，并不见得高于市场平均水平。在 IPO 环节，由于创业投资基金通常具有较广泛的社会网络关系，具有一定的金融市场知识，对于所投资企业具有较强的理解，有可能利用知识和信息优势追逐市场热点，将符合市场热点但质量未必高的企业推向市场。尽管当时资本市场的可比价值高，但当市场热点退潮后，此类企业价值可能大幅度下降。因此，逆向选择效应的存在将导致创业投资基金支持的企业有更高的 IPO 抑价率。

8.1.3 创业投资退出的市场条件

1. 主板市场发行条件

（1）中国大陆主板市场发行条件。主板市场指传统意义上的证券市场，是一个国家或地区证券发行、上市及交易的主要场所。主板市场对发行者的盈利水平、营业期限、最低市值、股本大小等方面有着较高的要求,上市企业多为大型成熟企业,具有较大的资本规模及稳定的盈利能力。目前,我国主板市场主要有上海证券交易所和深圳证券交易所两个。主板市场对企业的上市标准要求比较高。

在企业盈利方面的要求:①最近3个会计年度净利润均为正数且累计超过3 000万元;净利润以扣除非经常性损益前后较低者为计算依据;②最近3个会计年度经营活动产生的现金流量净额累计超过5 000万元,或者最近3个会计年度营业收入累计超过3亿元;③最近一期不存在未弥补亏损。

资产方面要求:公司在发行前净资产在总资产中所占比例不应低于30%,无形资产在净资产中所占比例不应高于20%。

股本、股东人数要求:发行前股本总额不少于3 000万元,发行后股本总额不低于5 000万元,公众持股不低于25%,发行股份总数超过4亿股,发行比例不得低于10%,股东人数不少于200人。

其他方面要求:发行人是依法设立且持续经营三年以上的股份有限公司;最近三年内公司的主营业务未发生重大变化;最近三年内公司的董事、管理层未发生重大变化;最近三年内公司的实际控制人未发生变更等。

2004年5月,经国务院批准,证监会批复同意在深圳证券交易所主板内设立中小企业板块,以利于中小企业上市。中小板上市条件与主板基本相同,只是在中小板上市新发行股本相对少一些。

(2)美国主板市场发行条件。美国主板市场是以纽约证券交易所(New York Stock Exchange,NYSE)为核心的全国性证券交易市场。纽交所成立于1972年,在全球以规模最大、流动性最强而闻名。纽交所对上市企业的要求比较高,主要反映在对企业的股本规模和财务要求上。在这里上市的企业一般是知名度比较高的大企业,企业成熟度高,有良好的业绩记录及完善的公司治理机制,有较长的历史存续性和较高的回报。

先看纽交所对美国国内公司上市的要求:①最近一年的税前盈利不少于250万美元;②社会公众拥有该公司的股票不少于110万股;③公司至少有2 000名投资者,每个投资者拥有100股以上的股票;④普通股的发行额按市场价格计算不少于4 000万美元;⑤公司的有形资产净值不少于4 000万美元。

再看纽交所对非美国公司上市的要求:①公司必须在最近3个财政年度里连续盈利,且在最后一年不少于250万美元、前两年每年不少于200万美元或在最后一年不少于450万美元,3年累计不少于650万美元;②社会公众持有的股票数目不少于250万股;③有100股以上的股东人数不少于5 000名;④公司的股票市值不少于1亿美元;⑤公司的有形资产净值不少1亿美元;⑥对公司的管理和操作方面的多项要求;⑦其他相关因素,如公司所属行业的相对稳定性、公司在该行业中的地位、公司产品的市场情况、公司的前景、公众对公司股票的兴趣等。相对来说,纽交所对非美国公司在各个方面的上市要求基本上都要严格一些。

（3）中国香港主板市场发行条件。香港联合交易所有限公司（The Stock Exchange of Hong Kong Ltd., SEHK），也称为香港联合交易所，由以前四家交易所于 1980 年组成，并于 1986 年 4 月正式开业。香港联交所主板市场主要面向规模大、较为成熟的企业，对上市企业的要求较为严格。

盈利方面：具备 3 年的营业记录，过去 3 年盈利合计 5 000 万港元（最近一年须达 2 000 万港元，以及前两年合计需达 3 000 万港元），在 3 年的业绩期有相同的管理层。

市值要求：新申请人上市时的预计市值不得少于 1 亿港元，其中由公众持有的证券预计市值不得少于 5 000 万港元。

股东要求：在上市退出时最少有 100 名股东，而每 100 万港元的发行额由不少于 3 名股东持有。

公众持股要求：最低公众持股数量为 5 000 万港元或已发行股本的 25%（以较高者为准）；但若发行人的市值超过 40 亿港元，则可以降低至 10%。

公司治理方面：公司需委任至少两名独立非执行董事，联交所亦鼓励（但非强制要求）公司成立审核委员会。

2. 二板市场发行条件

（1）中国大陆创业板市场。二板市场是与主板市场相对应的概念，是在主板市场之外，主要为中小型高科技企业提供筹资途径的一个市场，通常称为创业板市场。中小型科技企业往往规模较小，尚未达到成熟阶段，在很多指标上达不到主板要求。创业板市场专门为这类企业上市而设立。因此，相对来说，创业板市场上市的条件比较宽松，企业进入的门槛比较低。

我国大陆创业板上市条件主要有以下几个方面：①持续经营满三年；②最近两年连续盈利，最近两年累计净利润不少于 1 000 万元，且持续增长，或最近一年盈利且净利润不少于 500 万元，最近一年营业收入不少于 5 000 万元，最近两年营业收入增长率不低于 30%；③最近一期末净资产不少于 2 000 万元且不存在未弥补亏损；④发行后股本总额不少于 3 000 万元；⑤最近两年主营业务、董事、高级管理人员、实际控制人没有发生重大变化。

（2）美国创业板市场发行条件。美国的纳斯达克市场（National Association of Securities Dealers Automated Quotations，NASDAQ）是世界上成立最早也最具有代表性的二板市场。纳斯达克市场交易的典型特征是做市商定价机制，即由做市商对每只股票进行报价交易。

纳斯达克市场分为全国市场和小型资本市场。

全国市场的上市条件：①有盈利的企业资产净值要求在 400 万美元以上，无盈利的企业资产净值要求在 1 200 万美元以上；②要求有盈利的企业最新财政年度或前三年中两个会计年度的净收入为 40 万美元，无盈利的企业没有净收入要求；③公众的持股量应在

25%以上；④盈利的企业无经营年限的要求，无盈利的企业要求经营年限要在三年以上；⑤有盈利的企业公众持股量在50万股至100万股的，股东人数要求在800人以上，公众持股量在100万股以上的，股东人数要求在400人以上；无盈利的企业股东人数要求在400人以上。

小型资本市场的上市条件：①企业总资产要求在400万美元以上；②总股本市值200万美元以上；③公众总持股量要求在10万股以上；④公开发行的股票市值在100万美元以上；⑤股东的数量要求在300人以上。

（3）中国香港创业板市场发行条件。香港创业板市场成立于1999年，是由香港联合交易所有限公司经营的另一个股票市场，成立目的是为不同规模及行业成长潜力较好的企业提供融资渠道。

香港创业板上市要求主要包括以下几个方面：①无盈利要求，但一般需显示有24个月的活跃业务和活跃的主营业务，在活跃业务期，需有相同的管理层和持股人；②上市时的最低市值无具体规定，但实际上市时基本上不少于4 600万港元；③上市时公众股东至少有100名，若公司只能符合12个月"活跃业务纪录"的要求，则上市时公众股东至少有300名；④市值少于40亿港元的公司的最低公众持股量须占25%，涉及的金额最少为3 000万港元；市值等于或超过40亿港元的公司，最低公众持股量须达10亿港元或已发行股本的20%（以两者中较高者为准）；⑤需委任独立非执行董事、合格会计师和监察主任以及设立审核委员会。

3. 新三板市场发行条件

新三板又称全国中小企业股份转让系统，是经国务院批准，依据证券法设立的全国性证券交易场所，也是中国大陆第一家公司制证券交易所。全国中小企业股份转让系统有限责任公司为其运营机构，于2012年9月20日在国家工商总局注册，2013年1月16日正式运营，注册资本30亿元，注册地在北京。

新三板市场与主板和创业板市场不同，由于对投资者有特殊要求，只有合格投资者才能够参与交易，本质上不属于公开交易市场，所以企业股票在新三板交易称为挂牌，而不是上市。新三板挂牌条件很宽松，没有刚性的财务要求，其他方面也基本上为定性标准，关注企业创新性和成长性。大致条件为：①依法设立且存续满两年的股份有限公司（两个完整会计年度，如无实质变化，可以从有限公司成立算起）；②业务明确具有持续经营能力；③公司治理机制健全，合法规范经营；④股权明晰，股票发行和转让行为合法合规；⑤主办券商推荐并持续督导。公司是否能够挂牌成功，由全国中小企业股份转让系统审批。

自2012年至今，新三板市场建设的进程明显加快。上海张江高新产业开发区、东湖新技术产业开发区以及天津滨海高新区三个试点园区首次被纳入新三板市场，新三板市场制度不断被完善，市场性质、功能及定位也不断明确，新三板市场完成了跨越式发展。截至2017年1月3日，新三板挂牌公司总数达到10 183家，已成为全球首家达到10 000家挂牌企业的证券交易场所，仅2016年新三板挂牌的企业就有5 034家，为历年来最多的一次。

4. 第四市场上市条件

第四市场是指除前三个市场以外，具有特殊股权结构的企业上市的场所。其上市条件一般也比较特殊。特殊股权结构包括三种类型，即 VIE 结构、分类股权和可变股权。

VIE 结构是可变利益实体（variable interest entities）的简称，也称为"协议控制"。实施协议控制的公司需要成立两个主体，其一为控制主体，其二为运营主体。例如，注册在开曼群岛的阿里巴巴集团即为控制主体，而注册设立在中国境内经营的支付宝、淘宝、阿里云等公司则是运营主体。控制主体和运营主体之间签订协议，由控制主体管理运营主体，享有收入，承担债务。控制主体和运营主体具有相同的控制股东。简单 VIE 结构如图 8.1 所示。

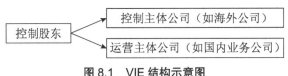

图 8.1　VIE 结构示意图

我国创业企业通常出于两种原因设立 VIE 结构：第一，创业时融入了外资，由于行业准入原因，如工信部和出版总署对于外资企业从事互联网增值服务有限制，有些业务外资不能经营，为了规避管制，再成立一个内资企业，与原有外资企业签订控制协议；第二，内资企业为了在境外上市，但需要经过证监会审批，为了规避审批环节，再设立一个外资企业，与原有内资企业签订控制协议。

分类股权，是指在同一个公司内具有不同分红权和控制权的普通股权。例如，谷歌在2004年上市时，使用了 AB 股制度，也就是公司设立了两类普通股。创始人获得 B 类普通股，其他公众股东只能购买 A 类普通股。两类股票具有相同的分红权，但是 B 类普通股拥有的投票权是 A 类普通股的 10 倍。公司设立分类股权制度，目的在于保持创始人的控制权。

可变股权指即使公司没有增发和股权转让行为，也会产生股权结构的变化。对于创业企业来说，产生股权变化的主要原因是对赌条款（估值调整条款）。当签订估值调整条款后，如果创始人不能达到约定业绩或者其他条件，将会把部分股权无偿转移给投资人。如果条款中所涉及的股权比例较大，将可能导致公司实际控制人发生变化。

目前，为了避免可能的法律纠纷，更好地保护中小股东利益，我国大陆市场暂时不接受具有三种特殊股权结构的公司申请上市。香港市场对于三类特殊股权结构持有谨慎态度，有些上市公司具有 VIE 结构和估值调整条款，但是香港联交所在 2014 年因双重股权原因拒绝了阿里巴巴上市申请。美国资本市场相对开放，对于各种股权结构，只要能够如实、充分披露即可。

8.2 创业投资退出方式

8.2.1 企业上市退出方式

1. 企业上市退出的概念

首次公开发行股票（initial public offerings，IPO），是指当创业企业发展到一定程度时，在相关中介机构（如投资银行、律师及会计事务所等）的协助下，进行上市前准备工作，在证券市场首次向社会公众公开发行股票，从而使该创业投资标的企业转变为公众持股公司（public company）。创业投资基金通过首次公开发行将其所持有的不可流通的股份转变为可流通的股票，实现资本增值和投资收益。

创业投资基金在创业企业上市后，所持有的股票通常具有一定的锁定期。在锁定期内，创业投资基金不能出售所持有的股票，只有在锁定期后才能自由卖出。有时，根据基金有限合伙人的要求，也可以将上市后标的企业的股票分配给基金投资人，投资人可以根据个人意愿在具有流动性的市场随时出售手中的股票。在这种情况下，创业投资基金分配上市股票的时刻即为退出。企业实现 IPO，股票从非公开交易变为公开交易，加大了流动性，降低了流动性风险，从而提高了股票价值。相对来说，IPO 是创业投资基金所期望的重要退出方式。

2. 企业上市退出优点

从创业投资基金的角度看，企业上市（IPO）退出具有以下三方面的优点。

（1）创业投资者能够获得较高收益。IPO 退出通常在各种退出方式中收益最高，因而最受创业投资基金的欢迎。与投资金额相比，公开上市一般会使企业市场价值有十倍或者百倍的增加。企业股票上市后，创业投资基金可以在公开市场逐步卖出股票，获得巨额投资收益。通常情况下，即使上市后股票价格仍有上升空间，创业投资基金也会卖出股票，以便于进入新一轮创业投资的循环周期。

（2）有助于创业投资基金在市场上树立声誉。相对于并购退出，IPO 退出受市场关注更多，退出时的收益也成为资本市场获利的翘楚。有关研究表明：缺乏经验的创业投资基金更倾向于促进被投资企业尽早上市，以便在资市场上博得声誉，有利于募集下一次的基金。

（3）受标的企业创始人团队的阻力小。在被投资企业 IPO 时，市场上的新投资者大多数不会达到控股地位，被投资企业控制权结构所受影响小、原有控制人地位基本不发生变化。同时，企业家因为企业上市提升个人声誉和成就感，个人财富获得了增长，更使企业提升了后续融资能力。因此，通常情况下，企业家也愿意选择 IPO 而不是被收购。

3. 企业上市发行（IPO）的缺点

虽然 IPO 退出有以上优点，但也存在无法忽视的缺点。

（1）对于标的企业要求条件较高。不论在主板还是创业板上市，对于企业均有规模和稳定盈利的基本要求，满足资产和收入规模的必要条件。因此，只有当企业发展到一定程度才能选择上市。

（2）IPO退出的成本高。企业公开上市不仅需要耗费大量的精力，而且还要花费较高的费用，如保荐费、律师费、审计费、资产评估费、各种出版印刷费以及承销费等。一般来说，我国上海和深圳交易所股票上市的总成本占到融资金额的6%以上。除了直接成本之外，IPO还需要承担抑价（underpricing）成本。

（3）IPO后创业投资基金不能立即出售股票。各国证券监管当局出于稳定股价的考虑，通常对各类机构投资者在IPO前所购股票规定一定期限禁售期。禁售期通常为6个月以上，被禁售的股票在此期间内不能出售，如果出现市场波动，退出收益会受到一定影响。

8.2.2 公司并购退出方式

1. 公司并购退出的概念

并购（merger and acquisition，M&A），包括兼并（merger）和收购（acquisition）。在创业投资实践中，并购主要为其他实业公司收购创业投资的标的企业，其他实业公司称为主并公司。主并公司收购标的公司有两种形式，分别为收购标的企业原有股东的股份和收购标的企业的资产。收购股份为整体收购，即主并公司获得标的企业的股份，并承担可能的负债，标的企业成为主并公司的一个部门、子公司，或者完全融入主并公司。收购资产是指主并公司首先对标的企业进行剥离，仅收购标的企业的一部分资产。在创业投资实践中，由于主要资产剥离后，企业基本上没有生存价值，所以并购主要指整体收购。

在创业投资基金并购退出过程中，首先要寻找主并公司。主并公司主要是寻求依靠并购获得成长的公司，如希望通过并购获得技术、产品、市场、品牌、分销渠道等。在有些并购中，主并公司可以通过收购实现业务转型。例如，2016年4月，中国证监会批准哈尔滨工大高新技术产业开发有限公司（股票代码600701）并购汉柏科技有限公司，并购使得工大高新业务从商业商品销售为主的业务结构发生了很大变化，汉柏科技的云计算业务成为了工大高新的主营业务之一。当基本确定主并公司后，需要洽谈交易定价和支付方式。支付方式可以使用现金，也可以使用主并公司股票。在汉柏科技并购中，支付方式为工大高新的股票，并购后汉柏科技的股东成为工大高新的股东。如果主并公司为非上市公司，使用股票支付要涉及双边估值问题，即同时评估主并公司和标的公司的价值。

2. 公司并购退出特点

与IPO退出相比，并购退出仅涉及交易各参与方协商，具有程序较简单、速度较快、确定性较高等优点，但也具有如下缺点：

（1）一般地讲，通过并购退出实现的收益低于IPO。研究表明，通过IPO退出实现的价值比并购高出22%。举例来说，同一个企业如果通过IPO退出，与并购退出相比，在退出时的价值评估高 22%。

（2）并购影响标的企业的独立性，容易遭到创业企业家和管理团队的反对。标的企业被并购后，或者成为主并公司一个独立部门，或者与主并公司完全整合，不论哪种情况，创始人均会失去原有的独立决策地位，创立的企业也不复存在。对于追求控制权，以创立一个成功企业而自豪的企业家，往往不愿意接受并购，这会给创业投资基金通过并购退出造成困难。

（3）在有些情况下，并购退出实现收益的流动性较差。并购退出实现收益的方式包括现金、上市主并公司的股票和非上市主并公司的股票。如果使用现金支付进行并购，创业投资基金可以实现完全退出。如果使用上市主并公司股票进行并购支付，投资基金也可以获得流动性较好的收益。如果使用非上市主并公司股票作为支付手段，通过并购，创业投资基金所获得的收益流动性较差，需要找到下一个股票购买者，才能真正实现退出。

8.2.3 股权转售退出方式

1. 股权转售的概念

股权转售（secondary buyout）指创业投资基金将所持有的标的企业股权，转售给另外一家创业投资基金或者其他机构投资者。转售与并购的区别表现在两个方面：其一，转售的购买方不是实业公司，而是进行金融投资的机构投资者；其二，在转售时的标的企业尚未达到金融投资者完全退出的程度，如规模、盈利性等指标未达到并购或者 IPO 要求。

2. 股权转售的动机

创业投资基金转售持有股权的动机主要可以归纳为三个方面：第一，创业投资基金存在投资阶段专业化策略，有些基金仅投资标的企业初创期，初创期后将所持标的企业股权转售给专注于成长早期投资的基金，有些基金擅长生产管理，有些基金擅长资本市场等；第二，投资标的企业发展未达计划水平，但仍有发展前景，基金面临到期清算问题，为了避免基金清算时不必要的麻烦，需要提前转售，当然，投资管理公司也可以募集新基金，收购原有基金持有的股权，当新募集基金与原有基金投资者不一致时，容易出现代理冲突；第三，创业投资基金与标的企业管理团产生较大冲突，不便于继续合作。在这种情况下，创业投资基金会将所持股权转售给另外一家创业投资机构管理的基金。

3. 股权转售定价

转售定价类似于标的企业后轮融资定价。有些专注于早期投资的创业投资基金，在发现投资标的后进行投资。在后续标的企业的融资轮次中，早期投资基金可能不再投资，此时就涉及前轮次和后轮次基金如何分割收益问题，定价需要保证前后轮次投资基金均能获得期望的收益，也就是实现双赢（win-win transaction）。转售定价应考虑到如下问题：第一，转售时定价会稍低一些，因为转售容易被人误解成在出售"难摘的桃子"，通常情况下，即使基金存在投资阶段专业化问题，也可以采取不参与后轮次投资但仍不退出策略，一旦退出,即容易传递标的企业后期发展潜力小的信号;第二,转售后标的企业通常要支付一些终止费(termination fees),作为对终止预期收费类服务的补偿。

8.3 创业投资退出实操

8.3.1 创业投资退出市场评估

1. 主板市场估值

市盈率(price to earning ratio,P/E 比率)和市净率(market to book ratio,M/B 比率)是市场估值的常用指标,反映了市场对于公司收益估值的高低。同样的公司,由于市场平均市盈率和市净率不同,上市时的估值会出现差异。在具有较高市盈率和市净率的市场,公司股票能够卖出更高的价格。中国大陆、中国香港和美国市场近几年的市盈率和市净率如表 8.1 所示。结果表明,在最近几年,中国大陆市场股票市盈率远高于中国香港和美国市场。在三地市场,中国香港市场股票市盈率整体偏低。

表 8.1 中国大陆、中国香港和美国市盈率和市净率的比较

市场		2013 年	2014 年	2015 年	2016 年
中国大陆	市盈率	31.20	37.48	51.37	92.73
	市净率	1.91	1.97	2.46	3.74
中国香港	市盈率	13.49	13.95	16.84	28.31
	市净率	1.07	1.05	1.11	1.82
美国	市盈率	24.58	24.28	24.51	25.63
	市净率	5.04	5.70	4.61	3.04

数据来源:Osires 数据库。

对于中国大陆较高市盈率和市净率的一种解释是高成长率,根据有关金融理论,当公司具有较高成长率时,会表现出较高的市盈率和市净率;另一种解释是低折现率。在资本项目不完全开放的条件下,如果市场货币流通量较大,会压低折现率,从而出现较高的市场估值。如果以上两种解释成立,可以预见的是,若公司成长率不高或在资本项目不完全开放且市场中流通的货币量不大的条件下,中国大陆股票市场的市盈率和市净率将出现较大幅度的下降。

创业投资基金投资支持的企业通常为小规模企业,小规模企业的估值与投资退出关系更密切。表 8.2 统计了三个市场上市盈率、市净率与企业规模之间的关系。其中,企业规模按照资本化价值划分。按照资本化价值找出下 1/3 分位点、上 1/3 分位点,在下 1/3 分位点之下规模的企业为较小规模企业,在上 1/3 分位点之上规模的企业为较大规模企业,

其他为中等规模企业。统计表明，对于较小规模企业，市盈率从高到低的排列次序为中国大陆、中国香港和美国。中国大陆市场对于较小规模企业的市盈率估值达到美国市场的5倍之多。按照市净率大小，三个市场的排序分别为中国大陆、美国和中国香港。对于中等规模和较大规模企业，三个市场之间的市盈率差距在缩小，排列顺序从高到低分别为中国大陆、美国和中国香港。对于盈利较低、规模较小的企业，要获得高估值，显然在中国大陆上市，是较为理想的选择。

表 8.2　2016年市盈率和市净率与企业规模的关系

市　　场		较小规模	中等规模	较大规模
中国大陆	市盈率	104.46	81.85	65.05
	市净率	4.88	3.70	2.62
中国香港	市盈率	39.26	24.18	13.56
	市净率	1.69	0.94	1.26
美国	市盈率	19.71	32.83	27.5
	市净率	3.55	2.84	2.95

数据来源：Osiris 数据库。

2. 市场流动性评价

股票换手率（turnover rate）也称周转率，是指在一定时期内市场中股票转手买卖的频率，反映了股票流动性强弱。例如，换手率为1%，表明在统计期内，市场仅交易了公司总股数的1%。换手率越高，股票交易越活跃，每天的交易金额越大。对于创业投资基金来说，换手率高，在退出时，卖出股票对于市场的压力小，股价下降幅度低，退出成本低。

表 8.3 统计了中国大陆、中国香港和美国三个市场的换手率情况。统计结果表明，我国大陆市场股票换手率最高，美国次之，中国香港最低。在近年间，美国和中国香港市场的换手率相对稳定，但中国大陆市场波动较大。大陆市场在较为低迷的2013年中，换手率最低，当然，换手率仅仅是市场流动性评价的一个指标，即使换手率不高，创业投资基金也能够以协议方式实现退出。

表 8.3　中国大陆、中国香港和美国股票换手率的比较

市场 \ 年份	2013	2014	2015	2016
中国大陆	5.5	16.46	10.06	6.64
中国香港	0.40	0.49	0.86	0.32
美国	1.83	1.84	1.92	2.01

注：（1）原始数据来源于 Osiris 数据库；（2）每个企业年换手率数据根据月换手率加总。

表 8.4 统计了不同规模企业的换手率情况。中国大陆市场表现出与香港和美国市场相异的鲜明特点。首先，不论规模大小，中国大陆市场的换手率在三个市场中均最高；其次，在中国大陆市场，越是小规模企业换手率越高，而在另外两个市场，越是大规模企业换手

率越高。在中国大陆市场，小规模企业的交易活跃程度，高于大规模企业交易的活跃程度。其中，较小规模企业换手率是较大规模企业换手率的 2 倍还多。在中国香港市场和美国市场，尤其是在美国市场，较大规模企业交易的活跃程度，远高于小规模企业交易的活跃程度。其中，美国市场较大规模业的换手率是较小规模企业换手率的 3 倍多。

表 8.4 2016 年股票换手率与企业规模的关系

市场 \ 企业规模	较小规模	中等规模	较大规模
中国大陆	8.44	6.32	3.94
中国香港	0.19	0.24	0.51
美国	0.78	2.1	2.77

注：（1）原始数据来源于 Osiris 数据库；（2）每个企业年换手率数据根据月换手率加总。

3. 市场禁售期规则

企业上市时，创业投资公司是否退出尚不确定。如果投资人同意接受上市企业的股票作为收益分配，则上市即等于退出。如果投资人要求分配现金，上市是否等于退出，在不同市场上的情况不同。在中国香港和美国市场，企业 IPO 时老股东可以出售部分股票，称为存量发行，创业投资基金可以卖出股票。在中国大陆市场，IPO 被称作新股发行，只能出售新发行股票，不能出售老股东所持有的股票，创业投资基金不能出售股票。

未在上市发行时出售的股票，在各个市场中通常都有禁售期（lockup period）规定。禁售期指企业股票发行后，有影响的大股东不能出售股票的时期。禁售期制度设计的目的主要有两个：（1）避免创业投资者和创业企业家的短期行为伤害其他投资者利益，如通过盈余管理提高上市时的报表业绩，提升股价，而在出售股票后企业业绩下降；（2）保持股价稳定，避免股票在上市后大起大落，在市场对企业信息掌握尚不充分时，引起市场恐慌。

例如，我国大陆主板、中小板和创业板都规定发行人公开发行股份前取得的股份，自发行人股票上市之日起一年内不得转让；控股股东和实际控制人应当承诺自发行人股票上市之日起 36 个月内不转让。新三板则规定在挂牌前持有的股票分三批解禁，每批解禁的股票数量均为解禁前持有股票总数的 1/3；解禁时间分别为挂牌之日、挂牌期满一年和两年；做市券商为做市业务取得的做市初始库存股票除外。

8.3.2 市场退出实操步骤

1.IPO 退出实操步骤

由于企业上市（IPO）退出需要达到监管部门对标的企业财务指标的要求，所以实现 IPO 退出要求企业业绩较好。较好的企业业绩以及未来良好的发展前景，能够被资本市场认可，以便能够获得较高的发行价格，并且在 IPO 后股票价格维持在较高水平。当标的企业所在行业集中度越高，标的企业竞争力越强，资本市场对于企业发展前景预期越好，越适合通过IPO退出。如果标的企业发展前景不易被资本市场认可，缺乏将企业前景信息传递给市场的必要通道，而标的企业价值容易被特殊主并公司认可，则通过并购退出更合适。

（1）资本市场状况在很大程度上影响了创业投资退出选择。公开上市股票价格更容易受到市场情绪影响，价格波动较大，过度反应是股票市场的常态。过度反应，指资本市场上的股票价格不反映发行股票公司的真实经营状况。例如，在股票市场熊市期间，10以下的市盈率比比皆是；而在股票市场牛市期间，几十甚至100以上的市盈率并不少见。在熊市期间，经常发现价格被低估的股票，而创业投资基金所投资的企业通常处在高成长阶段。在资本市场熊市期间，由于投资者寻找安全边际，当前会计业绩更受欢迎，高成长公司股票所受冲击更大，创业基金采用上市退出显然是不利的；相反，如果采用并购退出，则并购交易双方是经过谈判达成交易，相对来说受资本市场情绪的影响要小得多。因此，在熊市期间，并购退出优势较明显；在牛市期间，IPO退出会享受高估值好处。

（2）资本市场特点对创业投资退出方式选择也有影响。例如，以证券市场为中心的美国资本市场和以商业银行为中心的德国资本市场，各自对应着不同的退出方式。美国的金融体系以证券市场为中心，资本市场层次完善，IPO为创业投资基金的首选退出方式，而德国的金融体系以商业银行为主，股票市场不够发达，投资退出更多地采用股权转让方式。

（3）创业投资基金增值能力和退出要求影响退出选择。投资基金投入后，不仅给标的企业带来货币资本，通常还提供增值服务。如果选用并购方式退出，创业投资基金在标的企业中的作用减弱，甚至由于出售股权而完全失去作用。当创业投资基金对标的企业增值作用较大时，应尽量避免并购退出，而选用IPO退出。另外，创业投资基金在选择退出方式时，还要考虑基金存续年限、有限合伙人的要求等因素。如果基金存续期已经快到期，则应倾向于选择手续简便的并购方式退出。

2. 部分退出实操手段

部分退出（partial exit）是指创业投资基金将所投资金额的一部分变现，而继续保留部分在标的企业中的投资。部分退出常用手段主要是红利支付。尽管红利支付对于成熟上市公司不是新鲜事，但对于高速成长企业来说并不常见。企业在高速成长期，由于投资需求大于经营创造现金流能力，基本上处于负现金流状态。获取红利支付并不属于创业投资退出的盈利模式。在正常情况下，支付红利会影响企业进一步发展，标的企业并不向创业投资基金支付红利。只有当创业投资基金认为投资风险提高时，为了保障自身利益，才会提前退出一部分资本。因此，通过红利部分退出被视为最小化损失退出的一种手段。

3. 回售退出实操步骤

回售（selling back）是指创业投资基金将所持有标的企业股权，出售给标的企业的创始人团队或者员工。回售分两类：约定回售和协商回售，这两种回售从实质上都和回售协议有着分不开的关系，属于协议执行中的两种不同情况。

（1）约定回售。约定回售属于投资契约中的一个条款，在创业投资基金投资时就已经进行了约定，不属于主动退出方式，而是对市场退出进行风险控制的一种措施。在契约中，回售价格为投资本金加上一定的投资收益。例如，确定每年的收益率为15%，投资本金为500万元，投资期为3年，则3年后回售的价格为 $500 \times (1+15\%)^3 = 760.44$（万元）。回售达到触发点时才发生，触发点可以是会计业绩，也可以是某个事件（如上市或者并购）。大多数回售触发点为事件，如事前约定3年上市，但未能按照计划上市，创始人需要回购创业投资基金所持有的股权。

（2）协商回售。这种退出方式是指在没有契约规定的情况下，一般通过投资人与创始人协商的方式实施回售。在协商回售中，回售价格以及回售的股权比例通过协商决定，而不是事先约定。协商回售可以由创业投资基金为了退出投资而主动提出，也可以当初创企业发展到一定阶段由创始人提出。因此，协商回售属于主动退出的一种方式。使用协商回售方式退出，标的企业在退出后保持独立法人地位，创始人的控制地位不受影响，容易受到创始人支持。

4. 清算退出实操条件

清算（shut down）退出是指初创企业由于某种原因需要终止时，对其财产、债权和债务进行清理与处置的行为。清算后，创业投资基金按照约定从清算后的资产中获得补偿。大多数清算发生在标的企业经营状况与预期相差较大、无力偿还到期债务、与原定目标发生偏离的情况下，因此投资人通常会遭受损失。如果投资基金所持有的投资工具为股权，除非事先约定，否则无法主动提出清算，只能在无力偿还到期债务时才能进行清算。据统计，通过清算退出，创业投资基金平均只能收回投资本金的64%左右。因此，清算基本上属于被动退出。

8.3.3 市场退出实操案例

1. 深圳达晨创业投资有限公司新三板挂牌前的一级市场退出实操案例分析

深圳达晨创业投资有限公司所处行业包括大数据、网络游戏、新材料、高端制造、医药、高端消费、体育、教育、广告传媒等。截至2016年6月，达晨系投资的企业有48家在新三板挂牌，其中12家进入创新层，命中率达25%，达晨系的创新层企业平均资本增值1.86倍，年净收益率为12.53%，在创投机构中遥遥领先。达晨是如何做到行业领先的呢？我们通过对达晨投资的四维传媒、威科姆和鄂信钻石三家企业的创业投资市场退出实操过程的分析中，可以得出答案。

（1）四维传媒减持退出案例实操。上海四维文化传媒股份有限公司（以下简称四维传媒）成立于2011年6月16日。初始注册资本为100万元，新三板挂牌前总股本为4 500万股。该企业属于新闻和出版传媒业，其主营业务是利用数字出版技术系统平台，提供数字内容制作、数字化绿色印刷等数字出版服务，提供商务、市场信息咨询的社区O2O

电子商务平台服务。四维传媒在新三板挂牌前曾有多轮融资。其中A轮融资是2005年5月8日由初始注册资本100万元增加至1 600万元。新增注册资本1 500万元中，新股东四维投资有限公司以实物出资851万元，原股东罗险峰以实物出资603万元、以现金出资46万元；B轮融资是2010年10月，公司引进5家投资机构，注册资本从1 600万元增至2 077.922万元，总融资额4 600万元，增资对价超出认缴注册资本部分总计4 122.077元，计入资本公积。新增注册资本477.922万元由5家投资者认缴，认缴价格均为每一元新增注册资本对应9.625元。其中，达晨创世认缴200.104万元，达晨盛世认缴173.922万元，达晨系两家创投基金本次投资为3 600万元，获得374.026万股，占总股本的18%；罗曼投资认缴51.948万元，易津投资认缴31.169万元，卓平投资认缴20.779万元。

2011年4月29日，四维传媒股东会作出决议，同意以经审计确认的截至2010年12月31日的净资产额83 711 959.12元，按1：0.537 557 602的比例折成4 500万股（净资产折股后的余额计入公司资本公积），整体变更为股份有限公司。达晨系两家创投基金持有810万股，仍占18%股比。2013年年初，四维传媒就已申请IPO上市。但是由于IPO暂停，在IPO堰塞湖边上的四维传媒在不得已的情况下转向了新三板。2013年10月16日，四维传媒在新三板挂牌，证券代码是430318。新三板挂牌后再次融资。C轮融资是在新三板挂牌同时定向发行700万股，发行对象为深圳市达晨创恒股权投资企业、深圳市达晨创泰股权投资企业、深圳市达晨创瑞股权投资企业，发行价格为6.8元／股，募集资金4 760万元。本轮融资后，四维传媒总股本增至5 200万股，达晨系总持股量达到1 510万股，占29.04%。加上前述2011年另外两家达晨基金投资的3 600万元，达晨系总投资额达到8 360万元，相当于每股成本5.5364元；2014年七八月，四维传媒又以每股8元的价格定向发行650万股，融资5 200万元。融资后四维传媒总股本增至5 850万股。

2014年达晨系的达晨创世减持107万股，达晨盛世减持93万股，合计200万股，按照上述每股8元的价格计算，转让价款应当为1 600万元。截至2014年年末，达晨系持股1 310万股，占总股本的22.39%。2015年1月19日，四维传媒以10.8元／股的价格向新三板的合格公众投资者定向发行750万股，融资额8 100万元，总股本增至6 600万股。至此，四维传媒五轮总融资额达到24 160万元，其中于新三板挂牌前融资10 860万元，挂牌后融资13 300万元。达晨系部分减持退出。截至2016年6月30日，达晨系五家基金共减持249.401万股，按每股5.5元计算，转让价款为1 371.70万元。至2015年年末，达晨系剩余持股2 370.599万股，占总股本13 200万股的17.96%。扣除已转让的股份，达晨系剩余股份对应的投资额为6 755.64万元，按照2016年8月31日收盘价3.51元算，持股市值为8 320.80万元，持股增值1 565.116万元，浮盈为23%。

（2）大股东回购退出威科姆案例实操。威科姆的情况比较复杂，经查阅威科姆公开转让说明书、威科姆2013—2015年年报、2016年上半年报告、当初达晨与威科姆及其大股东签订的投资协议和补充协议（涉及强制回购条款和威科姆承担连带责任的相关条款），经一系列的整理分析，简要归纳如下。

郑州威科姆科技股份有限公司（以下简称威科姆）成立于1999年9月8日，初始注册资本80万元。新三板挂牌前注册资本为8 956.34万元，总股本为8 956.34万股；其所属行业是软件和信息技术服务业。主营业务为基于互联网教育云的教育信息化系统平台与多媒体终端产品的研发、生产与销售，以及教育信息化内容资源的整合、制作与服务。

第一步，达晨收购股权进入威科姆。2007年6月8日，威科姆召开股东会同意大股东威科姆投资公司将其持有威科姆12.18万元出资额对应的股权以580万元的对价转让给达晨财信，同意威科姆投资公司将其持有威科姆8.82万元出资额对应的股权以420万元的对价转让给达晨创业。达晨系获得21万元出资额，占当时总股本1 616万元的1.3%。出资额1 000万元，相当于每股47.62元。2007年9月28日，威科姆改制为股份公司。截至评估基准日2007年6月30日，威科姆有限净资产账面值为11 379.2万元，全体股东签订了《发起人协议》，约定股份公司总股本为8 000万元，均为每股面值1元的人民币普通股，净资产与股本总额之间的差额计入公司资本公积。

第二步，威科姆增资扩股私募融资8 000万元。2007年10月18日，威科姆临时股东大会同意公司向达晨财信、达晨创业、华清博远、宇通集团和天津亿润成长投资行发行956.34万股，总金额为8 000万元，本次增资扩股完成后，公司的注册资本增加至8 956.34万元。其中，达晨财信以现金出资3 300万元认购394.49万股，达晨创业以现金出资700万元认购83.68万股，合计478.17万股，投资4 000万元，每股8.37元。本次增资完成，达晨系持有威科姆582.17万股，占6.50%。

第三步，对赌协议及回购退出。在本次增资时，达晨系与威科姆的大股东签订了《增资保证协议——补充协议》，即到2012年年末威科姆若不能在中小板或创业板上市，则大股东必须回购达晨系所持的威科姆股份。

第四步，2014年3月27日，由于威科姆没有如期实现IPO上市，触发了保证协议的补充协议条款，达晨创业、达晨财信与贾小波、郑州威科姆科技股份有限公司签订了《股权转让协议》，协议约定：达晨创业将持有威科姆股份104.62万股转让给大股东贾小波，达晨财信将持有威科姆股份395.04万股转让给贾小波；股权转让价款分别为1 242.5万元和4 549.30万元；平均转让价格为11.591元。约定贾小波于2014年4月20日起至2016年3月31日分批完成股权转让款的支付，支付完成后双方将办理股权变更手续。

经查阅威科姆2014年、2015年年报和2016年半年报，贾小波从2014年开始向达晨创业和达晨财信支付了部分转让价款，2016年上半年全部支付完毕，威科姆已披露达晨创业和达晨财信持有的股份已归属贾小波持有。此前，达晨创业另外的22.74万股也在2014年3月以前转让，转让价款约为263.59万元。至此，达晨系从威科姆全部退出，当初投资5 000万元，总转让价款为6 555.39万元，投资8年后收回全部投资，获利1 555.39万元，收益率为31.1%。达晨系通过对赌协议控制了投资风险，实现了第三种方式退出。

（3）鄂信钻石股权补偿确保退出时的收益率案例实操。湖北鄂信钻石科技股份有限公司（以下简称鄂信钻石）成立日期为1998年6月11日，初始注册资本100万元，引进创投前增至1 362万元。其所属行业为石墨及非金属矿物制品业。其主营业务是复合钻石工具、合成钻石材料、合金材料、模具材料等产品的研发、生产和销售。鄂信钻石是一家新材料领域中超硬材料——生产金刚石及其制品原材料的高新制造企业。

第一步,增资扩股融资4 254万元。2012年6月8日,公司增加注册资本人民币240.4万元,由佛山达晨创银创业投资中心(以下简称达晨创银)以货币资金出资3 000万元,其中240.4万元计入实收资本,超出部分2 759.60元计入资本公积,变更后注册资本由1 362万元增至为1 602.40万元,达晨创银占15%。

第二步,2012年业绩未达标,补偿500万元的股权。2013年10月8日,鄂信钻石股东会决议,同意部分股东向达晨创银无偿转让40.26万元出资。上述股权转让是基于达晨创银、鄂信有限、金沁园投资、何南兵、周文枝、汪文斌、陈水泉、张成树等于2012年6月8日签订的《关于湖北鄂信钻石材料有限责任公司之增资协议》和《增资协议之补充协议》以及2013年10月23日签订的《增资协议之补充协议二》的约定。

第三步,2012年鄂信钻石合并报表税后净利润为人民币1 912万元,扣除非经常性损益的合并报表税后净利润为人民币1 670万元。考虑到鄂信钻石非经常性损益为政府补贴收入,为取得补贴收入而实际支付的相关费用较大,各方确定鄂信钻石2012年合并报表税后净利润以1 800万元计算。鄂信钻石公司和金沁园投资、何南兵、周文枝、汪文斌、陈水泉、张成树等确认其未完成约定的2012年主营净利润目标,根据前述协议约定,需对达晨进行股权补偿。因此,金沁园投资、汪文斌、陈水泉、张成树对达晨投资进行股权补偿,股权补偿数额为2.5%的公司股权,即40.06万元的公司出资额,相当于价值500万元的股权。从本案例可以看出融资企业的业绩风险。

第四步,转增股本、增资扩股及新三板挂牌。同时,根据股东会决议,公司将部分资本公积转增注册资本,本次转增前注册资本为1 602.40万元,本次增加注册资本2 397.60万元,变更后的注册资本为4 000万元,公司留存资本公积1 521.78万元。本次转增前公司账面资本公积为39 193 848.84元,主要为股东投资溢价款。本次股权转让和增资后,达晨创银持有700万股,占17.5%。

第五步,2014年4月2日,公司临时股东大会同意股东金沁园投资服务有限公司以货币资金1 254万元对公司进行增资,增加注册资本330万元(3.8元/股),增资后公司注册资本为4 330万元。本次变更后,达晨创银持有700万股,占17.5%。此后,鄂信钻石又进行了一次增资扩股,继续融资,总股本增加到4 730万元,至2016年6月末,达晨创银仍持有700万股,占14.8%。2014年8月27日,鄂信钻石在新三板正式挂牌,股票代码为830925。2016年8月31日,鄂信钻石股价为7.47元,达晨持股市值为5 229万元,浮盈74.3%。

至此,达晨成功通过补偿协议获取股权补偿,确保了其在退出时的收益率。

2. 创业投资退出实操案例启示

(1)创业投资基金的投融资周期与退出效率密切相关。从上述三个典型实例中可以发现：创业投资基金投资创业企业的平均投资年限约为4年。在企业创业前三年里，创投机构参股较少，企业多以引进亲朋好友为主进行融资。进入成长期，企业发展速度增加，资金需求量加大，此时引进创业投资基金最为恰当，不仅可以融通资金，还可以引进规范的、科学的管理经验。在案例中，思维传媒从主板IPO排队转向新三板就是很好的佐证，在这个市场上，只有勇于创新，敢于尝试的企业才能越早融资发展，创业投资企业资金周转得越快，资金使用效率越高。

（2）可巧妙利用对赌协议转嫁风险。创业投资基金在进行投资企业筛选时，一般会选择风险高、潜力大的企业进行投资，但在投资的同时，为了防止风险带来的损失，往往会通过与创始人或者大股东签订对赌协议的方式转嫁风险。案例中，达晨系与威科姆的大股东签订了《增资保证协议——补充协议》，即到2012年年末威科姆若不能在中小板或创业板上市，则大股东必须回购达晨系所持的威科姆股份。通过这种方式，达晨投资8年后收回全部投资，获利1 555.39万元，收益率为31.1%。达晨有效地控制了投资的风险，确保了自身的利益。达晨投资与鄂信有限公司及金沁园投资、何南兵、周文枝、汪文斌、陈水泉、张成树等于2012年6月8日签订了《关于湖北鄂信钻石材料有限责任公司之增资协议》及《关于湖北鄂信钻石材料有限责任公司之增资协议之补充协议》，于2013年10月23日签订《关于湖北鄂信钻石材料有限责任公司之增资协议之补充协议二》。上述协议约定的对赌条款包括业绩补偿条款、股票回购条款及优先受偿权条款等，正因为这些条款得到了兑现，达晨得到股权补偿，才使其股权占比由15%上升为17.5%，持股增加到700万股，浮盈达到74.3%。

（3）创投机构的秘而不宣，效益大幅下滑提示投资持股风险。根据各公司半年报，达晨投资的新三板创新层企业的经营业绩参差不齐，企业业绩的波动将导致创投机构的投资收益不稳定，带来转让退出的不确定性和继续持股的风险，并有可能产生经营性投资亏损，资本增值甚至有可能为负数。等到那时，创投机构也就只好对那些投资亏损的项目秘而不宣了。事实上，在中国境内创投机构的总体投资成功率只有25%左右，70%以上的投资是失败的，达晨只是其中较好的一个代表而已。

（4）新三板退出并不容易。事实上，任何企业都能在新三板基础层挂牌，只是进入创新层有相对较高的标准。况且，即使进入了创新层，也并不一定就能很快实现退出，从本案例达晨系投资的创新层企业来看，创投机构从新三板通过挂牌交易转让退出也并不容易。

首先，挂牌后限售期一年。创投机构所持有的公司股份在新三板挂牌后还不能立即转让，通常在企业挂牌一年以后才能通过挂牌方式实现退出，这是《公司法》第142条规定的。

其次，投融资双方存在创投机构想适时退出而企业想继续融资的矛盾。创投机构与企业之间是一种相互依托、共同发展的关系。然而，新三板的交易方式与A股市场有重大不同。A股市场是竞价连续交易，而且成交活跃，企业一旦上市后创投机构很容易在大宗平台或二级市场抛售退出，不影响企业再融资。而新三板则是做市交易或协议转让，不是每时每刻都有埋单存在，甚至可能几周、几个月都没有交易发生。一旦企业定向增发融资，还会直接影响创投机构的旧股转让。因此，在新三板挂牌后，创投机构所持股份不容易按照挂牌价格卖出。

最后，上述矛盾的主要方面在企业，而不在创投机构。企业业绩好，创投机构退出的机会就多，退出的价格也会好一些，否则就相反。企业如果总想增资扩股融资，创投就很难退出，因为增资扩股的价格总比市场挂牌价格低，谁都愿意低价认购新股，而不愿意买旧股。如果企业放缓再融资速度和节奏，创投机构退出就相对容易一些。因此，企业的融资行为和经营情况对创投机构退出会构成重大影响。

矛盾是客观存在的，而解决矛盾、实现主观和客观统一的根本方法和途径就是实事求是与互相理解。因此，许多投资机构在向企业投资时，各方都会签订这样的条款：在挂牌一年内，如果创投机构未能按照某一价格完成所持股份的挂牌转让，则一年期满后一个月内，创投机构有权以书面形式要求企业或企业大股东、实际控制人收购创投机构所持的全部或部分剩余股权。这种制约条款一经签订，企业就有义务配合创投机构退出，如不能如期让创投机构退出，就必须有人按协议规定的价格回购创投机构持有的股份。从这一点可以看出，创投机构选对企业的重要性，只要所投资的企业具有很好的成长性，企业融资后就能继续发展与扩张，股票不断升值，投资机构是完全有希望退出获利的，只不过在挂牌后未退出之前创投机构所持有的市值还只是投资浮盈——纸上财富。

（5）创投新政将会引导投资前移及提早退出。中国政府网2016年9月20日公布了国务院印发的《关于促进创业投资持续健康发展的若干意见》（以下简称《意见》），在中国经济转型升级的大背景下，为创业投资营造良好的政策环境，有利于大众创业、万众创新和发展新经济、培育新动能。按照《意见》要求，监管部门将研究制定创投机构所投资企业上市解禁期与上市前投资期限长短反向挂钩的法规制度安排。所谓反向挂钩就是让进入企业早的创投机构能够提前解禁退出。如果该项创投新政落地，将会引导投资前移，从而解决企业在成长初期项目资金需求的燃眉之急。目前A股上市禁售已经有了早进入锁定期短、Pre - IPO锁定期长的规定，反向挂钩政策最终有可能是按进入时间长短调整锁定期，形成锁定期的动态调整，这样将有利于创投机构在被投资企业上市后尽早退出，是一项政策利好。

本 章 小 结

（1）创业投资退出是指创业投资者将投资资本变现的过程。为获取投资收益最大化，需要进行退出时机和退出渠道的选择。退出时机的选择受内部和外部因素的影响，其中内部因素有创业投资基金存续期、经营状况和创业企业的特点等，外部因素有资本市场发展状况、投资行业景气状况和整体经济发展状况等。创投基金退出可选择主板和二板市场上市、新三板挂牌、特殊股权交易等渠道。具体情况需根据各类型市场的上市条件和创投企业的实际情况而定。

（2）创业投资退出的主要方式有：企业上市（IPO）退出、公司并购退出、股权转售退出等方式。其中，企业上市（IPO）退出具有获利高、声誉好和阻力小的优点；公司并购退出程序简单、速度快、确定性高，适合于标的企业规模相对较小，创立年限较短，企业所处的生命周期阶段较早的企业；股权转售（secondary buyout）退出适应于标的企业未达到创投基金预期的投资目标，创投机构意欲提前退出，进而转售所持股权给机构投资者的退出方式。因此，根据不同的市场实际情况，选择不同的退出方式，尽可能降低损失，可实现收益最大化。

（3）在创业投资退出市场的实际操作中，首先，是通过市盈率、市净率、换手率和禁售期等指标进行企业上市前的价值评估；其次，是根据各种不同退出方式的实操步骤进行创投资本的退出。如案例中达晨系创业投资基金分别用股权减持转售部分退出、大股东协议约定回售和协议补偿部分退出等方式完成了达晨创业投资的退出，确保了投资收益，总结出了成功投资的经验，即通过对赌协议、回购协议、补偿协议等合法、合规的手段来防范风险，确保退出时的收益最大化。

案例分析

扫描此码 案例学习

关键术语

创业资本退出　买入期权　卖出期权　信息不对称　逆向选择　禁售期　IPO 退出　并购退出　转售退出　约定回售　协商回售　对赌协议　清算退出

思考题

1. 创业资本退出时机的选择受到哪些因素的影响？
2. 比较说明我国创业板和美国二板市场的上市发行条件有何不同？
3. 简述企业上市发行（IPO）退出的优缺点。
4. 试述创业投资退出方式中，公司并购退出和股权转售退出的区别。
5. 如何对创业投资上市发行退出前的企业进行市场估值？

第9章

创业投资财务核算及收益评价

9.1 创业投资的融资成本核算

9.1.1 融资成本的内涵及构成内容

融资成本是在商品经济条件下,由于资本所有权与使用权相分离而形成的一种财务概念。简单地说,融资成本是指取得和占用资金的代价。从资金使用者方来看,它是融资者为获得资本所必须支付的最低价格;从资金所有者方来看,它是资金所有者提供资本时要求补偿的最低收益。

融资是企业为实现其目标而进行的资金筹集活动。企业对融资结构和资本结构的选择,一方面是直接由企业目标驱动和规定的;另一方面又受到融资成本和融资风险的影响。

在资本市场上,企业融资成本实际上包括两部分,即融资费用和资金使用费。

(1)资金使用费:指使用资金过程中向资金提供者支付的费用,包括借款利息、债券利息、优先股股息、普通股红利及权益收益等。

(2)融资费用:指资金筹集过程中发生的各种费用,包括律师费、资信评估、担保费、证券印刷费、发行手续费、担保费、承诺费、银团贷款管理费等。

9.1.2 融资成本的影响因素及其计算方法

1. 融资成本的影响因素

企业融资成本的高低主要取决于两个因素:一是储蓄主体推迟现时消费而要求的时间价值补偿;二是储蓄主体把现时确定收入变成未来不确定收入而要求的风险价值补偿。

在市场经济条件下,时间价值补偿量的大小只受时间长短以及市场收益率水平等客观因素的制约,任何储蓄主体都是一视同仁,因此,通常将时间价值称为无风险价值。而风险价值补偿的大小主要取决于储蓄者的风险规避程度。也就是说,同一风险价值量的补偿因人而异,风险厌恶程度越大,对同一风险要求的补偿就越大。或者说,不同来源资本成本中的时间价值补偿都是一样的,所不同的只是风险价值补偿上的差异。

2. 融资成本的计算与分析

(1)融资成本率。企业进行融资方式选择或融资结构调整时,融资成本的高低是一个重要的参数。假如给定企业所需要的内部和外部融资数量,在可供利用的融资条件约束下,企业将以最低成本的融资方式进行融资活动。

一般情况下，融资成本指标以融资成本率来表示：

$$K=D/(P-F) \quad (9\text{-}1)$$

其中，K 是融资成本率；D 是资金使用费用；P 是融资总额；F 是融资费用。

（2）不同类型资金的成本分析。资金来源渠道不同，企业取得这些资金所付的代价也不同。

无偿融资部分：短期包括应付（未付）、应交（未交）款项；长期有不受现金折扣影响的因延期支付形成的暂时欠款，以上项目经常因为暂不支付而被企业用于临时周转，这部分资金的使用无须支付使用成本，属于一种无偿融资。

内源融资部分：内源融资的资金来源于企业自身的积累资金，应该是无偿使用的，无须对外支付融资成本。但从每一单位的资金应该取得等量的报酬角度讲，内源融资中的留存盈利也将于使用后获得相应的报酬，而这份报酬由企业自身享有，因此留存盈利可视为普通股东对企业的再投资，其资金成本就是股东将股利转投其他企业的有价证券所获得的收益，也即股东股利的机会成本。创业企业用留存盈利赚取的收益至少应等于股东投资到其他企业所能获得的同等风险下的收益，因此内源融资的盈利率应与外源融资中股权融资的普通股收益率相同，只不过它不需要再支付融资费用。

长期融资部分：各种融资方式中，创业企业筹措长期资金所支付的成本占较大比重，在分析创业企业融资成本时重点考察的是长期融资成本，即股权融资成本、债务资本成本与长期负债成本，三者构成了总的资本成本。

资本成本有多种形式，一般分为个别资本成本、综合资本成本和边际资本成本。在比较各种筹资方式时，使用个别资本成本；在进行企业全部资本结构决策时，使用综合（加权）资本成本；在追加融资决策时，可以使用边际资本成本。个别资本成本主要包括长期借款成本、长期债券成本、普通股成本、优先股成本、留存盈利成本。每项资本成本的高低可作为比较各种筹资方式优缺点的一个依据。综合（加权）资本成本是指企业每个融资组合中各种资金的个别资本成本加权平均值，企业比较各个融资组合方案的综合资本成本的高低以进行资本结构决策。边际资本成本是指企业在一定资本规模上，另行追加融资产生的成本。企业为了扩大生产规模，增加经营所需资产或追加对外投资，往往需要追加筹资，边际资本成本是比较选择各个追加筹资方案的重要依据。

综合（加权）融资成本率的计算：由于创业企业可以从多渠道、用多种方式来筹集资金，而各种方式的融资成本是不一样的。为了正确进行融资决策，就必须计算企业总融资成本率。综合融资成本率是以不同来源的资金所占的比重为权数，对各种资金的成本加权平均计算出的，故又称为加权平均的融资成本率，其计算公式为：

$$Ka=\sum W_j K_j \quad (9\text{-}2)$$

其中，Ka 是融资成本率；W 是第 j 种资金占融入资金的比重；K 是第 j 种资金的成本率。

9.1.3 创业企业融资的特征

任何企业融资都是在一定的市场环境背景下，按照自身特点，通过一定的渠道和一定的方式进行的。创业企业由于资产规模小、经营上不确定性大、财务管理不规范、信息不透明、社会信用偏低、承受外部经济冲击和抵御风险能力弱、自身灵活性高等情况，在融资方面有其自身特点。

与大型成熟企业相比，创业企业在融资渠道的选择上，更多地依赖内源融资；在融资方式的选择上更加依赖债务融资；债务融资表现出规模小、频率高和更加依赖流动性强的短期贷款的特征；更加依赖企业之间的商业信用、设备租赁等来自非金融机构的融资渠道以及民间的各种非正规融资渠道。

从创业企业的发展阶段看，其融资特点也会有所不同。企业发展周期一般可以分为创业阶段、成长阶段、成熟阶段。创业阶段的资金主要用于开拓市场，形成生产能力，所以既需要固定资金，也需要流动资金，需要的资金多，且无经营记录，此时很难从银行取得贷款，资金主要来源于自有资金和风险投资、政府财政投资、担保贷款；成长阶段，此时企业具备了批量生产的能力，企业规模得以扩大，经营走上正轨，业绩日益提升，品牌形象也进一步稳固，企业有了更多的融资自由，可以采用较多的融资组合，如吸收直接投资、利用银行借款、利用融资租赁、商业信用等；成熟阶段，具备一定的生产、销售规模，财务状况良好，内部管理日趋完善，社会信用程度不断提高，企业具备了较强的融资能力，可以从商业银行筹集大笔信贷资金，也可以通过在证券市场发行股票或债券等形式融资。

9.1.4 降低创业企业融资成本和风险的途径

1. 正确选择融资时机

同等数量的资金，在不同时点上具有不同的价值。企业要合理安排筹资的时间，实时取得所需资金。这样，不仅可以避免过早筹集资金造成资金的闲置，而且能防止过后取得资金而错过最佳的资金投放时间，确保融资获得成功。做好融资与资金需求的时间匹配，通过发挥融资的最大效用变相降低融资成本。

2. 正确选择最佳融资方式

创业企业可分为制造业型、服务业型、高科技型等不同类型，各个企业所处的发展阶段不同，自身条件及融资环境的差异也真实存在，企业应该根据自身的特点和不同的发展阶段以及相关条件，正确选择适合自己的融资方式，以实现融资成本的下降。

3. 正确选择融资规模

一个创业企业要想保持旺盛的发展活力和强大的市场竞争力，不能靠高负债筑起自己的金字塔，要靠不断的自我积累使企业由小变大，由弱变强。创业企业在融资时，必须确定融资的合理规模。根据融资成本的构成内容可知，融资规模越大，企业需要支付的融资费用和资金使用费用就越多。若融资过多，可能造成资金浪费，增加成本，导致企业负债过多，偿还困难，风险增加；如果融资太少，又会影响企业融资计划以及其他业务的正常发展。因此，降低创业企业融资成本和风险的重点是控制好融资规模，尽量盘活内部资金，提高资金使用效率。

4. 充分利用政策优惠，降低融资成本

中小企业已成为我国经济的重要组成部分，是促进经济发展不可替代的重要力量。各级政府高度重视中小企业融资工作，出台了一系列扶植创业企业融资的政策措施，加大财政支持力度，设立中小企业发展专项资金，减轻税费负担，推动中小企业上市融资、债券融资、股权融资，支持中小企业加快技术改造，建立风险补偿机制，构建民间借贷监管协调机制等，为中小企业融资创造良好的政策环境，努力解决中小企业融资难的问题，发挥融资性担保平台作用，为中小企业融资提供有力支撑。解决中小企业融资困难的有效方法之一就是建立中小企业信用担保体系。伴随着中小企业的发展，融资担保机构也逐步发展和成熟起来，已经形成政府解决中小企业融资难题的重要力量。银行已成为增加对中小企业信贷投放的重要伙伴，以及企业间接融资的重要渠道。担保业作为一个新兴行业，正在中小企业融资中发挥着越来越大的作用。

5. 强化企业内部管理，提高中小企业自身融资能力

中小企业要强化内部管理，引进科学的管理手段，健全企业财务制度，提高财务管理水平，规范自身经营行为，提高信用程度与经营素质，为融资创造有利条件。一方面应加强与银行的联系与合作，建立新型银企关系，争取银行的信贷支持；另一方面应加大中小企业体制改革力度，建立现代企业制度，完善法人治理结构，加强技术创新，提高中小企业在资本市场直接融资的能力。

9.2 创业投资的经营成本核算

9.2.1 企业经营成本的内涵及构成内容

1. 经营成本的内涵

经营成本是指企业在经营期内因为经营活动而发生的，或为了取得经营利润而应该负担的成本，是企业的总成本费用减去没有经营活动也会发生的成本后的余额，其用公式表示为：

$$经营成本 = 总成本费用 - 折旧费 - 摊销费 - 利息支出$$

或：经营成本 = 外购原材料费 + 外购燃料及动力费 + 工资及福利费 + 修理费 + 其他费用

公式中，其他费用是指从制造费用、管理费用和销售费用中扣除了折旧费、摊销费、

修理费、工资及福利费以后的其余部分。

经营成本是在项目决策分析与评价的现金流量分析中所采用的一个特定的概念,是运营期内的主要现金流出。经营成本与融资方案无关,在完成建设投资和营业收入估算后,就可以估算经营成本,为项目融资前的现金流量分析提供数据。

2. 经营成本与总成本费用的区别

经营成本顾名思义是有经营活动才会发生的成本。因此,折旧不管是否处在经营活动中都会发生,摊销也一样,利息不管是否有经营活动,借钱总是要付利息的,因此这些都与经营活动无关,总成本费用减去这些项目剩下的都是有经营活动才会发生的成本,所以叫"经营成本"。

在不同行业中,由于成本构成的差异,经营成本的计算公式也有所不同。一般企业经营成本计算公式为:经营成本 = 总成本费用 − 折旧费 − 摊销费 − 利息支出。

矿山企业经营成本的计算式为:

$$经营成本 = 总成本费用 - 折旧费 - 摊销费 - 利息支出 - 维检费$$

上式中,由于在计算期内逐年发生的现金流入和现金流出时,将投资(包括固定资产、无形资产和递延资产)作为一次性支出在其发生的时间已计入现金流出,为避免重复计算,不能以折旧和摊销方式计为现金流出。因此,在计算作为经常性支出的经营成本时不能再包括折旧与摊销费,必须从总成本费用中扣除。同理,在估算矿山项目的经营成本时也要扣除矿山"维检费"。另外,在计算全部投资现金流量时,是以全部投资为计算基础,利息支出不作为现金流出,而在计算自有资金现金流量时则已经将利息支出单列。因此,在估算经营成本时也不包括利息支出,要从总成本费用中扣除。

此外,企业总成本费用按照成本习性(成本总额与业务量的依存关系)可以分为固定成本和变动成本类。

固定成本:是指不随产品产量变化的各项成本费用;

可变成本:是指随产品产量增减而成正比例变化的各项成本费用。

根据变动成本与固定成本的概念,变动成本的计算公式为:

$$变动成本 = 外购原材料费用 + 外购燃料和动力费用 + 利息支出$$

固定成本的计算公式为:

$$固定成本 = 工资和福利费 + 折旧费 + 摊销费 + 修理费 + 其他费用$$

$$总成本费用 = 经营成本 + 折旧费 + 维修费 + 摊销费 + 利息支出$$

其中,经营成本 = 外购原材料、燃料和动力费 + 工资及福利费 + 修理费 + 其他费用。

9.2.2 经营成本的核算方法

1. 经营成本核算的含义及意义

经营成本核算是指生产、经营和提供劳务活动的经营单位,对其发生的经营费用进行审核和控制，并运用一定的方法，最终计算出该成本计算对象经营成本的核算过程。

经营成本核算通常以会计成本核算为基础，以货币为计算单位，是成本管理的重要组成部分，对于企业的成本预测和企业的经营决策等有直接影响。

2. 成本核算的原则

进行成本核算，一方面要注意成本费用的合法性审核，看其是否应当发生，已发生的是否应当计入产品成本，实现对生产经营管理费用和产品成本直接的管理和控制；另一方面要对已发生的费用按照用途进行分配和归集，准确计算各种产品的总成本和单位成本，为成本管理提供真实的成本资料，此外要特别注意以下五个原则：

（1）划清经营支出与非经营支出的界限；

（2）划清经营成本与期间成本的界限；

（3）划清各会计期间的费用界限，正确确定费用的归属期；

（4）划清归属于各成本计算对象的费用界限，以便合理确定费用的承担者；

（5）工业企业应划清完工产品与在产品应承担费用的界限，以便合理地计算产成品和在产品的成本。

3. 成本核算的程序

成本核算程序是指经营单位结合本企业特点和管理要求，运用一定的成本计算方法，制定本单位成本核算的步骤和方法而形成的成本核算过程。

不同的行业和单位有不同的成本核算程序。但就目前来说，大体上可以按行业特点，确定该行业的成本核算最基本的程序。这些行业中以工业企业最为完整，成本核算过程也较为系统全面。其他行业，如交通运输业、建筑业、商业企业则不具有工业企业成本核算所具有的优势。

4. 对本期发生的生产费用进行审核和控制

对生产费用进行审核和控制时，应首先确定费用的发生是否符合国家规定的成本开支范围，进而确定是否应计入本期产品成本和计入何种产品成本，确保产品成本发生的费用真实、准确，具体包括以下三项内容：

（1）以国家有关政策、法令、制度、纪律为依据，审核和控制费用的开支是否合理、合法，对违反国家规定的开支不予计入成本。

（2）从生产费用的经济用途上划分，哪些费用应计入产品成本，计入何种产品成本，哪些费用应计入期间费用。总之，一切费用都必须有去向。

（3）从时间上划分，生产费用的归属期以权责发生制为依据，对应计入本期成本的费用，不论是否发生，均应计入本期成本，对不应计入本期成本的费用，即使已经发生，也不计入本期成本。

5. 对生产费用进行归集和分配

将应计入产品成本的费用，按成本计算对象和成本项目合理、准确地计入产品成本，并按成本计算对象和成本项目对生产费用，进行归集和分配，为计算完工产品成本做准备。

具体包括以下三项内容：

（1）合理地确定成本计算对象，并按不同的成本计算对象设置生产成本明细账，通过生产成本明细账归集生产费用，这是进行成本计算的先决条件。

（2）合理地确定成本项目。对生产费用按其不同用途准确地计入该成本项目，通过成本项目归集各种生产费用，以便进一步计算产品成本。

（3）按不同的成本计算对象和相应的成本项目，运用一定的方法汇总其费用总额。

6. 将生产费用在完工产品和期末在产品之间进行分配

将生产费用总额运用一定的方法，在完工产品和期末在产品之间进行合理地分配，最终求出完工产成品成本和期末在产品成本。

9.2.3 创业投资企业经营成本控制与管理

初创时期的创业企业通常规模较小、资金紧张、采购渠道单一不稳定、成本控制能力较弱，要想在激烈的社会竞争中得到更好的发展，就必须加强经营成本控制管理，提高企业的经营成本控制管理水平。因为创业企业的经营成本控制管理水平与其能否存活及盈利紧密相关，同时加强企业的内部经营成本控制管理能够有效地预防财务风险。经营成本控制管理对我国企业的发展起着十分重要的作用，良好的经营成本控制管理会促使企业在未来激烈的市场竞争中获得更多的收益，并获得更快、更好的发展。

1. 创业企业经营成本控制管理中存在的问题

（1）经营成本控制管理的意识不强。创业企业通常存在一个认识误区：企业实施经营成本控制管理仅仅需要财务部门与项目部门的配合，与企业中其他部门之间没有太大的联系。其实，有效的经营成本控制管理不仅需要是财务部门与项目部门的配合，还需要企业内部所有部门之间共同的合作。创业企业一般由于缺乏经营成本控制管理的规章制度，往往难以对经营成本进行有效的控制与管理。

（2）创业企业经营成本控制管理的力度不强，主要表现在：一方面，物资材料的购买价格偏高，存货管理不够合理，由于企业成立时间不长，一方面创业企业对于材料的市场价格不够了解，难以准确把握，常常会使企业购买的材料成本偏高；另一方面入库后缺乏合理的管理与维护，更易出现材料损坏、钢铁生锈等状况，这样就会使材料的使用率降低，同样会使经营成本的预算偏高，造成经营成本控制管理水平降低。

（3）创业企业经营成本控制管理的实用性不强。初创时期的创业企业通常参与企业经营成本控制管理编制的人员大多数是技术人员，其主要考虑的是企业项目的可行性，企业经营成本控制方面却缺乏有效的控制管理方法，而且对经营成本控制管理编制的计划不够重视。

2. 加强创业投资企业经营成本控制与管理的建议

（1）加强材料物资采购成本的控制。对于许多创业企业来说，刚开始经营时需要的材料物资既多又杂，一方面要加强市场调研，做好采购预案的编制和审核；另一方面要多学习和使用能够节约现金支出的采购方法，如赊购、零库存管理等。

（2）缓解经营场所的租金上涨压力、努力降低经营用工成本。首先，做好市场调研、预测，尽可能保证经营场所租金与企业盈利的时间匹配。其次，充分利用政府给予的办公场所优惠政策，缓解经营场所的租金压力。最后，合理使用空间，尽量运用科技手段，优化员工管理，通过减少经营场所面积和员工人数降低经营成本。

（3）学习和运用科学的成本管理方法进行成本控制。随着适时制、战略管理、基准管理、限制理论、行为科学、运筹学、系统工程等在成本会计中的广泛应用，形成了新型的着重管理的经营型成本会计。例如，适合中国当前多数企业实际需要的标准成本会计、责任成本会计、目标成本计算、质量成本会计、成本决策、成本预测和近十几年孕育的适时制与倒推成本法、作业成本法与作业管理、产品生命周期成本会计以及战略成本管理等。有些方法可以直接引进，有些方法应加以改革和完善，有些方法只能在少数具备条件的企业中采用。

9.3　创业投资的经营收益评价

9.3.1　不同的收益概念及其相互关系

1. 收益的含义及用途

收益的基本含义是指就该财产收取天然的或法定的孳息。站在企业角度来看，收益是财务报表中的一个基本和重要的项目，在不同的环境中具有不同的用途。一般认为，收益是纳税、决定股利政策、指导投资和决策的基础，也是进行预测的要素之一。

2. 会计收益、经济收益与经营收益

作为企业经营成果的体现，收益在理论界有三种不同的观点，即经济收益、会计收益与经营收益。

经济收益是经济学上的概念，亚当·斯密的《国民财富的性质和原因的研究》中，首先将收益定义为"那部分不侵蚀资本的可予消费的数额"，把收益看作是财富的增加。后来，大多数经济学家都继承并发展了这一观点。英国经济学家希克斯对经济收益下了一个更广为流传的定义：一个人的收益是他在期末和期初保持同等富有程度的前提下所可能消费的最大金额。其立足点是要通过成本的足额补偿来维持企业的简单再生产。显然，经济收益所关注的是未来预期现金流量的变动，是一个时间概念，而且经济收益必须在耗用的存货得到重置后方可确认和分配。因此，经济收益概念比会计收益概念更真实，它是实际收益而不是名义收益。

会计收益是会计学上的概念。收益就是指产出价值大于投入价值的差额。它遵循一系列会计假设和会计原则,在对本期已发生交易进行分析的基础上,分别确认和计量本期已实现的收入和相应的成本费用,收入与费用相配比后的差额,即为会计收益。其立足点要通过成本、费用的补偿来维持企业的简单再生产。由此可见,会计收益所关注的是过去已经发生的资产价值的变化,是一个期间概念。显然,会计收益是建立在实际发生的经济业务基础上的,因而具有客观性、可验证性及可操作性。

经营收益是管理学上的概念,也称企业收益或货币收益。经营收益与会计收益有很多相似之处,其不同之处表现在:一是经营收益是基于重置成本计价的,二是经营收益只确认本期应计的利得。

3. 三种收益之间的相互关系

(1) 经济收益是基于未来现金流量的预期收益。核算经济收益时需要用到资本化的方法。资本化的方法是指将期望的净现金流转额按贴现率折合成资本额的方法。

某期间经济收益 = 该期间期望的净现金流转额 + (期末资本化价值 − 期初资本化价值)

经济收益与会计收益的关系为:

会计收益 + 未实现的有形资产变化 − 前期发生的已实现的有形资产变化 + 无形资产价值的变化 = 经济收益。

(2) 会计收益是基于历史价值的事后收益或期间收益。会计收益核算内容包括两部分:一是现期经营利润,表示实现的收益与之相对应的重置成本的差额;二是已实现的持有损益,表示售出数量的重置成本和相同数量的历史成本之间的差额;已实现的持有损益又具体分为现期自然增长并实现的持有利得、前期自然增长并实现的持有利得。

会计收益表示为: $Pa=X+Y+Z$ (9-3)

其中,X 表示现期经营利润;Y 表示现期自然增长并实现的持有利得;Z 表示前期自然增长并实现的持有利得。

(3) 经营收益核算内容包括:一是现期经营利润,二是现期自然增长并实现的持有利得,三是现期自然增长未实现的持有利得。

经营收益表示为: $Pb=X+Y+W$ (9-4)

其中,X 表示现期经营利润;Y 表示现期自然增长并实现的持有利得;W 表示现期自然增长未实现的持有利得。

经营收益等于会计收益减去前期应计的本期实现的持有损益加上未实现的持有损益,即 $Pb-W+Z=Pa$。

9.3.2 创业企业投资经营收益评价的必要性

(1) 帮助企业解决经营中问题的需要。由于大多数初创企业属于中小企业,其经营权和所有权高度集中,管理人员易过于注重日常事务管理,忽略企业整体的战略目标。进行经营收益评价，可以使每项指标具有针对性，可以帮助管理者发现问题，找出问题的原因，因此能够更好地解决问题。

（2）帮助企业较好发展的需要。创业企业一般都是生产规模小、资信程度不高、技术创新能力弱，如果用大型企业使用的评价方法来分析创业企业的投资可能会造成信息失真，因此创业企业经营收益评价要结合企业特点，以方便经营者制定实事求是的经营策略，从而使企业更好地发展。

（3）方便政府监管和建立社会信誉的需要。创业企业进行经营收益评价，可以保证其公布信息的可靠性、真实性，一方面便于政府对企业的监督，另一方面也有助于外部其他主体了解创业企业的经营情况，更好地建立高等级信誉，获得融资。

9.3.3 经营收益评价指标体系

经营收益的评价指标是对企业特定经营期间的盈利能力、资产质量、债务风险、经营增长以及管理状况等进行综合评判。下面分别从财务指标和非财务指标两方面构建适合创业企业投资的经营收益评价的指标体系。

1. 财务指标的构建

评价的财务指标包含基本指标和修正指标。基本指标反映企业一定期间财务绩效的主要方面，并得出财务绩效定量评价的基本结果。修正指标是根据财务指标的差异性和互补性，对基本指标的评价结果进一步的补充和矫正。

第一，盈利能力状况指标。该指标主要是通过盈利能力比率来反映，盈利能力就是企业赚取利润的能力，其基本指标是：①净资产收益率。该指标反映公司所有者权益的投资报酬率，该指标越高表明企业自有资本获取收益的能力越强，运营效益越好，对企业投资人、债权人利益的保证程度越高。②总资产报酬率。该指标表示企业全部资产获取收益的水平，全面反映了企业的获利能力和投入产出状况。通过对该指标的深入分析，可以增强各方面对企业资产经营的关注，促进企业提高单位资产的收益水平。其修正指标有销售净利率、盈余现金保障倍数、成本费用利润率和资本收益率。

第二，债务风险状况指标。它的分析主要有短期偿债能力和长期偿债能力分析，其基本指标有两个。①资产负债率，该指标越低，企业偿债越有保证，贷款越安全。资产负债率还代表企业的举债能力，一个企业的资产负债率越低，举债越容易。如果资产负债率高到一定的程度，就不会再有企业愿意担风险向公司提供借款。②已获利息倍数，该指标反映了企业债务偿还的保证程度，该指标越高表示企业偿付债务利息的风险越小；相反，则表明企业没有足够资金来源偿还债务利息，偿债能力低下。其修正指标是速动比率、现金流动负债比率和带息负债比率。

第三，资产质量状况指标。该指标主要是用来衡量公司在资产管理方面效率的财务比率，反映中小企业资产利用方面的指标，其基本指标是：①总资产周转率，该指标反映在销售利润率不变的条件下，周转的次数越多，形成的利润越多；②应收账款周转率，该指标表明1元应收账款支持的销售收入，应收账款周转率越高，说明其收回货款越快。其修正指标有不良资产比率、流动资产周转率和资产现金回收率。

第四，经营增长状况指标，该指标主要是通过三年的比较来分析其发展能力，其基本指标是：①销售增长率，该指标主要是从收入上和上一年的对比，反映该企业今年的经营状况，预测公司未来的发展状况以及发展能力；②资本保值增值率，该指标用来反映中小企业所有者投入资产的安全、完整和保值增值的情况，资本保值增值率等于1为资本保值。其修正指标有销售利润增长率、总资产增长率和技术投入比率。

9.3.4 非财务指标体系

财务指标比较明确，计量准确而且易于把握。但从趋势来看，财务指标的重要性逐渐淡化，非财务指标正逐渐受到重视。针对创业企业的实际情况，经营效益评价的非财务指标体系可从以下几个层面设置。

1. 产品品质

产品品质是企业生存的前提，品质包含很多方面，对它的评价应包括以下内容：首先，从质量安全方面考虑，中小企业应当注重产品生产的质量管理理念，建立独立于生产管理的质量保证体系，加强产品实现过程的质量检查和质量监督；其次，从质量管理方面考虑，提高事前控制和事中控制的执行力，层层把关，人人负责，才能使质量控制在每一个生产环节。其评价指标有安全性能、产品等级、合格率、投诉率、返修率等。

2. 交货效率

对于中小企业来讲，由于其销售灵活，所以应当有更高的交货效率。企业能否按期及时发货，是一个企业商业信誉的具体表现，在现代社会，交货效率已经越来越成为企业取得竞争优势的核心因素，如果企业交货效率低，会影响企业的销售乃至本企业的声誉及形象。其评价指标有及时发货率、交易周期等。

3. 技术创新

该指标主要评价中小企业在经营管理、技术革新、新产品开发、市场开拓及核心技术研发等方面所采取的措施及取得的成效。现在经济增长主要来自科技进步与技术创新，即知识转化产品、知识满足社会需要程度的提高。

4. 顾客满意度

中小企业由于规模小，客户比较分散，所以更要注重这一指标，要从以下几方面考虑：预先考虑顾客需求、尽可能地为顾客提供方便、满足顾客的尊容感和自我价值感。其评价指标有式样、品种、包装、商标、价格、服务、品位等。

5. 市场占有率

市场占有率反映了企业所售产品或服务占市场上同类产品或服务的比例，该指标可以反映出企业的优劣。评价指标由所有客户的数量与产品销售额来计算。

6. 社会贡献

该指标主要评价中小企业在资源节约、环境保护、吸纳就业、安全生产、上缴税费、商业诚信、和谐社会建设等方面的贡献程度和社会责任的履行情况。

在科学技术不断进步、竞争日趋激烈的今天,在中小企业内部建立一套行之有效的生产经营效益评价系统,对正确和有效地评价企业的经营效益,保证企业改善经营管理,提高经济效率和效果,促进企业实现发展战略具有十分重要的意义,它可以帮助中小企业进行自我诊断,使中小企业更加健康地成长。

9.3.5 收益质量评价

1. 收益质量的含义及意义

"收益质量"在20世纪30年代开始使用,一直局限于证券分析行业,直到20世纪60年代末才引起其他行业和学术界的重视。收益质量是指会计收益所表达的与企业经济价值有关信息的可靠程度,报告收益与公司业绩的可靠程度。收益质量高,其报表收益对企业过去、现在的经济成果和未来经济前景的描述是可靠和可信任的;反之,则投资者利用收益信息预测企业未来前景的可靠性就低。

企业的会计收益和经济收益均为企业收益的测量方法,前者称为"交易观",后者称为"资本保全观"。分析企业收益的质量,就是要通过对企业所提供的财务报告的阅读分析,或者通过对企业各种资产进行评估分析,探明企业会计收益和经济收益的大小和真假虚实,以及企业经营业绩的可靠和可信程度。

2. 收益质量的影响因素

(1)收益计算方法本身固有的缺陷。从会计收益来说,是权责发生制本身固有的缺陷所致:购置固定资产付出大量现金时不计入成本;将固定资产的价值以折旧的形式逐期计入成本时,则不需付出现金;计算利润时,不考虑垫支流动资本的数量和时间;只要销售行为已经确定,就计算为当期的销售收入,尽管当期并未收到现金,而只是形成了应收账款;利润的计算有一定的主观随意性,各期的利润多寡在很大程度上受到所采用的存货计价、费用摊销分配方法和折旧方法的左右,这为人为地操纵利润留下了空隙。

(2)外界环境的影响。由于我国信用体系建设和相关法规制度还不完善。企业赊销收入的收回具有很大的不确定性,其真实性也难肯定,进而对企业的收益质量产生直接的影响。

(3)企业内部人为因素。收益计算方法的缺陷和体制、法律等方面的漏洞留下了许多人为操纵利润的空间。例如,不足额计提各种费用和固定资产折旧,已成为一些人操纵利润和收益的惯用手法,致使各种费用和流动资金严重不足,账面固定资产净值与实际新旧程度严重背离。再如,按财务制度规定"封存的设备仪器不计提折旧",有人便借此,虚报固定资产封存数，以减少或不提折旧，还有时对交付使用的固定资产长期不入账，以逃避提取折旧，致使企业的固定资产损耗得不到补偿。低估企业的经营成果，高估企业的经济效益和收益，直接影响到企业的收益质量。

3. 企业收益质量评价体系的建立原则

（1）收益的真实性。要求在计算会计收益时能够按照会计核算的基本原则，客观、真实地反映企业的盈利。在会计收益真实的情况下，从长远来看，收益总额与净现金流量应该是一致的。但是，如果会计收益不真实，由于虚增的收益没有相应的现金流入，收益总额与现金收益总额与现金净流量不可能一致。因此，在收益信息不真实的情况下，投资者不可能根据收益信息对企业的未来现金净流量进行正确的预测。

（2）收益的可靠性。企业高质量的收益大都是由企业的主营业务带来的，而不是由偶然的、不正常的、暂时性的业务产生的。例如，企业不可能长期靠资产处置来获取收益，因为资产处置只是企业的暂时性业务。

（3）收益的风险性。会计收益是按照权责发生制原则和配比原则确认的，是在会计核算规则下的名义收益，并不代表事实上的经济收益，也不是现金收益。例如，有些企业大量赊销，存在很高的坏账风险，账面利润很高，而资金周转很紧张，这表明企业的收益质量较低。

4. 收益质量评价指标体系的构建

（1）收益的真实性评价指标。

A. 营业利润占比：营业利润占比 = 营业利润 / 利润总额 × 100%。

该指标值越高，说明营业利润占利润总额的比重越大，企业收益的稳定性就越好。如果该比率连续几年稳定在较高的水平且逐渐增大，说明该公司的主营业务鲜明，可以预期其现有收益能够持续下去。

B. 营业外收支净额占比：营业外收支净额占比 = 营业外收支净额 / 利润总额。

营业外收支是与正常经营无关的偶然利得或支出，主要有处置固定资产，接受捐赠，罚款收入，债务重组，资产再次评估增值等。因此，当营业外收入过大时，企业利润的真实性值得怀疑，收益的持续性也令人担忧。总之，营业外收入所占比重越大，收益质量越低。

（2）收益的可靠性程度评价指标。一个企业是否能持续经营，不取决于一定时期的盈利状况，而是取决于其有没有现金用于各种支付。因此，在评价企业收益的可靠性程度时，应该是通过对企业收益的现金保证程度进行评价，其衡量指标如下：

①经营指数，它反映经营活动净现金流量与净利润的关系。

计算公式：经营指数 = 经营净现金流量 / 净利润。

一般而言，经营性现金净流量是衡量一个企业自我创造现金能力的指标。该指标直接反映企业收益的质量。一般情况下，比率越大，表明收益产生现金的能力越强，企业盈利质量越高。如果该指标值为 0 或负数，说明其经营活动产生现金的能力很差，其收益很可能来自经营活动以外，或者经营活动产生的收益不稳定、不可靠，不论哪种情况都说明企业的收益质量较低。但该标有一个致命的弱点,就是分子、分母的计算口径不一致。该指标的分母净利润比分子经营净现金流量的计算口径多包含了投资损益、营业外收支净额和补贴收入等几项。

②会计现金收益比。会计盈余是以权责发生制为计量基础的,权责发生制下,盈余的相关性较好,但是容易被企业操纵,而现金流量很难被操纵,可靠性较高。因此,可以认为会计收益与现金流入相配比时,会计收益有现金流入作为保障,比较可靠,收益质量较高。收益的来源主要有三种形式:营业利润、投资收益和营业外净收入,三者对应的现金流入分别为经营活动现金流,投资收益所收到的现金及处置固定资产净现金流量等。由此,得到以下计算公式:

会计现金收益比=(经营活动现金净流量+投资收益所收到的现金+营业外收支净额)/净利润。这里一个指标来自损益表,一个来自现金流量表,显示了净现金流量与净利润的差异程度,这样使得收益更具稳定性,该比率越高,收益质量就越高,它可以有效地防范企业人为操纵账面利润。

(3) 收益质量风险性评价指标。

①净利中应收款含量。

计算公式:

$$净利中应收款含量 = 应收账款 / 净利润$$

净利中应收账款含量越低,说明企业的利润中收现的比重越高,企业的现金流越健康,企业盈利的可靠性就越高。反之,若净利中应收款含量越高,说明企业的现金流就越不健康,企业盈利的风险性就越高。

②短期债务现金流量比。短期债务现金流量比是指企业一定时期经营活动的净现金流量与流动负债的比率,该指标反映了经营净现金流量对短期债务的保障程度。

其计算公式为

$$短期债务现金流量比率 = 经营活动的净现金流量 / 流动负债$$

③全部债务现金流量比。全部债务现金流量比是指企业一定时期经营活动的净现金流量与全部债务的比率,该指标反映企业在经营活动中获得现金偿还全部债务的能力。其计算公式为

$$全部债务现金流量比 = 经营活动的净现金流量 / 全部债务$$

本章小结

(1) 融资通常是指货币资金的持有者和需求者之间,直接或间接地进行资金融通的活动。创业投资企业的困难之一就是如何低成本的融资。在资本市场上,企业融资成本实际上包括两部分,即融资费用和资金使用费。结合创业投资企业的特点,降低创业企业融资成本和风险的途径有正确选择融资时机、正确选择最佳融资方式、正确选择融资规模、

充分利用政策优惠以及强化企业内部管理等。

（2）经营成本是指在企业在经营期内因为经营活动而发生的、或为了取得经营利润而应该负担的成本，是企业的总成本费用减去没有经营活动也会发生的成本后的余额。经营成本核算通常以会计成本核算为基础，以货币为计算单位，是成本管理的重要组成部分，对于创业企业的经营决策有直接影响。创业企业的经营成本管理需要结合创业投资企业的特点和问题有针对性地提出措施。

（3）作为企业经营成果的体现，收益在理论界有三种不同的观点，即会计收益、经济收益与经营收益。经营收益的评价指标是对企业特定经营期间的盈利能力、资产质量、债务风险、经营增长以及管理状况等进行综合评判。可以分别从财务指标和非财务指标两方面构建适合创业企业投资的经营收益评价指标体系。经营收益的评价还应该分析企业收益的质量，真实反映企业经营业绩的可靠和可信程度。

案例分析

扫描此码 案例学习

关键术语

融资成本　融资费用　资金使用费　经营成本　会计核算　收益　会计收益
经济收益　经营收益　财务指标　非财务指标　收益质量

思考题

1. 企业融资的含义及作用是什么？
2. 企业融资成本的构成内容有哪些？
3. 影响融资成本高低的主要因素是什么？
4. 创业投资企业如何降低融资成本？
5. 如何结合创业企业的特点降低经营成本？
6. 会计收益、经济收益与经营收益的相互关系怎样？
7. 如何评价经营收益？

第10章

创业投资风险管理

10.1 创业投资风险管理概述

创业投资的运作过程可分为三个基本阶段：第一阶段是初始阶段，包括项目的筛选和种子期的初始投资；第二阶段是中期阶段，包括创业投资企业成长期和扩张期；第三阶段是后期阶段，包括创业企业的成熟期和衰退期。因此，在上述三个阶段的投资运营期间如何加强创业投资风险管理至关重要。

要加强创业投资风险管理，首先必须清晰认识上述每个阶段的投资风险及其特征，然后根据每一阶段的具体情况，明确每一阶段不同风险的管理要求，做到有的放矢，确保将创业投资风险降到最低程度。

10.1.1 创业投资不同阶段的风险种类

1. 创业投资初期阶段的风险类别

（1）产品的创新与可以替代性风险。产品创新风险是指与产品创新项目自身直接有关的风险，这类风险是产品创新过程中无法回避而且必须承担的风险。产品创新的过程包括技术开发阶段、生产开发阶段和市场开发阶段，而风险存在于整个过程中，并来自多个方面，从构思、设计、实验到形成产品存在很多不确定性。即使创新的产品取得了成功，在技术快速发展的现代社会，同类的新产品和新的技术不断涌现，也会再现替代的风险。

（2）产品与服务适用性风险。创业投资项目的产品和服务是全新的，当产品推出后，顾客由于不能及时了解其性能，对新产品持观望、怀疑态度，甚至会进行错误的判断。因此，从新产品推出到顾客完全接受之间有一个时滞，如果这一时滞过长将影响企业资金的正常周转，导致企业的开发资金难以收回，甚至导致企业的生产经营难以为继，使产品和服务不能适应市场，直接影响市场对新产品的接受和市场容量。

（3）产品的周期风险。典型的产品生命周期一般可分为四个阶段，即投入期、成长期、饱和期和衰退期。不同阶段有的特点及风险为：①投入期，销售量很低，成本高，销售额增长缓慢，企业不但得不到利润，反而可能亏损，存在资金短缺的风险；②成长期，市场逐步扩大，产品大批量生产，生产成本相对降低，企业的销售额迅速上升，利润也迅速增长，竞争者纷纷进入市场参与竞争，价格随之下降，可能因市场的竞争加剧产生市场风险；③饱和期，市场需求趋向饱和，潜在的顾客已经很少，销售额增长缓慢直至下降，标志着产品进入了成熟期。此时竞争逐渐加剧，企业利润下降，产品集中度比较高，只会存在几家企业，进入行业的门槛很高，存在高投入的风险；④衰退期。随着科学技术的发展，新产品或新的代用品出现,将使顾客的消费习惯发生改变,从而使原来产品的销售额和利润额迅速下降。企业存在转型和升级风险。创业投资者在不同的时期,会存在不同的风险。

(4) 技术先进性与可替代性风险。技术风险是指产品创新过程中由于技术自身的不确定性以及可替代的同类产品的出现,导致产品创新项目失败的可能性。技术先进性的判断标准一般是根据国内外同类技术达到的参数指标来确定。技术的先进性是其具有投资价值的前提,创业投资所选用的技术是先进的,并在技术领域中处于领先地位。技术先进性在工艺方案的选择上要有利于专业化、流水线生产或实现生产自动化,并能降低能耗、物耗和提高劳动生产率。从设备选型来看,应做到主机、辅机及备品、备件的同步先进。当替代技术完全能实现同样功能,同时在可靠性及成本等方面更胜一筹时,拟投资技术的风险就加大了。即使当现有替代技术还没有达到上述程度时,也要事先预测一下替代技术的发展趋势是否在不久的将来会对投资的技术构成威胁。同时还要分析技术是否易于模仿,因为技术一旦被成功模仿,就会失去优势地位。

(5) 技术转化难易程度风险。技术上转化难易程度是指项目所采用的技术是否符合我国国情、国力和国家技术发展政策,是否能在较短时间内投入使用,产生较好的经济效益和社会效益。国力就是指国家的自然条件、经济条件、社会条件和技术能力。选择国内或国外的先进技术,均要结合这些条件进行技术转化难易程度评价。切不可脱离实际,盲目追求高、精、尖技术,否则技术难以转化会产生转化的风险。

(6) 技术创新可持续性风险。可持续,就是既要考虑当前发展的需要,又要考虑未来发展的需要。企业的可持续发展是指企业的发展是长期的、稳定的,而非暂时的短期行为。企业技术创新可持续发展的核心不是要追求规模的扩大,而是要实现企业对环境的适应并不断进行创新,加强管理,实现其存续性。技术创新持续进行,就存在资源不断的投入,研发的转化及新技术的适用性等很大的不确定性。

(7) 投资决策选择风险。投资决策是一个系统而复杂的过程,从决策目标的确定、决策团队的建立、决策信息的收集,决策模型的选定,整个过程很多的因素都是不确定的。不确定性主要体现在:参与者范围过窄,参与者沟通与合作的深度不足,核心团队效率低,参与者能力与客观性低,参与者思维束缚于现有的科技领域,未扩大到创业潜在领域,违背决策制定及决策模型选择原则。

2. 创业投资中期阶段的风险类别

(1) 融资效率风险。融资效率风险是指创业投资在融资的财务活动中所实现效能和功效的不确定性。可从融资成本、融资机制的规范度、融资主体的自由度来衡量。融资成本是资本的预期收益率,是创业者选择资金来源、进行资本筹措的重要依据。资金成本与融资效率成反比,资金成本越高者融资效率越低且风险增加。融资机制的规范度小,资金市场融资渠道少、风险大,效率也就低。我国通过计划手段对国有企业进行融资倾斜,各方面的政策门槛对中小创业项目来说都相对较高,更不可能满足其融资需求。中小创业者受融资渠道不畅所限,不得不接受银行严格的约束条件,包括准备金制度、信贷补偿性余额、周转协定等，对于大笔贷款或经常性贷款，还会有监督员进行日常监督，因此，债权融资在自由度上是一种低效的方式。

（2）市场营销风险。创业投资市场营销风险是指创业项目在营销过程中，由于项目环境（包括宏观环境和企业微观环境）复杂性、多变性和不确定性以及企业对环境认知能力的有限性使企业制定的营销战略和策略与市场发展变化的不协调，从而可能导致营销活动受阻、失败或达不到预期营销的目标等企业承受的各种风险。产生营销风险和影响其风险大小的因素主要包括环境因素、信息因素、商业因素、管理因素等诸多方面。其中，环境因素、信息因素、商业因素是产生风险的外因，企业的营销组织管理因素是内因。

（3）同行业竞争风险。同行业竞争风险是企业面临的一种外在风险，外部条件的产生的运动、发展变化，对企业的生产经营活动都会产生或大或小的影响。使其始终处于不确定环境之中。外部条件是多种多样的，既有宏观因素，也有微观因素，对企业的影响也是各不相同的。同行业竞争风险从根本上说，来自于社会环境和市场经济运行的不确定性，企业活动的复杂性和企业主观认识能力的局限性以及控制能力的有限性。

3. 创业投资后期阶段的风险类别

（1）产品价格下跌风险。市场需求趋向饱和，潜在的顾客已经很少，销售额增长缓慢直至转而下降，标志着产品进入了成熟期。在这一阶段，竞争逐渐加剧，产品售价降低，促销费用增加。新产品或新的代用品出现，将使顾客的消费习惯发生改变，转向其他产品，从而使原来产品的销售额和利润额迅速下降。

（2）资本运营管理风险。①来自市场的风险。企业的资本运营归根结底是一种市场经济行为，在市场中，很多不确定的因素都会或多或少地给企业带来风险，从而影响企业的稳健发展。市场风险主要表现在：首先，由于企业对于市场信息的掌握不到位，加上市场信息本身的不对称特点，导致企业资本运营管理中容易被表面的市场因素影响；其次，企业在进行资本运营管理中，市场行情是不断的变化和波动的，这会影响到企业在收购目标对象时成本的变动；最后，企业在对目标企业进行并购时，如果没有详细且可行的并购方案，那么就有可能受到目标并购公司的反收购策略影响，给企业带来很大的风险。②来自经营的风险。很多企业在通过资本运营管理对所收购的企业进行重组后，由于双方的企业文化以及管理制度方面有很大的差异，导致母公司与被收购企业之间无法产生经营上、财务上的协同效应，内部资源无法得到整合，从而会拖累企业的发展，甚至被收购公司的财务状况也可能拖累母公司。

（3）资金周转流动性风险。资金流动性风险是指企业资金流动不畅，不能按期偿还债务和履行合约而导致企业遭受各种损失的风险。资金流动性风险是当前外贸企业面临的主要财务风险之一。我国对资金流动性风险还没有完善的评价控制机制，当前衡量企业偿债能力的财务指标如资产负债率、流动比率、速动比率、产权比率、利息偿付倍数等，经常作为企业计算资金流动性风险的依据。

（4）再融资风险。再融资风险是指由于金融市场上金融工具品种、融资方式的变动，导致创业企业再次融资产生的不确定性，或创业企业本身因筹资结构的不合理导致再融资产生困难的风险。在一定的时期内，创业企业的融资能力总是有限的，创业企业不可能无限度的取得债务性资金，当企业的债务数额达到一定程度时，债权人会因为企业的风险过大，而拒绝再向企业借入资金。如果企业为了一次并购活动的完成，而在短时间内融入大量的债务性资金，那就意味着企业再融资的难度大大的增加了。创业企业因完全使用了债务性的融资额度而不能再取得债务性资金。创业企业虽然还能再取得债务性资金，但由于企业债务规模的扩大，企业风险的加大，企业将不得不承受比以前更高的债务融资成本（这就是所谓的债务的规模效应）。

（5）创业投资退出市场风险。创业投资退出风险或变现风险，是指创业投资者从投资项目中退出时可能遭受的损失。风险投资的退出作为风险投资实现资本增值的唯一途径，其顺利与否关系到风险投资的成败。风险投资退出渠道不畅以及退出机制不完善，已经成为制约处于创业阶段的我国风险投资业发展的一大屏障。因此，要发展和完善退出机制是我国当前发展风险投资业的重要任务。

（6）创业投资退出时机选择风险。创业投资退出时机选择风险或变现风险，是指创业投资者因从投资项目中退出时机的选择不当可能遭受的损失。对创业投资退出时机的选择不当，在很大程度上会降低投资的预期收益。创业投资需要灵活地把握退出时机，这对其实现投资收益或减少投资损失有着重要意义。创业投资的退出，从本质上来说是为了进入回报更好的项目。加强项目前景预测，可把握退出时机的主动性。投资退出必须要超前研究该技术的发展前景，及时进行预判，做到创业投资的"进退自如"。

（7）创业投资退出方式选择风险。创业投资的商业本质在于追求投资报酬最大化，而投资退出则是完成最后资本回收的"惊险一跳"。之所以"惊险"，是因为创业投资存在无法退出的风险。创业投资退出渠道包括股票市场公开上市（IPO）、企业购并、股权回购、产权与技术交易以及破产清算等。理论研究与实践经验一致表明，IPO 是最理想的退出渠道，但创业投资经验表明，在创业投资企业所投资的企业中，只有少数企业能够成功上市并获取巨额利润，大约有 1/3 的创业企业亏损甚至无法收回投资，而另外 1/3 只能收回投资额。但高新技术企业通常有产业变化迅速、产品生命周期短等特点，因而往往无法达到主板市场上市的标准。基于此，成立一个进入门槛较低的交易市场（第二板或创业板）以满足创业企业投融资需求已成为一种必要措施。除了公开市场外，也有买卖双方自行或通过中介机构进行交易的场外市场，创业企业通过多层次的资本市场体系来满足自身投资策略与营运融资的需求。

10.1.2 创业投资的风险特征

1. 创业投资共性风险特征

创业投资作为一种经济活动中的投资行为，其投融资活动产生的风险主要具有以下共性特征。

（1）客观存在性。创业投资由于信息不对称性、投资对象特殊性、目标的长远性和投资本身的不确定性等特点，投资风险如影随形，不以人的意志为转移。

（2）主体相关性。创业投资不仅与投资所处的资本市场和经济周期等相关，还与投资项目本身有关，因此，不同的投资者、投资项目或者投资预期目标，都将得到不同的评价结论。

（3）大小波动性。创业投资风险大小在时间和空间的二维向量中，随着现实因素的变化而波动起伏，是对现实因素多变的一种反应，并非一成不变。

（4）发展可预测性。基于目前的数学和科学技术的发展，通过事前分析，人们可以预测当客观或者主观环境条件发生改变时，项目会发展到什么结果。

2. 创业投资不同时间阶段的风险特征

（1）创业企业在种子期的风险特征。创业投资种子期面临的风险主要是技术风险和资金风险。其中，技术风险主要表现在两方面：一是技术成功的不确定，新技术、新产品能否按预定目标开发出来还无法确定；二是技术完善的不确定，新技术、新产品能否在现有的技术条件下很快完善起来也是不确定的。资金风险是指企业因得不到资金支持而无法生存下去的风险。资金风险与技术风险紧密相连，它在一定程度上从属于技术风险，因为创业投资者总是根据技术开发的进展，分期、分批地投入资金。通常，创业基金投资者（包括管理者）不会让创业企业无限期地研制下去，他们会为企业设定一个达到技术标准的最后期限，如果届时技术标准仍未达到，企业就必须关门。

（2）创业企业在初创期的风险特征。初创期的创业企业仍将面对各种不同风险的挑战，主要有技术风险、资金风险、市场风险。该期的技术风险同样包括两方面，一是新产品生产的不确定性，因为新产品的生产往往会受到工艺能力、材料供应、零部件配套及设备供应能力的影响，一旦它们达不到生产的要求，风险企业的生产计划、市场开拓就会因此而受阻；二是新产品技术效果的不确定性，创业企业在开发、生产新产品的过程中，难以事先预料产品的技术效果，尤其是那些需要较长时间才能显示出来的效果，更让创业者对产品能否达到消费者和社会的要求难以确定。另外，对于该期的资金风险，与种子期的资金风险极为相似，其大小主要依附于技术风险。只要技术完善、市场开发按计划顺利展开，自然会有敢冒险的风险资金送上门来。

创业企业所面临的市场风险主要体现在四个方面。一是市场对新产品接受能力的不确定性。对一项新产品，特别是那些尚未有市场基础的产品，消费者会有一个熟悉的过程。对于市场最终能否接受新产品，以及接受的容量有多大，都是很难加以估计的。二是市场对新产品接受时间的不确定性。即便新产品能够被市场所接受，但其推出的时间与诱导出真正需求的时间点之间还是会有一个时滞。由于市场千变万化，时滞越长，产品所承受的压力就越大。三是新产品市场扩散速度的不确定性。四是新产品市场竞争力的不确定性。创业企业的产品能否经得起竞争，能夺得多大的市场份额，都是未知数。

（3）创业企业在成长期的风险特征。创业企业在成长期的风险主要是管理风险。有机会进入成长期的创业企业，与种子期、初创期相比，其发展前景大都比较明朗，影响企业发展的各种不确定因素大为减少，风险也随之降低。在这一快速成长阶段中，创业企业会面临较为特别的管理方面的风险——增长转型期问题，即创业企业的管理能力跟不上企业快速膨胀而带来的风险。这也是快速增长的企业常常遇到的问题之一。增长转型期问题之所以成为创业企业的特有风险，主要有两个原因。一是高新技术产业具有收益大、见效快的特点。因此，创业企业的增长速度都比较快，有时甚至达到300%～500%的惊人速度。而创业企业组织结构的调整、管理人员的扩充却需要一定的时间，这就会导致在许多问题上出现"心有余而力不足"的现象。二是创业企业的创业者们大多是技术背景出身，对企业管理、财务和法律事务所知不多。他们习惯于将精力、工作重点放在技术创新上，而忽视了企业在组织管理方面应根据其发展阶段，不断进行调整的紧迫性。

（4）创业投资在成熟期的风险特征。创业企业经营进入成熟期以后，其他风险将都处于次要地位，而管理风险却至关重要。因为在这一阶段，管理层可能会因争权夺利，而无心管理业务，因此业务运营出现混乱，企业利润开始下降，逐步进入衰退期，如果对资本退出工作不能有效安排，很可能陷入资金链断裂而破产倒闭和退出市场的危险境地。

10.1.3 创业投资风险管理要求

1. 创业投资初创期的风险管理要求

创业投资初期阶段的风险管理主要是创业投资的风险管理和监控。创业投资人（包括管理者）有别于传统金融机构（如银行）的最重要特征之一，在于其具有在投资之后介入创业企业经营管理的意愿。基金投资（扶持）生效后，基金投资人（包括管理者）便拥有了创业企业股份，并在其董事会中占有席位，这就为基金投资人（包括管理者）参与创业企业管理提供了依据与保障。基金投资人（或基金机构）对创业企业进行管理和监控的主要工作有以下两项。

首先，创业投资人扮演了管理咨询专家的角色，通过提供专业性建议的方式帮助创业企业提高管理能力。具体工作包括定期与创业者接触以跟踪经营情况、定期审查会计师事务所提交的财务分析报告、帮助创业企业设计经理层收入结构、帮助创业企业制定发展战略等。基金投资人通常聚集着大量企业管理专家或与这些专家有着广泛的联系，因而可以在经营管理的各个方面，特别是财务、营销两方面对创业企业提供强有力的支持。当然，在必要时基金投资人（包括管理者）也会突破咨询专家的角色，直接撤换和任命经理层人员。

其次，与金融机构关系密切的基金投资人还在帮助创业企业寻找追加融资方面发挥着重要作用。基金投资者往往拥有丰富的金融市场运作经验，掌握着大量资金来源。基金投资者参与管理，可以使创业企业从获得外部资金来源直至最终上市的一系列金融过程变得更加便利。

最后，如果创业企业陷入困境，基金投资人（包括管理者）有时不得不着手干预或完全接管创业企业，也可能不得不聘请其他的人才取代原来的管理班子，或者自己亲自管理创业企业。

2. 创业企业成长期的风险管理要求

创业企业成长期面临的风险主要来自于资金短缺和市场营销及市场开拓。因此，融资风险和产品营销风险显得至关重要。

（1）融资风险。企业进入成长期以后，为了扩充设备，拓展产品市场，从而在竞争中脱颖而出，往往需要大量的资金支持，所需资金通常是初创期的数倍。在这种情况下，创业企业在获取投资资金的问题上面临着巨大的压力，能否及时足量融到资金的风险给领导和管理层提出了更高的要求。在这一阶段为了能拓宽融资渠道，创业企业应该从自己的利益及需要出发，确定合理的财务杠杆比例，采取种类较多的融资方式组合。但是，在这一紧要关头创业企业融资的"自由"会受到一定的限制，如那些在种子期、初创期已投入资金的基金投资机构常常都有优先提供追加投资的权利。这一点在合约中一般都列有明确的条款。所以在这种情况下，创业企业如何既能避免法律风险，又能合理融到成本较低的资金，则成为风险管理的一大要务。

（2）产品营销风险。成长期是创业企业逐步将自己的市场开拓策略付诸实施的过程，在这一阶段，商品市场的开拓成为关键。因为这时企业的产品虽然已经定型并形成了一定的生产能力，但比较完善的销售渠道却尚未完全建立，企业的品牌形象同样需要进一步巩固。因此，在这一阶段创业企业需要下大力气组建起自己的销售队伍，大力推动产品的市场营销。成长期生产能力的大小在很大程度上取决于销售市场的拓展，如果销售渠道打不开，产品形成库存积压，这些方面的压力要消化，其难度可能相当巨大。

3. 创业企业成熟期的风险管理要求

由于创业企业成熟期的管理风险是客观存在的，要真正解决增长转型期问题，使创业企业健康地发展，需要在多个方面努力：首先，创业者们必须转变观念，认识到必须采用现代企业的管理模式，才能使企业良好地运作，应学会充分信任下属员工，将自己的主要精力放在重大决策和难题处理上；其次，创业企业应适时地将工作重点由工程技术转为经营管理；最后，应采取各种措施保证企业人才的稳定和储备。对那些企业需要的高级管理人才或掌握关键技术的特殊人才，更应采取特殊政策稳住他们。另外，监控管理层的腐败风险也是一大任务。

10.2 创业投资风险管理理论

10.2.1 创业投资风险管理的理论基础

1. 资产组合管理理论

1952年，哈里·马柯维茨发表题为《投资组合选择》的论文，标志着现代投资组合理论的开端，创立了被称为现代金融理论核心和基石的现代资产组合管理理论（portfolio management theory，PMT）。该理论论证了风险管理者或投资者有效选择具有不同风险回报特征的风险资产，建立了符合投资者风险偏好的、能给投资者带来最大效益的资产组合的理论和技术，并为此提供了量化操作依据。马柯维茨用资产收益的期望值来度量预期收益、用资产收益的标准差来度量风险，将数学中期望与方差的概念引入金融资产组合中，对风险首次进行定量化研究，并引入了系统风险和非系统风险的概念，给出了在一定预期收益率水平下使投资风险达到最小化的最优投资组合的计算方法，改变了过去以常识和经验等定性的方法衡量风险的做法，被喻为"引发了华尔街的第一次革命"。

2. 资本资产定价理论

1963年马柯维茨的学生威廉·夏普提出简化的单指数模型以解决标准投资组合模型应用于大规模市场面临的计算困难。在投资组合理论的基础上夏普、林特和摩根三个人分别独立推导出资本资产定价模型（capital asset pricing model，CAPM）理论，研究所有投资者都遵循马柯维茨的资产选择，投资于相同的最优风险资产组合对资产价格的影响，即研究风险资产预期收益的预测方法，开创了现代资产定价理论的先河。该理论解决了马柯维茨的资产组合理论无法统一衡量不同资产在组合投资下的风险属性这一问题，提出以 β 系数作为在市场资产组合中比较不同证券风险属性的统一指标，反映了资产对市场组合风险作用的大小。由于风险分散效应，基于PMT理论形成的市场资产组合只含有系统风险，其中资产 i 的期望收益 E_{Ri} 与系统风险间的关系为：

$$E_{Ri} = R_f + \beta\left[E(R_M) - R_f\right]$$

式中：R_f 为无风险资产收益；E_{RM} 为市场资产组合的期望收益；β 系数，可以根据历史资料，利用回归分析的方法得出。β 系数与资产对市场组合风险的形成作用正相关，与资产的市场价格成正比。

CAPM模型从理论上说明了风险（系统性风险）定价的基本原理，即投资回报与风险成正比的基本投资规律；在实践意义上，风险管理者可将所选资产组合的风险价格 $\dfrac{E(R_P) - R_f}{\sigma_P^2}$ 与风险的市场价格 $\dfrac{E(R_M) - R_f}{\sigma_M^2}$ 相比较，结合自身的风险偏好来进行资产组合的选择和管理。

3. 套利定价理论

1976年，美国经济学家罗斯（Stephen Ross）、罗尔（Richard Roll）针对CAPM模型的局限性，提出资产市场均衡定价模型，即套利定价理论（arbitrage pricing theory，APT）。该理论认为市场均衡力量不是如CAPM理论所认定的来自于投资者对不同风险边际收益的比较，而是来自于投资者追逐无风险套利的动机。市场均衡价格，即无风险套利机会消失时的资产及资产组合的价格。无套利机会的市场均衡条件是：

$$Ei = \lambda_0 + \lambda_1\beta_{i1} + \lambda_2\beta_{i2} + \cdots + \lambda_n\beta_{in}$$

式中：Ei 为资产 i 的预期收益；λ_0 为无风险资产的预期收益；λ_n 为 n 公共因子（如通

货膨胀水平、利率等影响资产收益的因素）风险回报的期望值；βin 为资产预期收益变化对公共因子 n 的敏感系数。

APT 理论的资产定价公式表明，投资者追逐无风险套利最终会通过市场对资产价格的调整使得各资产预期收益与其对各公共因子的敏感系数呈线性关系。APT 理论较 CAPM 理论更清楚地指明了风险来自哪些方面（公共因子）。

10.2.2 创业投资的全面风险管理理论

全面风险管理（total risk management，TRM）是在传统投资资产风险管理理论的基础之上形成的一套现代风险管理理论，对当代创业投资（或称风险投资）的市场风险管理提出了更高的要求。全面风险管理要求在投资风险的识别、评估和控制中主要实现以下条件。首先，要求风险管理系统综合考虑风险的概率、价格和偏好三要素（PPP），以实现风险管理的客观量的计量与主体偏好的最优均衡。其中，概率用来计量风险的可能性，价格是经济主体为规避风险而须支付的金额，偏好决定经济主体愿意承担或规避的风险份额，这三要素是风险辨识、评估和控制过程中最为基本的管理因素，它对风险管理效果起着至关重要的保障作用。

其次，全面的风险管理不仅要能计量面临风险的客观量，还要考虑风险承担主体的偏好，这样才能实现风险管理真正的最优均衡。另外，TRM 要求风险管理机构基于自己的整体目标对内部各风险管理部门、不同的风险管理方式进行整合。

米勒（Kent D Miller）早在 1992 年就针对其所在公司的国际业务提出了全面风险管理的思想。全面风险管理的基本目标服务于创业投资子机构的战略目标——价值最大化；在风险管理步骤上，全面风险管理要求风险管理者首先全面分析所面临的风险因素，评估各种风险因素对投资资产价值的影响及风险控制的成本，进而确定需采取的各种风险管理方式，最后确定能够实现投资者的投资资产价值最大化的风险管理策略。全面风险管理理论主要有如下风险管理模型。

（1）MAXIOM 软件公司建立的"风险监测"（risk monitor）模型，是一种最新的风险管理模型。它将几种风险计算方法，包括方差、协方差、蒙特卡罗模拟、历史模拟及多因子分析一体化，对所有市场、业务线及金融工具的风险提供一种可以持续、一致测量的方法，以测量、预估和控制全银行的信用与市场风险敞口，确定交易员、业务线、交易对手、国家的风险限额。

（2）Algorithnuc 公司的"风险观察"（risk watch）模型，也将两种风险一体化为一个模型。更特别的是，该模型在市场定价的基础之上又进一步开发出"未来定价"（mark to future）方法来为资产组合定价。这种方法将资产组合置于未来的一个或多个时点的情景中，根据风险要素对资产组合的影响，来确定资产组合的价格。这种定价方法可以更有效地在全银行内配置资本。

（3）Askari 公司开发的"风险账本"（risk book）模型综合为一个一致的分析结构，用一种一致的分析提供多种风险的视角。

（4）金融工程公司（financial engineering associates，Inc），在风险矩阵（risk metrics）的基础之上改进了 VaR 技术，包括"风险价值增量"（VaR Delta）。这一工具可以使用户确定新的交易将如何影响整个资产组合的 VaR，而不要求重新计算全银行的 VaR。这一工具还可以提供 VaR 成分分析，将风险矩阵对整个资产组合的 VaR 计算分解成用户特定的成分，并且可以提供风险矩阵未包括的客户数据。

（5）智商金融体系公司（IQ financial systems）创立的"风险智商"（Risk IQ）是基于信孚银行的 RAROC 方法，并在该银行的指导下完成的。这一体系提供的是对市场风险、信用风险、流动性风险的综合分析方法，并且它不仅可以用于单个、多个资产组合、个别交易，而且可以用于银行整体。

（6）网际测险公司（measurisk company）。这是美国第一家以网络为基础提供综合性风险测量服务的新机构。该公司提供的模型基于监管者的规定，对客户的投资基金在总体水平上所面临的风险进行综合评估，包括市场风险、信用风险、流动性风险、清算风险、操作（技术）风险及法律风险 6 大类。

10.2.3　创业投资的市场风险管理理论

市场风险管理理论开发了一系列的市场风险测量模型，最著名的是 Risk Metrics，由 JP Morgan 银行用于测量资产的市场风险价值 VaR。此外还发展了按照风险配置资本的方法，如风险调整的资本收益系统 RAROC（risk adjust return on capital）。VaR 即"风险值"（value at risk），是指在正常的市场条件和给定的置信度内，用于评估、计量任何一种资产或证券投资组合在既定时期内所面临的市场风险大小和可能遭受的潜在最大价值损失。通常，人们将风险定义为未来净收益的不确定性，这种不确定性常以不同的形式表现出来。人们一般将风险划分为四类，即经营风险、信用风险、流动性风险和市场风险。其中，市场风险是指因金融市场价格（包括股票价格、利率、汇率和大宗可交易商品的价格）的波动而引起的未来收益的不确定性。VaR 测定的是市场风险。当金融机构和公司遭受市场风险时，管理当局希望通过一个简单的指标来反映其在特定的期间和特定的市场价格变动下其持有一定头寸的金融资产所可能遭受的损失额，由此导致了 VaR 的产生。VaR 就是使用合理的金融理论和数理统计理论，定量的对给定的资产所面临的市场风险给出全面的度量。

VaR 管理模型把一种资产（组合）的风险归纳起来用一个单一的指标来衡量，把风险管理中所涉及的主要方面——组合价值的潜在损失用货币单位来表达。具体来说，VaR 指"在某一特定的时期内，在给定的置信度下，给定的资产组合可能遭受的最大损失值"。所以，自 20 世纪 90 年代以来，VaR 模型已成为金融界（包括风险投资）对市场风险进行综合度量的工具，许多金融机构（包括风险投资机构）的组织和法规制定者甚至将这种方法当作风险度量的一种标准来看待。

VaR 衡量在险值的精度取决于以下一系列假定条件：

（1）资产价格变化为正态分布或其他分布；

（2）资产价格的当前变化与过去变化的相关程度；

（3）均值与标准差（波动率）的数值在一段时间内的稳定程度；

（4）两种或两种以上的价格变动之间的关系。

从统计的角度看，VaR 实际上是投资组合回报分布的一个百分位数，它和回报的期望值在原理上是一致的。正如投资组合回报的期望值实际上是对投资回报分布的第 50 个百分位数（E 点）的预测值一样，在给定 99% 的置信度上，VaR 实际上就是对投资组合回报分布的第 99 个百分位数（较低一侧）的预测值 W，如图 10.1 所示。

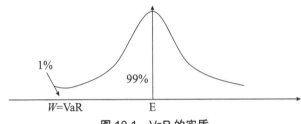

图 10.1　VaR 的实质

用公式表示即为：Prob（$X <$ VaR）=α。其中 Prob 为概率（probability），X 表示某项资产的损失额，VaR 为可能的损失上限，α 为给定的概率即置信度。例如，对于某个有价证券，根据 95% 的置信度求得日 VaR 为 5 万元，则意味着在未来的 24 小时内我们有 95% 的把握认为该证券的损失会在 5 万元以内，或者说损失超过 5 万元的概率只有 5%。要确定一个金融机构或资产组合的 VaR 值或建立 VaR 模型，首先必须明确以下四个关键要素。

（1）持有期限（holding period）或计算损失的期间。它是衡量回报波动性和关联性的时间单位，如 1 天之内与 1 月之内可能发生的最大损失。持有期限应根据组合调整的速度来具体确定。调整较快的组合应选用较短的期限，如有些银行拥有的交易频繁的头寸；调整速度较慢的组合如某些基金较长时间拥有的头寸，可选用 1 个月或更长的期限。在正常的市场波动条件下，期限的长短对在险值影响较大。

（2）置信度。它代表的是测量的可信程度，或者说是市场"正常"波动的度量，通常置信度设为 95% 或 99%。如给定置信度为 99%，则表示市场波动是发生在具有 99% 置信度区间内，该测量具有 99% 的可信程度。如置信水平过低，损失超过 VaR 值的极端事件发生的概率过高，就会使 VaR 值失去意义。例如，置信水平过高，超过 VaR 值的极端事件发生的概率可以得到降低，但统计样本中反映极端事件的数据也越来越少，这会使得 VaR 值估计的准确性降低。VaR 的准确性和模型的有效性可通过返回测试（back testing）来检验。置信水平决定了返回检验的频率：如对于日回报率的 VaR 值，95% 的置信水平意味着 20 个营业日进行一次返回检验。

（3）观察期间（observation period）。它是对给定持有期限回报的波动性和关联性考察的整体时间长度。观察期间的选择要在历史数据的可能性和市场发生结构性变化的危险之间进行权衡,以尽可能使历史数据比较接近现实或未来的情况。

(4) 资产组合在持有期限内的投资回报的概率分布,即概率密度函数(probability density function)。如果能拥有或根据历史数据直接估算出投资组合中所有金融工具的收益概率分布和整个组合收益的概率分布,就很容易求出相应的 VaR 值。但要获得金融工具的收益分布并不容易,所以投资组合的收益分布的推算就成为整个 VaR 方法中最困难的环节。目前的解决办法就是将这些金融工具的收益转化为若干风险因子的收益,即能影响组合收益的各种市场风险因素,如利率、汇率、股票价格和商品价格等基础性金融变量的波动率及这些变量之间的相关性。通过把投资组合转化为风险因子的函数,再通过各种统计方法得到这些风险因子的收益概率分布,在此基础上求得整个组合收益分布,从而得到组合的 VaR 值。

10.3 创业投资风险管理实务

10.3.1 创业投资风险管理方法

1. 市场风险管理

当创业者主动交易资产和负债而不是持有它们用以长期投资、融资或规避风险时就会出现市场风险。市场风险是指一个或多个市场价格、利率、指标、波动率、相关性或其他市场因素(如流动性)水平的变化所导致投资机构某一头寸或组合损失的可能性。投资银行、创业基金及其他参与创业投资的机构要维持合适的头寸,利用利率敏感性金融工具进行交易,都要面对利率风险(如利率水平或波动率的变化、投资贷款预付期长短和公司债券及新兴市场资信差异都可以带来风险);金融机构在证券和证券衍生品市场做市商或维持该市场有关产品的一定头寸时,要面对该证券价格风险;在外汇和外汇期权市场做市商或维持外汇头寸时,要面对外汇风险。如大型投资银行以承销与中介收入的下降使其在证券与其他资产的交易中更积极、更大胆,这也同时增加了金融投资的市场风险。引起市场风险的原因有:(1)利率、汇率、商品价格、股票价格及各种金融工具价格发生波动;(2)收益曲线发生变化;(3)市场流动性变化;(4)其他市场因素的变动等。

2. 技术和营运风险管理

在 20 世纪 80 年代和 90 年代,银行、保险公司和投资公司为提高运营效率,对内部和外部的通信设备、计算机和先进的技术系统进行重点投资开发。例如,针对批发业务开发了自动清算所(ACH)和像 CHIPS 这样的有线划拨支付网。事实上,像花旗银行这样的全球性金融服务公司通过专用的卫星系统在 80 多个国家开展业务,提高技术的目的是降低成本、提高利润和扩大市场。如果技术投资不能产生预期的由规模经济或者范围经济带来的成本节约，就会出现技术风险。因为随着科技的进步，投资银行业务的迅猛发展，以及竞争的加剧，使现代投资银行对计算机技术和通信网络的依赖性加强，并且网络犯罪又严重，所以如果这些现代化设施不能安全、正常地运行，就会给创业企业带来很大的风险。

创业企业面临非直接的与营运、事务、后勤等有关的风险，这些风险可归于营运风险。营运风险和技术风险有一定的相关性。当现存的技术发生故障或者办公支持系统瘫痪时就会出现营运风险。在一个飞速发展和愈来愈全球化的环境中，当市场中的交易量、产品数目扩大、复杂程度提高时，发生这种风险的可能性呈上升趋势。这些风险包括：经营与结算风险、法律或文件风险、财务控制风险等。

创业投资企业种子期和初创期所面临的技术风险与上述的电子网络技术不同，它是专指科技产品技术开发成功与否的不确定性风险，其管理方法除了技术层面的问题之外，同样面临前面所提及的其他风险因素的影响，那些投融资机构对其资产配置及其资金风险所采用的风险管理方法同样会派上用场。

3. 其他风险管理

其他风险主要包括政策性风险、法律道德风险以及经济周期风险。

（1）政策性风险。因国家政策的变动造成市场环境的急速变化从而对投资机构的正常经营和管理所造成的风险即为政策性风险。各投融资机构均存在政策性风险，如美国联邦储备局的加息，就使世界各地的金融公司蒙受因政策性变动而导致的压力。而且，在很多国家由于市场法规体系和市场监管体系尚不健全，政府通过政策变动来调控市场的现象经常发生，从而使投融资机构的政策性风险具有概率较大和波动性较强的特征。政策性风险对于投融资机构来说是一种最难防范的风险。

（2）法律道德风险。由于券商过度包装上市公司，违反国家有关法律和政策，导致项目人员及公司受到处罚。过度包装甚至造假，可能是出于发行公司的压力，也可能是项目人员马虎，未进行尽职调查，也可能是其他中介机构出具虚假材料而承销商未加核查。上述情况，参与其中的所有中介机构都须承担连带责任。项目相关人员违反职业道德、营私舞弊、中饱私囊，也会给公司造成损失。对于创业投资公司在创业资本退出时，如发生公司并购或发行上市业务就会面临此种风险。

（3）经济周期风险。市场经济内生的自发性调节作用会使宏观经济表现出繁荣、衰退、萧条、繁荣的周期性波动，这种波动首先反映在金融市场的价格、利率、汇率等信号上，进而影响金融市场上投融资机构的经营活动，对创业投资企业而言即为经济周期。因此，投融资机构也要根据经济的周期性来调节自己的业务结构和投资组合，不可逆市而为，否则由此而带来的损失可能性将变成现实。

对于上述各种风险的具体管理可采用以下方法：

（1）压力测试（stress testing）。这种方法是指将整个金融机构或投资组合置于某一特定的极端市场情况下（主观设想的），如利率骤升或降100个基点、某一货币币值贬值

40%、股价暴跌 30% 等极端异常的市场情况，然后根据该金融机构或投资组合在这些关键市场变量突变的压力下的表现情况来判断金融机构或投资组合承受意外风险的能力，从而可使投资决策者调整自己的风险偏好，但是这里有一个前提就是必须使测试者主观决定的市场变量与其他变量的相关性为零。由于压力测试只能说明极端异常事件的影响程度，而不能说明事件发生的可能性，这样就免除了模拟估计整个事件概率分布的烦琐，显得简单明了，但它也使风险决策者在面对众多的压力测试结果时难以分清主次，因而它只是对 VaR 法的一种补充，而不能替代 VaR 法。特别是在新兴市场中，压力测试更能体现它的真正价值。

（2）情景分析（scenario analysis）。这种方法与压力测试有许多相似之处，所不同的是，压力测试只是对市场中的一个或几个变量在短期内的异常变化进行假设分析，而情景分析假设的则是更广泛的投资环境的变化情况，包括政治、经济、军事、自然灾害等。也就是说，情景分析首先假设一个整体大环境的变化，再推断出在这种特定环境下有关的市场变量如何变化，从而考察市场变量将会对投资组合或金融机构产生什么影响。这无疑表明，情景分析是从一种战略高度来分析可能面临的市场风险，它弥补了 VaR 和压力测试只注重短期情况分析的不足。该方法的关键在于对情景的合理设定，因而投资者应充分认识自己投资组合的特点，对设定的情境进行深入细致的分析，并对事态在给定时间内可能发展的严重程度和投资组合可能遭受的损失进行合理的预测。

（3）返回检验。这种方法是为了确保风险评估计量模型的质量和准确性，需经常对模型进行检验。返回检验就是一个评价公司的检验模型，特别是 VaR 模型的一种常用的计量检验方法。统计学上的检验是指将实际的数据输入被检验的模型中去，然后检验该模型的预测值与现实结果是否相同的过程。这里是指将实际的交易结果与模型生成的 VaR 值进行比较，以确认和检验 VaR 风险计量方法的可信度。但需要注意的是返回检验本身也存在是否可靠有效的问题，为了避免检验犯统计意义上的错误，必须注意以下几个因素：

第一，样本空间的大小。数据量的大小对检验非常重要，尤其是对小概率事件的检验需要更多的历史数据，比如对 10 日 VaR 值的检验，10 年交易历史才能提供 250 个观测数据，所以返回检验一般选择日 VaR 值检验。

第二，置信水平的选定。置信水平越高，则意味着需要对可能性更小、更极端的事件进行检验。显然这种小概率事件的历史数据是稀少的，因而检验也就越困难。

第三，对投资收益概率分布的假设。由于一般情况下，VaR 模型都假设投资收益呈正态分布，并且有稳定的期望和方差。但这与现实不完全符合，因此对 VaR 的有效性进行检验时对这些有关分布的假设应该予以重新审视。

10.3.2　创业投资风险管理方法的应用

1. VaR 模型的运用方法

方差/协方差法、历史模拟法、蒙特卡罗模拟法是目前运用 VaR 模型获得组合风险因子收益分布的主要方法,从而决定了几种不同类型的 VaR,前者为参数模型,后两者为非参数模型。

(1)方差/协方差法。我们假设风险因子的收益呈正态分布或对数正态分布,且投资组合价值变化与风险因子变动是成线性的。根据历史数据,我们可以得到风险因子的收益分布的参数估计值(期望、方差、协方差),通常集中于估计市场价格的标准差或波动率以及市场价格间的相关性。在计算风险时需将给定的置信水平转化为标准差的倍数。一倍标准差相应于 84.1% 的置信水平,两倍标准差相应于 97.7% 的置信水平,反过来,95% 的置信水平相应于 1.64 倍标准差,99% 的置信水平相应于 2.33 倍标准差。

对一正态分布变量,由于不确定性与时间的平方根同步增长,标准差通常以年为基础计算,而我们假设以一天为时间水平,就需要对 VaR 测度的合适的水平期限按比例调整标准差。表 10.1 给出标准差为 100 基准点利率的不确定性随时间增长的情况。

表 10.1 标准差随时间增长的不确定性(年度利率标准差为 1%)

期 限	天 数	置 信 水 平	84.10%	95%	99%
		标准差倍数	1.00	1.64	2.33
1 天	1		0.06%	0.10%	0.15%
2 周	10		0.20%	0.33%	0.47%
1 月	21		0.29%	0.48%	0.67%
3 月	62.5		0.50%	0.82%	1.16%
6 月	125		0.71%	1.16%	1.64%
9 月	187.5		0.87%	1.42%	2.01%
1 年	250		1.00%	1.64%	2.33%

下面以风险因子驱动和协方差法为例介绍 VaR 的计算。

①风险因子驱动法:假设市场价格的所有变化发生于交易日,即以天为时间水平,1 年中大约 250 个交易日。先需将年(250 天)标准差 1%(100 个利率基准点)转化为 1 天的标准差,我们将 1% 乘以 $\sqrt{1/250}$,约等于 0.06%。再将每天标准差乘以相应于 99% 置信水平的标准差倍数 2.33,得到约为 0.15%,即每天 15 个基准点的利率变动幅度。假设一笔以浮动利率计息的 100 万美元贷款,其 VaR 值为:100(万)×0.15%=1 500(美元),即可能的最大损失。同样,我们可以求出其他任一市场变量以天为时间水平的变动幅度,从而计算其对投资组合的价值影响。

不考虑风险因子间的相关性时:投资组合的 VaR= 所有风险因子的单因子 VaR 绝对值之和。

②协方差法:单风险因子的 VaR 计算与因子驱动法一样,现在考虑多个风险因子间的相关性:

对于双风险因子:

$$VaR_{总} = \sqrt{VaR_1^2 + VaR_2^2 + 2\rho_{12} \times VaR_1 \times VaR_2}$$

式中，ρ_{12} 为两个风险因子间的相关系数。

当风险因子数目增加，考虑使用矩阵符号来表述计算公式较为简洁：

$$\text{VaR} 总 = \sqrt{V \cdot C \cdot V^T}$$

式中，V 为 n 个单因子 VaR 的行向量；C 为每一因子间的 $n \times n$ 相关矩阵；T 为矩阵转置运算符号。

（2）历史模拟 VaR。在方差/协方差法中，我们假设风险因子是正态或对数正态分布的，但实际上市场数据分布并不像假设的那样接近于正态或对数正态分布。假定不是对市场数据建模，只是重放过去市场变动的形态，这一过程称为历史模拟。历史模拟法假定收益随时间独立同分布，以收益的历史数据样本的直方图作为对收益真实分布的估计，分布形式完全由数据决定，不会丢失和扭曲信息，然后用历史数据样本直方图的 P 分位数作为对收益分布的 P 分位数波动的估计。它解决了对风险因子进行建模和参数估计的问题，同时可以拥有资产价值组合价值的完整分布，这是该方法的主要特征。

（3）蒙特卡罗模拟 VaR。蒙特卡罗模拟 VaR 利用一个模型，输入一随机变量集来产生从今天到计算 VaR 的持有期末所有风险因子变化的完整路径，每一路径给出了重估整个资产组合价值所需要的所有市场数据。而不像历史模拟 VaR 中那样，在风险因子中产生一系列历史变化数据。

两种模拟法都是非参数法，有一个共同的缺陷，那就是在价值收敛到一个数值之前需要大量模拟或路径，工作量大。蒙特卡罗模拟在金融应用中更经常被用以作为研究工具而不是产品平台的一部分，而解析法即方差/协方差法却更多地被各投资银行和其他金融机构广泛采用。

2. VaR 模型在创业投资风险管理中的具体应用

由于近年来受金融自由化、经济全球化的影响，使得投融资机构在激烈的市场竞争中面临的风险也越来越大。如何预测、计量并规避投融资风险，日益成为投融资机构在决策时不得不首先考虑的问题。VaR 模型作为衡量评估市场风险的有效工具，已被越来越多的投融资机构和金融监管当局所普遍认同和广泛接受。VaR 不仅可用于市场风险的计量，而且也可以用于金融投资机构的业绩评估，下面就从这两方面就 VaR 在创业投资机构中的应用进行简单介绍。

（1）投资机构运用 VaR 进行风险管理。

例1：假定某投资银行（某创业企业的投资商）在 2003 年 5 月 24 日买入本年度 6 月的国债期货合约，按当日收盘价计算，该合约价值为 110 000 美元，要求风险管理人员采用 VaR 方法评估持有该合约的潜在风险损失，时间水平为天，置信度99%。

VaR 通常是根据金融资产的收益率而非价格来计算的，假定根据历史数据模拟，该国债期货合约的收益率呈正态分布，分布参数均值和方差分别为 0.002 4% 和 0.605 074%，那么收益率由 99% 的概率落在均值的 2.33 个标准差内，即收益率最大波动幅度 2.33×0.006 050 74=1.41%，也就是说收益率每天潜在最大损失是 1.41%。那么该合约价值潜在的每天最大损失 VaR=110 000×1.41%=1551（美元）。

在这里，VaR 值计算的关键在于，要通过具体的历史数据估算出收益率在未来一定时期内的均值和方差。

例2：假设为现期交割，某投资机构买入100万德国马克并卖出7 360万日元，并假设美元对德国马克的绝对汇率的日标准差为0.004 17，而美元对日元则为0.000 072 9（这里所有标准差都是以美元价格表示的汇率上计算的）。置信水平为95%，相应的标准差倍数为1.64，以天为时间水平，美元对德国马克和美元对日元汇率的相关系数为0.063。现计算这笔交易的风险暴露的 VaR 值。

对德国马克头寸的单因子 VaR=1 000 000×1.64×0.004 17×$\sqrt{1}$=6 863（美元）

对日元头寸的单因子 VaR=-73 600 000×1.64×0.000 072 9×$\sqrt{1}$=-8 821（美元）

$$\text{VaR 总} = \sqrt{(6\ 823 - 8\ 821)\begin{pmatrix}1 & 0.603\\ 0.603 & 1\end{pmatrix}\begin{pmatrix}6\ 863\\ -8\ 821\end{pmatrix}}$$
$$=7\ 235（美元）$$

通过上面两个具体实例可以看出，运用 VaR 在投资风险评估时，简洁方便而且实用，即使不具备专业知识的人也能够很好地掌握运用，这也是该方法在投融资界特别是投资银行得到普遍认可的原因之一。

作为风险投资机构的风险控制管理方式主要有几个方面：投资风险控制、融资风险控制及内部风险控制所形成的风险控制体系。其中，投融资机构可利用 VaR 方法进行营运资金的管理，制定投资策略，通过对所持有资产风险值的评估和计量，调整风险偏好、改变投资组合以分散和规避市场风险等。

具体来讲，投资银行可按如下方式管理和检测其市场风险：建立一个交易组合，使其足以将市场风险分散；整个公司和每一个交易部门均有交易限额，并按交易区域分配到该区域交易部门和交易柜台；交易部门风险经理、柜台风险经理和市场风险部门都检测市场风险相对于限额的大小，将主要的市场头寸变化情况报告给高级管理人员。市场风险部门使用 VaR 与其他定性或定量风险测量工具，根据市场风险规律独立地检查公司的交易组合。高管人员使用 VaR 技术工具，可以协助其管理人员测度与其交易头寸相关的市场风险暴露头寸。同时通过 VaR 可以使资产与负债更加匹配，及时地补充资本金及合理分配资金使用。

（2）投资机构运用 VaR 进行业绩评估。VaR 的运用并不仅限于对市场风险的评估和计量，还可以用于对创业机构或管理人员的业绩进行评估。由信孚银行创设的风险调整型资本收益法（risk adjusted return on capital，RAROC），将收益与投资的潜在损失或 VaR 值的比值作为一种新的投资业绩衡量与资本配置方法，该方法已经被许多投融资机构所采用。使用这种方法的企业对其资金使用进行决策的时候，不是以盈利的绝对水平作为评判基础，而是以该资金投资风险基础上的盈利贴现值作为依据。高收益必然面临高风险，在评价业绩时，不能单看其获得的收益，如果投资失败，也必然面临巨大损失，在险值将变为现实的亏损，所以应在收益与风险之间寻求一恰当的平衡。利用收益/VaR 比值来评估业绩会对管理人员产生审慎经营的激励,以避免过度从事高风险投资。如果交易员从事高风险的投资项目,那么即使利润再高,由于 VaR 值较高,RAROC 值也不会很高,其业绩评价也就不会很高。实际上前些年出现的巴林银行倒闭、大和银行亏损和百富勤倒闭等事件中,都是由于对某一个人业绩评价不合理所致,即只考虑到某人的盈利水平,没有考虑到他在获得盈利的同时承担的风险对其进一步重用的结果。RAROC 方法用于业绩评估,可以较真实地反映交易人员的经营业绩,并对其过度投机行为进行限制,有助于避免大额亏损现象的发生。

随着风险管理理论不断发展以及模型技术和系统能力的改善,VaR 模型也在不断完善,风险测量技术更加精确。为了更全面地实施全面风险管理方法,应将 VaR 与其他方法和计量模型综合运用,如 JP 摩根 1997 年推出的 Credit Metrics 和著名风险管理公司 KMV 于 1995 年创立的预期违约频率模型 EDF 等,将市场风险、管理风险、技术风险等其他各类风险以及包含这些风险的各种资产及组合、承担风险的业务单位纳入统一的风险管理体系中去。许多大的投融资机构和风险管理公司都在尝试建立一体化的风险量化软件。目前,更多的风险管理机构也在用好 VaR 方法的基础上逐步完善创业投资风险管理方法,以期达到更好的风险管理效果。

10.3.3 创业投资不同阶段的风险防范

1. 创业企业种子期的风险防范

由于种子期的创业企业具有风险大、成功率低的特点,大部分的"种子"都被现实无情地淘汰掉了。因此,创业投资机构对创业企业(项目)的资金投放必须十分慎重,采用广撒网、分散投资的方式消化风险,以投资组合 10%～15% 的资金比例投入企业。当然,分散投资不应该是盲目的,应该根据企业在所处行业、地区、技术水平等方面的不同深入分析,按照投资组合原则分布投资。同时,还应在管理方面向创业投资企业尽力提供帮助。

2. 创业企业初创期的风险防范

进入初创期,企业已掌握了新产品的样品、样机或较为完善的生产工艺路线和工业生产方案,但还需要在许多方面进行改进,尤其需要在与市场相结合的过程中加以完善,使新产品成为市场乐于接受的定型产品,为科技企业的成果转化做好准备。这一阶段的投资主要用于形成生产能力和开拓市场。这一阶段由于需要的资金量较大,一般约是种子期所需资金的 10 倍以上,而且创业企业没有以往的经营记录,投资风险仍然比较大。据测算,约有 30% 的创业企业在初创期败下阵来。因此,企业从以稳健经营著称的银行那里取得贷款的可能性很小,更不可能从资本市场上直接融资。而这正是创业投资一展拳脚的时候。创业投资人(包括管理者)在这一阶段不仅充当融资顾问,还要扮演风险管理者的角色。

这一阶段风险管理者考察的重点将是创业企业业务计划的可行性、产品功能以及市场竞争能力。如果认为整体可行,则可以 15%～20% 的投资组合资金比例投入初创期的创业企业。此外，创业投资人（包括管理者）还应在中试结果的基础上帮助创业企业制定发展战略规划，弥补企业创业者在市场经验和管理水平上的不足，明确企业的市场、财务和经营目标及实现期限。

3. 创业企业成长期投资的风险防范

经受了初创期的考验后，创业企业在生产、销售、服务方面基本上有了成功的把握。新产品的设计和制造方法已定型，创业企业具备了批量生产的能力。这时，创业企业的主要工作就是要大力开拓国内、国际市场，牢固树立起企业的品牌形象，确立企业在业界的主导地位。另外，由于高新技术产品更新换代的速度快，企业应在提高产品质量、降低成本的同时，着手研究开发第二代产品，以保证企业的持续发展。

在这一阶段，创业投资人（包括管理者）主要考察创业企业的市场扩张能力、管理计划能力等。若认为项目可行，则应以25%～30%的投资组合资金比例投入企业。在管理上，创业投资人（包括管理者）需要投入更多精力，帮助企业建立有效的内部治理结构，使创业企业管理能够跟得上业务的发展速度。在这一阶段，创业投资人（包括管理者）也可以寻求以二板市场上市、创业企业回购股份和转让股份给第三方等方式退出创业资本，以跟投潜力更大的创业企业或项目。

4. 创业投资后期阶段的风险防范

在这一时期，创业企业经营进入平稳时期。一方面，企业经营步入正轨，产品市场较为稳定，企业内部机制走向健全，创业者已经可以较为自如地独立管理企业；另一方面，在这一阶段企业所需的资金数量已不是创业企业投资所能满足得了的。因此，寻求创业企业上市成为创业投资机构和创业企业共同努力的目标。

在这一阶段，创业投资人（包括管理者）可以委托投资银行（证券公司）借助其在金融市场上的强大能量，帮助创业企业实现证券公募，同时达到自身退出创业企业的目标；在创业企业由于难以达到上市要求或其他原因无法上市时，创业投资人（包括管理者）可以委托投资银行运用其自身的企业并购业务，协助创业企业寻找并购方，完成创业资本（包括创业投资资本）的适时退出。

本章小结

（1）创业投资在不同发展阶段的风险包括多个种类，主要是技术开发风险、资本融资风险、投资运营风险、市场营销风险和管理风险；创业投资风险与其他风险相比较具有共性特征，同时又有各自不同的个性特征。因此，根据创业投资的不同风险特征，必须实行相对应的风险管理要求。

（2）创业投资风险管理理论包括三个：一是创业投资风险管理的基础理论（投资组合理论、资本资产定价理论和套利定价理论）；二是创业投资的全面风险管理理论；三是创业投资的市场风险管理理论。

（3）创业投资风险管理实务包括具体的风险管理方法、每一方法在创业投资风险控制中的应用，以及创业投资不同阶段的风险防范三个方面；每一方面的风险管理均有各自在实务操作中的具体要求。

案例分析

扫描此码　案例学习

关键术语

创业投资风险特征　创业投资风险管理理论　全面风险管理　市场风险管理　VaR 风险管理方法　压力测试　情景分析　返回检验

思考题

1. 创业投资风险有哪些种类？
2. 创业投资风险有哪些特征？
3. 创业投资风险管理理论主要有哪些？请描述其核心要义。
4. 创业投资风险管理有哪些方法？请描述其具体操作规程。

参考文献

[1] JosephW. Bartlett. 创业投资基础 [M]. 大连：东北财经大学出版社，2001.

[2] 阚治东. 创业投资在中国 [M]. 北京：中国金融出版社，2002.

[3] 张玉臣. 创业投资管理 [M]. 上海：同济大学出版社，2005.

[4] 高成亮. 风险投资运作 [M]. 北京：首都经济贸易大学出版社，2008.

[5] Donald F.Kuratko，等. 新创企业管理 [M]. 北京：机械工业出版社，2009.

[6] 张玉利，杨俊. 创业研究经典文献述评 [M]. 天津：南开大学出版社，2010.

[7] 李仉辉. 创业投资管理 [M]. 上海：立信会计出版社，2016.

[8] 曾增. 创业融资那些事儿 [M]. 北京：中国铁道出版社，2017.

[9] Donald F.Kuratko，等. 新创企业管理 [M]. 北京：机械工业出版社，2009.

[10] [美] 汤姆·科普兰，等，价值评估 [M]. 北京：中国大百科全书出版社，2000.

[11] 全国注册咨询工程师（投资）资格考试参考教材编写委员会. 项目决策分析与评价（2008年版）[M]. 北京：中国计划出版社，2009.

[12] 万武威. 可行性研究与项目评价 [M]. 西安：西安交通大学出版社，2008.

[13] 张国栋. 中小企业私募股权融资的策略与操作实务 [EB/OL]. 中国资本运作法律顾问中心，http：//bj148.148365.com/article82316.html，2009.

[14] 万哨凯，肖芳. 大学生创业教育 [M]. 武汉：武汉大学出版社，2015.

[15] 刘平，李坚，钟育秀. 创业学理论与实践（第3版）[M]. 北京：清华大学出版社，2016.

[16] 张玉利. 创业管理 [M]. 北京：机械工业出版社，2016.

[17] 夏春阳，戴力新，孙启新. 创业百问（科技创业实践指南）[M]. 南京：东南大学出版社，2015.

[18] 邓辉. 创业法学 [M]. 上海：复旦大学出版社，2015.

[19] 元明，徐宁. 互联网金融3.0 玩转股权融资 [M]. 北京：中华联合工商出版社，2016.

[20] 罗国锋，张超卓，吴兴海. 创新创业融资：天使风投与众筹 [M]. 北京：经济管理出版社，2016.

[21] 朱菲菲. 创业百问：新手开公司前需了解的事 [M]. 北京：中国铁道出版社，2016.

[22] 张铁男. 企业投资决策与资本运营 [M]. 哈尔滨：哈尔滨工程大学出版社，2002.

[23] 苗澍. 企业并购管理研究 [M]. 武汉：华中师范大学出版社，2003.

[24] 熊永生，刘建. 创业资本运营实务 [M]. 成都：西南财经大学出版社，2006.

[25] 黄福广，李西文. 投资学 [M]. 北京：清华大学出版社，2016.

[26] 王元，等. 中国创业风险投资发展报告2015[M]. 北京：经济管理出版社，2015.

[27] [美] 滋维·博迪，等. 投资学（第九版）[M]. 北京：机械工业出版社，2016.

[28] 阎敏. 投资银行学（第三版）[M]. 北京：科学出版社，2015.

教师服务

感谢您选用清华大学出版社的教材！为了更好地服务教学，我们为授课教师提供本书的教学辅助资源，以及本学科重点教材信息。请您扫码获取。

▶▶ 教辅获取

本书教辅资源，授课教师扫码获取

▶▶ 样书赠送

财政与金融类重点教材，教师扫码获取样书

 清华大学出版社

E-mail: tupfuwu@163.com
电话: 010-83470332 / 83470142
地址: 北京市海淀区双清路学研大厦 B 座 509

网址: http://www.tup.com.cn/
传真: 8610-83470107
邮编: 100084